国家社科基金青年项目成果（项目编号：14CTQ024）

李君君 著

体验视角下网络信息服务的用户采纳行为及质量评价

浙江大学出版社
ZHEJIANG UNIVERSITY PRESS
· 杭州

图书在版编目（CIP）数据

体验视角下网络信息服务的用户采纳行为及质量评价/
李君君著. -- 杭州：浙江大学出版社，2023.2
ISBN 978-7-308-23386-6

Ⅰ．①体… Ⅱ．①李… Ⅲ．①网络服务－文献服务－
研究 Ⅳ．①G255.76

中国版本图书馆CIP数据核字(2022)第239543号

体验视角下网络信息服务的用户采纳行为及质量评价

李君君　著

责任编辑	汪淑芳
责任校对	汪　潇
封面设计	周　灵
出版发行	浙江大学出版社
	（杭州市天目山路148号　　邮政编码　310007）
	（网址：http://www.zjupress.com）
排　　版	杭州林智广告有限公司
印　　刷	杭州宏雅印刷有限公司
开　　本	710mm×1000mm　1/16
印　　张	16.5
字　　数	270千
版 印 次	2023年2月第1版　2023年2月第1次印刷
书　　号	ISBN 978-7-308-23386-6
定　　价	66.00元

在网络信息环境下，"以用户为中心"的信息服务方式应运而生，即以用户需求为出发点，主动、适时地为用户提供所需服务，带给用户良好的体验，而为用户创造良好的用户体验是网络信息服务提供商成功的关键。网络信息服务用户采纳行为是网络信息服务提供商提供产品和服务的基础，研究用户采纳行为的形成机理，从而准确地把握用户初始采纳行为和持续采纳行为的影响因素，有助于产品的优化和服务质量的提升。

基于用户体验以及采纳行为所具有的动态连贯性，本研究围绕"用户体验—用户认知—采纳行为—质量评价"这一关联主线，从信息资源管理、心理认知、人机交互等视角进行全面汇总和归纳，从用户的视角，探讨用户的心理、认知以及行为之间的动态演化，构建出网络信息服务采纳行为的理论模型，为网络信息服务以及信息技术采纳行为研究提供新的思考。

（1）通过分析设计出网络信息服务领域中用户体验的结构维度，为提高网络信息服务产品的质量评价和促进用户的采纳行为提供可操作的指南。

（2）研究用户体验、用户认知对于用户采纳行为的作用路径，通过实证检验，发现影响用户初始采纳行为和持续采纳行为的显著因素，全面揭示网络信息服务产品在提高用户体验方面需要深入考虑的要素。

（3）根据网络信息服务用户采纳行为模型的研究成果，发现用户体验的影响因素，对服务提供商更好地设计和开发网络信息服务产品提出对应的建议，为网络信息服务产品提高用户体验提供具有可操作性的建议，对规范产品的用户体验设计起到推动作用。

本书主要论述的内容包括四大部分，具体如下。

第一部分（第1、2章）：理论基础和研究进展。

（1）从网络信息服务的特征、交互设计、质量评价等角度对网络信息服务的相关研究进行分析；（2）从信息行为、初始采纳行为和持续采纳行为等角度对各种信息采纳行为相关的理论模型进行系统综述；（3）对用户体验的相关内涵、研究模型和评估量化进行研究。

第二部分（第3章）：理论模型的构建。

（1）用户体验的维度设计和动态阶段模型。目前，网络信息服务产品中的交互设计逐渐以用户体验为中心，但是由于用户体验具有主观性，需要用科学的量化方法来表达。本部分主要围绕用户体验及其维度，对各层次维度进行定义，方便实证研究的开展。根据用户体验的要素模型和动态过程，构建出期望—交互—决策的三阶段用户体验动态阶段框架，为理论模型的构建提供研究框架。

（2）用户采纳行为模型构建。围绕"用户体验—用户认知—采纳行为"的动态体验过程，试图构建更加全面的基于用户体验的网络信息服务采纳行为模型。具体包括：分析用户体验的各个维度对于用户认知的作用，用户认知包括有用认知、易用认知、愉悦认知这些主要变量；用户认知不仅对初始采纳行为产生直接作用，而且会对持续采纳行为产生间接作用。因此，本部分将分析用户认知这一变量对于初始采纳行为变量（态度、意向和采纳行为）以及持续采纳行为变量（满意度、期望确认程度和持续采纳意向）的作用。

第三部分（第4、5章）：实证检验。

网络信息服务作为信息系统产品在互联网中的应用，包含很多的服务模式，包括搜索服务、数据库服务、在线购物、信息内容服务等。为了根据所构建的理论模型对所提出的研究假设进行检验，本部分选择具体的网络信息服务产品进行实证检验。本研究选择以内容提供为主的移动数字阅读服务和以订单交易为主的在线旅游服务两个领域为代表，对不同领域分别进行深入的探讨和研究，来验证采纳行为理论模型（包括初始采纳行为和持续采纳行为）的适用性。

（1）移动数字阅读用户采纳行为的实证研究主要包括：依据所构建的理论模型，结合移动数字阅读领域用户行为特征对用户体验的测量指标进行设计；采用调查问卷的方式共获取434份有效问卷，利用SPSS19.0进行信度、效度分析和单因素方差分析，利用LISREL8.70检验并修正所构建的模型，得到移动数字阅读用户采纳行为推荐模型，并基于实证分析的结果提出针对性建议。

（2）在线旅游服务用户采纳行为的实证研究主要包括：基于所构建的理论模型，结合在线旅游服务的特点和用户行为特性对各个潜变量进行指标设计，并通过问卷调查的方式获得有效问卷372份，利用SPSS19.0进行信度、效度分析和单因素方差分析，利用LISREL8.70对所构建的模型进行检验，并基于实证分析的结果提出针对性建议。

第四部分（第6、7章）：综合评价。

本部分将从用户体验视角建立适用于网络信息服务产品的质量评价体系标准，将用户体验的维度转化为质量评价的指标，对信息服务质量进行评价。通过构建操作性强的评价体系来促进网络信息服务产品的用户体验和采纳行为。首先针对移动数字阅读和在线旅游服务构建不同的网络信息服务质量评价的指标体系，此体系包括感官层体验、认知层体验、反思层体验三个维度及相应的二级指标。根据实证检验的结果设置指标权重，并利用模糊综合评价法对网易云阅读和途牛网站进行了信息服务质量的评价。

本项目的主要贡献有以下几个方面。

（1）基于用户体验以及采纳行为所具有的动态连贯性，本研究围绕"用户体验—用户认知—采纳行为—质量评价"这一关联主线，从信息资源管理、心理认知、人机交互等视角进行全面汇总和归纳，从用户的视角探讨用户的心理、认知以及行为之间的动态演化，构建出网络信息服务采纳行为的理论模型，为网络信息服务以及信息技术采纳行为研究提供新的思考。

（2）当前学者虽然意识到用户体验对于网络信息服务采纳行为产生影响，但缺少具有指导价值和实质意义的成果。本研究拟以理论分析和实证分析相结合，通过探寻用户体验对采纳行为的作用机理和路径，构建出不同用户体验维度与信息采纳过程的行为特征集，并将网络信息服务采纳行为分为初始采纳行为和持续采纳行为两个阶段，依据不同的理论基础，构建网络信息服务的用户采纳行为模型，并针对不同的网络信息服务领域进行实证分析，属于具有开创意义之工作。

（3）本研究从用户体验的角度出发，探索用户体验与采纳行为之间的关联，以用户体验不同维度为网络信息服务质量评价的指标，以结构方程模型验证结果和验证性因子分析为一级和二级评价指标的权重，继而利用模糊综合评价法进行实证研究，为网络信息服务的质量评价提供崭新的思路和研究视角。

本书基于国家社科基金青年项目"体验视角下网络信息服务的用户采纳行为及质量评价研究"（项目编号：14CTQ024）的结题成果进行整理出版。

李君君

2021年3月20日

第3章 理论模型的构建

第6章 基于用户体验的网络信息服务质量评价

第1章　绪论

1.1　研究背景

随着网络信息技术的发展，以用户为中心的信息服务环境逐渐形成，而如何为用户提供优质、高效的信息服务，成为信息服务机构不断努力的方向。为了评价网络信息服务的质量，学者从不同的角度提出衡量标准，如国外Parasuraman等的服务质量SERVQUAL量表[①]，Zeithaml的e-SERVQUAL量表[②]，Loiaconco的WebQual量表[③]等；国内的池忠仁的网站易用性测度模型[④]，焦玉英的基于用户满意度的评价模型[⑤]等。这些学者为提高网络信息服务质量构建了一系列客观的层级评价指标体系，具有很高的参考价值。信息服务的本质是过程，是用户的认知，而服务质量是用户的期望与认知的差距。对信息服务质量的衡量，不仅体现在对结果的评价中，而且体现在用户的采纳行为过程中，即在整个服务过程中，用户的心理、期望以及认知是如何影响信息服务采纳行为的。用户的采纳行为伴随着一系列的用户心理，会受到用户感性和理性等多方面因素的影响，除了用户的知识结构、自我效能等客观要素，还包括用户的情感、情绪等感性要素的作用。为了提升信息服务的效率，增强用户的满意度，

---

① Parasuraman A，Zeithaml V A，Berry L L. Servqual: A multiple-item scale for measuring consumer perceptions of service quality[J]. Journal of Retailing，1988，64（1）: 12-40.
② Zeithaml V A，Parasuraman A，Malhotra A.E-S-QUAL: A multiple-item Scale for assessing electronic service quality[J].Journal of Service Research，2005，7（3）: 213-233.
③ Loiacono E，Watson R，Goodhue D. WebQual: An Instrument for Consumer Evaluation of Web Sites[J].International Journal of Electronic Commerce，2007，11（3）: 51-87.
④ 池忠仁，王浣尘.基于用户角度的网站易用性信息距离测度模型研究[J].情报科学，2007，25（1）: 139-145.
⑤ 焦玉英，雷雪.基于用户满意度的网络信息服务质量评价模型及调查分析[J].图书情报工作，2008，52（2）: 81-84.

网络信息服务提供商应以用户为中心，学习借鉴心理学、认知科学、行为学等多学科的研究方法来了解用户采纳行为的内在规律，为用户提供高效的信息服务产品。

由于采纳行为是一个复杂的心理过程，除了知识匹配等理性的因素作用外，感性的方面如情绪、感受等在信息服务过程中同样起到重要的作用。呈现信息或传送信息的方式会影响用户接收信息服务的方式，也会影响信息服务的效果。因此，信息服务提供商要注意信息的呈现方式，综合运用认知科学、社会学、心理学等方法掌握用户利用信息服务的规律，以用户为中心进行系统设计和提供服务。

随着互联网技术的快速发展，用户在工作、学习、生活中会面对各种各样的网络信息服务产品，只有确保网络信息服务产品的用户体验良好，才能拥有更多的忠诚用户。因此，在用户体验成为网络信息服务产品核心竞争力的趋势下，注重产品用户体验是服务提供商的工作重心。用户体验概念的引入为信息服务研究提供了新的研究视角。用户体验是用户与信息服务互动的客观反映，包括对信息可用性、功能性、内容性等方面的体验。而用户体验设计已成为当前网络信息服务系统在开发和应用中所面临的新问题。对于用户体验的研究，国外在理论和实践方面进行了大量的探索，为用户体验的深入研究奠定了基础。James Garrett[1]认为用户体验是指产品在现实世界的表现和使用方式；Hassenzahl[2]区分了用户体验内容中所应该包含的非技术因素，认为技术因素之外的用户情感因素应该包括享受、美学和娱乐三个方面；Vyas 和 van der Veer[3]提出了设计用户体验的APEC（审美、实用、情感和认知）模型。在图书情报

---

[1] Garrett J J.用户体验的要素：以用户为中心的Web设计[M].范晓燕，译.北京：机械工业出版社，2007.

[2] Hassenzahl M，Tractinsky N.User experience-a research agenda[J]. Behaviour & Information Technology，2006，25（2）：91 — 97.

[3] Vyas D，Gerrit C，Van Der V.APEC：A framework for designing experience[J]. http://www.infosci.cornell.edu/ place/15_DVyas2005.pdf，2006.

领域，胡昌平[①]、刘冰等[②]、李小青[③]、李皓等[④]学者将用户体验引入信息资源整合、信息质量评价、网站使用和信息构建等领域，对信息服务领域中的用户体验要素和服务模式进行了初步探索。

在信息技术的研究领域，技术采纳行为理论从社会心理学、行为科学等角度来解释技术采纳的机理问题，为提高信息系统实施的采纳度提供了必要的理论依据。经过二十余年的研究，形成众多具代表性的理论：Fishbein和Ajzen[⑤]的理性行为理论（TRA）、Ajzen[⑥]的计划行为理论（TPB）、Davis[⑦]的技术接受模型（TAM），Venkatesh[⑧]等提出的技术接受和利用统一模型（UTAUT），以及Venkatesh和Bala的TAM3[⑨]等。近年来，国内学者也开始逐步引入技术采纳的理念，如赵昆、孙建军、张楠等学者对其基础理论做了较详细的比较和论述。由于模型结构简单和各种实证研究对其价值的证实，技术采纳行为的模型被广泛地应用于研究用户对信息技术的采纳，国内外学者在各个应用领域进行了积极探索。信息系统的成功不仅取决于用户的初始采纳，还取决于用户长期和持续的采纳行为。因此，持续采纳行为理论成为信息系统研究者开始关注的研究领域。代表性的理论是Oliver的期望确认理论（ECT）[⑩]，该理论认为用户的持续使用是由对系统使用确认和满意这两个采纳后变量所决定的。

① 胡昌平，邓胜利.基于用户体验的信息资源整合分析[J].情报学报，2006，25（2）：231-235.
② 刘冰，卢爽.基于用户体验的信息质量综合评价体系研究[J].图书情报工作，2011，55（22）：56-59.
③ 李小青.基于用户体验的Web信息构建模型研究[J].图书馆论坛，2010，30（2）：68-70.
④ 李皓，姜锦虎.网站使用中用户体验过程模型及实证研究[J].信息系统学报，2011（2）：55-66.
⑤ Fishbein M，Ajzen I. Belief, attitude, intention, and behavior: An introduction to theory and research[C]. Reading, MA: Addison-Wesley, 1975.
⑥ Ajzen I.From intentions to actions: a theory of planned behavior, action control: from cognition to behavior[M]. Springer Verlag, New York, 1985: 11-39.
⑦ Davis F D.Perceived usefulness, perceived ease of use, and user acceptance of information technology[J]. MIS Quarterly, 1989, 13: 319-340.
⑧ Venkatesh V, Morris M G.User acceptance of information technology: toward a unified view[J].MIS Quarterly, 2003, 27（3）: 425-478.
⑨ Venkatesh R, Bala L.Technology acceptance model 3 and a research agendaoninterventions[J]. Decision Sciences, 2008, 39（2）: 273.
⑩ Oliver R L. A cognitive model of the antecedents and consequences of satisfaction decision[J]. Journal of Marketing Research, 1980, 17（4）: 460-469.

　　信息采纳行为具有很强的实践性，作为信息行为本身，其内在影响因素如情感、认知、态度等变量难以测量，内在作用机理复杂；另外，采纳行为也呈现出不同的形态，很难解释。因此，需要借鉴心理学、认知科学、社会科学以及其他行为科学研究的成果，来对这种复杂的行为过程进行探索和研究。

　　为了更加深刻地理解用户对于网络信息服务的采纳行为，洞察用户在采纳行为中的动态体验过程具有重要价值。因此，本著作试图提出并解决以下问题：

　　第一，网络信息服务用户体验维度包括哪些？应该如何从用户角度测量用户体验？

　　第二，网络信息服务用户采纳行为的关键因素及其作用机理是什么？

　　第三，如何从用户体验角度对网络信息服务进行质量评价？

1.2　研究目的及意义

1.2.1　研究目的

　　基于用户行为所具有的动态连贯性，结合网络信息服务特点，围绕"用户体验—用户认知—采纳行为"这一关联主线，构建出本著作的理论模型并进行实证分析。本著作从体验的视角，探讨用户的心理、认知以及行为之间的动态演化，为网络信息服务领域信息技术采纳行为研究提供新的思路。本著作的研究目的主要包括以下三方面。

　　（1）通过分析设计出网络信息服务领域中用户体验的结构维度，建立模型，为促进网络信息服务产品的质量评价和用户的采纳行为提供可操作的指南。

　　（2）研究用户体验、用户认知对于用户采纳行为的作用路径，通过实证检验，发现影响用户初始采纳行为和持续采纳行为的显著因素，全面揭示网络信息服务产品在提高自身的用户体验方面需要深入考虑的要素。

　　（3）根据网络信息服务用户采纳行为模型的研究成果，发现用户体验的影响因素，对服务提供商更好地设计和开发网络信息服务产品提出对应的建议，为网络信息服务产品提高用户体验提供具有可操作性的建议，对规范产品的用户体验设计起到推动作用。

1.2.2 研究意义

本著作旨在通过引入用户体验来分析用户采纳行为的内在深层机理和行为的整体过程，了解用户体验的表现和内容，把体验优化与优质的网络信息服务相结合，真正做到以用户为中心，提高网络信息服务的质量。本著作有以下几方面的意义。

（1）通过用户体验提高网络信息服务质量是信息资源管理领域的基本观点，本著作将综合运用信息系统科学、社会学、认知科学、人机交互等相关领域的理论和方法，掌握网络信息服务的用户采纳行为过程机理，以用户为中心进行系统设计并提供服务。对用户体验、用户认知以及采纳行为的演化路径进行动态分析，为网络信息服务研究提供新的思路，拓展网络信息服务研究的理论空间，使得信息资源管理领域的理论研究更加系统和深入。

（2）通过研究用户体验不同维度对采纳行为的作用机制，有助于对用户体验相关理论的理解和探讨，通过探索用户的初始采纳行为和持续采纳行为的影响因素，对采纳行为进行深化研究。不仅深入把握用户体验的本质，丰富和完善用户体验理论，而且有助于拓展基于用户体验的采纳行为理论研究。

（3）本著作将用户体验、技术接受模型及持续采纳模型等理论应用于网络信息服务的实践领域，通过设计、改善和优化用户体验，可以促进用户认知，并进一步影响采纳行为。充分体现网络信息服务以用户为中心的服务理念，对服务提供商而言，能够更好地了解用户体验的动态行为规律，有针对性地进行体验设计和优化，对于如何提高网络信息服务质量具有实践意义。

（4）基于用户体验角度的网络信息服务质量评价，从用户的角度进行分析和设计指标，形成较为全面、完善的指标体系，给信息服务质量提供科学合理的评价方法。不仅拓展和丰富了以用户为中心的信息服务质量的理论研究，同时给服务提供商提升服务质量提供有价值的参考。

1.3 研究思路和技术路线

基于互联网网络信息服务快速发展的背景，本著作从网络信息服务及质量评价、用户采纳行为到用户体验等方面对与项目相关的理论基础和研究进展进行层层递进、系统的概括和综述；在相关研究的基础上，界定用户体验的层次维度设计和动态阶段框架，并结合用户体验对于网络信息服务采纳行为的作用机理，构建更加全面的基于用户体验的网络信息服务采纳行为模型。根据理论框架，对移动数字阅读、在线旅游服务的用户采纳行为进行实证研究，形成相对完整的实证研究体系。接着，利用实证研究的结果，对不同的网络信息服务产品构建基于用户体验的质量评价指标，并确定相应的权重，继而针对具体的产品进行质量评价。项目的研究技术路线如图1-1所示。

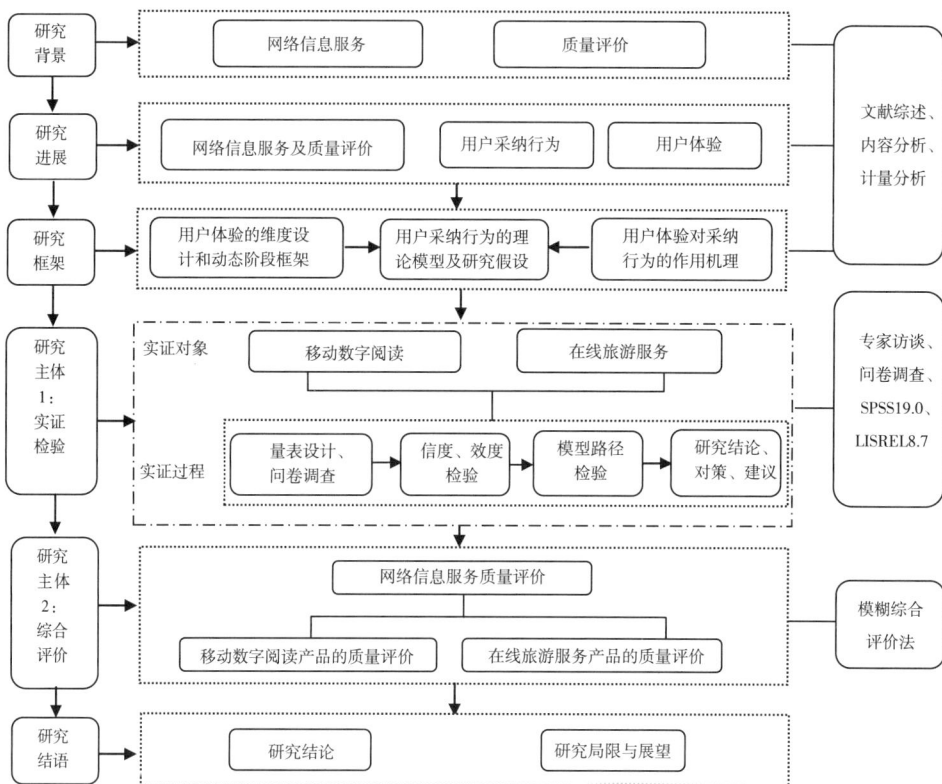

图 1-1 研究技术路线

1.4 研究内容及方法

1.4.1 研究内容

（1）理论基础和研究进展

①从网络信息服务的特征、交互设计、质量评价等角度对网络信息服务的

相关研究进行分析；②从信息行为、初始采纳行为和持续采纳行为等角度对各种信息采纳行为相关的理论模型进行系统综述；③对用户体验的相关内涵、研究模型和评估量化进行研究。

（2）理论模型的构建

①用户体验的维度设计和动态阶段模型。虽然网络信息服务产品中的交互设计逐渐以用户体验为中心，但是由于用户体验本身的主观特征，科学的量化方法来表达是一个研究难点。本研究主要围绕用户体验及其维度，对各层次维度进行定义，方便实证研究的开展。根据用户体验的要素模型和动态过程，构建出期望—交互—决策的三阶段用户体验动态阶段框架，为理论模型的构建提供研究框架。

②用户采纳行为模型构建。本著作试图构建更加全面的基于用户体验的网络信息服务采纳行为模型，具体包括：分析用户体验的各个维度对于用户认知的作用，用户认知包括有用认知、易用认知、愉悦认知这些主要变量；用户认知不仅对初始采纳行为产生直接作用，而且会对持续采纳行为产生间接作用。因此，本著作将分析用户认知的变量对于初始采纳行为变量（态度、意向和采纳行为）以及持续采纳行为变量（满意度、期望确认程度和持续采纳意向）的作用。

（3）研究主体1：实证检验

根据所构建的理论模型，为了对所提出的研究假设进行检验，本部分选择具体的网络信息服务产品进行实证检验。本研究选择以内容提供为主的移动数字阅读服务和以订单交易为主的在线旅游服务两个领域，针对不同的应用领域分别进行深入的探讨和研究，来验证采纳行为理论模型（包括初始采纳行为和持续采纳行为）的适用性。

①移动数字阅读用户采纳行为的实证研究：依据所构建的理论模型，结合移动数字阅读领域用户行为特征对用户体验的测量指标进行设计；采用调查问卷的方式共获取434份有效问卷，利用SPSS19.0进行信度、效度分析和单因素方差分析，利用LISREL8.70检验并修正所构建的模型，得到移动数字阅读用户采纳行为推荐模型，并基于实证分析的结果提出针对性建议。

②在线旅游服务用户采纳行为的实证研究：基于所构建的理论模型，结合在线旅游服务的特点和用户行为特性对各个潜变量进行指标设计，并通过问卷

调查的方式获得有效问卷372份，利用SPSS19.0进行信度、效度分析和单因素方差分析，利用LISREL8.70对所构建的模型进行检验，并基于实证分析的结果提出针对性建议。

（4）研究主体2：综合评价

首先针对移动数字阅读和在线旅游服务构建不同的网络信息服务质量评价指标体系，此体系包括感官层体验、认知层体验、反思层体验三个维度及相应的二级指标。根据实证检验的结果设置了指标权重，并利用模糊综合评价法对网易云阅读和途牛网站进行了信息服务质量的评价。

1.4.2　研究方法

为了实现本项目的研究目的，体现研究思路和技术路线，在研究方法选择上力求将规范分析和实证检验相结合，对整个研究采用如下方法。

（1）文献调研和综述：收集、阅读国内外关于用户体验、采纳行为、质量评价等相关领域的研究成果，对其理论模型和应用现状进行系统梳理和总结阐述，分析用户采纳行为的影响因素，为后续的模型构建和实证研究做准备。并跟踪相关领域的新动向，从理论上系统梳理技术采纳行为的相关问题，形成本课题的研究思路。

（2）专家咨询：在理论模型构建阶段，充分收集网络信息服务研究领域专家的意见和建议，以便对模型中的结构变量进行测量题项的设计。在模型实证检验阶段，则充分调研实践领域专家的意见，对测量题项进行修改和完善。

（3）问卷调查：设计结构化的调查问卷，通过向用户发放调查问卷，来收集样本数据，检验模型的有效性。针对不同网络信息服务领域用户采纳行为模型的结构变量和观测变量设置对应的指标。为了保证问卷的合理性和科学性，在进行正式的问卷调查之前对问卷进行预调研，根据探索性因子分析的结果对问卷进行修正。

（4）统计分析：利用SPSS、LISREL等统计软件，采用探索性因子分析（EFA）和验证性因子分析（CFA），结合内容分析来确定用户体验的结构维度；对作用路径分析以及采纳行为动态阶段比较模型中所收集到的样本数据进行信度、效度、结构方程模型等方面的统计处理，检验模型的因果关系并对模型进行修正。

（5）模糊综合评价法：在网络信息服务用户采纳行为模型实证研究的基础上，建立基于用户体验的网络信息服务质量评价指标体系并确定权重，再应用模糊综合评价法对不同的网络信息服务产品的质量进行评价。

1.5　主要贡献

（1）基于用户体验以及采纳行为所具有的动态连贯性，本研究围绕"用户体验—用户认知—采纳行为—质量评价"这一关联主线，从信息资源管理、心理认知、人机交互等视角进行全面汇总和归纳，从用户的视角探讨用户的心理、认知以及行为之间的动态演化，构建出网络信息服务采纳行为的理论模型，为网络信息服务以及信息技术采纳行为研究提供新的思考。

（2）当前学者虽然意识到用户体验对于网络信息服务采纳行为产生影响，但缺少具有指导价值和实质意义的成果。本研究拟以理论分析和实证分析相结合，构建出不同用户体验维度与信息采纳过程的行为特征集，探寻用户体验对采纳行为的作用机理和路径，并将网络信息服务采纳行为分为初始采纳行为和持续采纳行为两个阶段，依据不同的理论基础，构建网络信息服务的用户采纳行为模型，并针对不同的网络信息服务领域进行实证分析，属于具有开创意义之工作。

（3）本研究从用户体验的角度出发，探索用户体验与采纳行为之间的关联，以用户体验不同维度为网络信息服务质量评价的指标，以结构方程模型验证结果和验证性因子分析为一级和二级评价指标的权重，继而利用模糊综合评价法进行实证研究，为网络信息服务的质量评价提供崭新的思路和研究视角。

第2章 理论基础与相关研究进展

2.1 网络信息服务相关研究

2.1.1 网络信息服务的特征

网络信息服务经历了以技术为中心、以内容为中心以及以用户为中心的服务理念变革。随着计算机技术、智能技术和网络技术的发展，以用户需求为导向的信息服务模式，决定了网络信息服务具有开放性、集成化、个性化、交互性、体验性等特征。

在网络信息服务领域，普遍存在着用户与用户之间、用户与提供者之间以及提供者与提供者之间的交互作用。随着网络信息技术在信息服务领域的广泛渗透，用户与提供者之间的交互也越来越频繁。如知识型问答平台、交互式信息检索以及网上咨询。特别是基于Web2.0技术的虚拟社区、Wiki和博客等的应用，使得交流互动成为普遍的信息服务方式。

随着互联网的深入应用，用户对服务的交互性需求越来越高，传统按需响应的人机互动已满足不了用户需求，用户之间的交流和互动成为网络信息服务的核心需求，如何满足人与人之间的交互需求，密切用户之间的联系，这些都是网络信息服务在提供过程中需要强调的问题。

2.1.2 网络信息服务的交互设计

随着互联网体验经济的来临，用户对于网络信息服务交互设计的要求也越来越高。因此，研究交互设计可以不断完善网络信息服务产品的功能，以提升用户体验。交互设计的定义，最早是在1984年由比尔·莫格里奇提出的，并应用于人机系统设计领域。网络信息技术的普及需要优良的用户体验，人们也越来越认识到交互设计的重要性。交互设计的定义强调，交互的个体之间需要彼此协作，以实现共同的目标，其中需要重视交互的结构、形式和内容。这里的个体包括具有认知和行为能力的用户，以及具有认知和反馈的设计对象两个层面。用户与交互对象之间的交互过程就是基于用户认知和行为的研究过程（见图2-1），是综合了多学科交叉领域的设计过程。

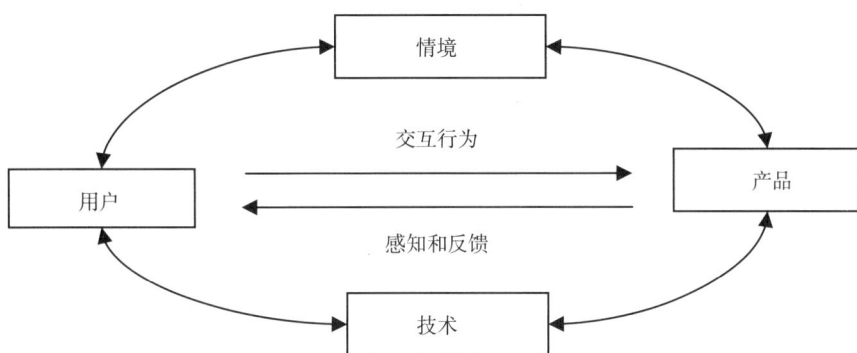

图 2-1 网络信息服务的交互设计

美国著名的用户体验专家内森·谢德罗夫指出交互设计、知觉设计和信息设计三个领域结合形成信息交互设计。交互设计强调的是信息系统或产品对于用户需求的响应，支持用户的整个操作过程；知觉设计则注重系统或产品从外观、视觉角度的设计，满足用户的各种感官需求（包括听觉、视觉、触觉等）；信息设计主要是关注系统或产品的信息表示，关注的是信息的组织、分类和显示。

在产品的交互设计理论中，有一种产品交互设计构成要素PACT-P系统模型，认为交互系统中用户（people）、行为（activity）、情境（context）和技术（technology）四个要素围绕产品（product），相互之间都存在互动关系。该模型可以让产品的提供者清楚了解这些交互的特点，以便设计出满足用户体验需求的各项功能，并积极引导用户的操作行为。随着互联网的发展以及网络模式的不断改进更新，用户在网络信息服务平台上的角色在不断发生改变。之前的用户仅仅进行信息检索、信息浏览等操作，而随着网络平台技术的发展，用户所需要的服务也从静态信息发展到动态交互服务。用户可以更加主动地与服务情境、服务内容等进行交流互动，能够参与到信息资源内容的建设中，成为内容的提供者，还能够清晰表述自己的需求，从而获得更加精准的个性化服务。在网络信息服务中，用户处于主体地位，而交互性也成为互联网的基本特征。用户与网络信息服务产品交互的过程，就是对系统、技术和服务的特征、水平和内容进行认知、利用、评价和反馈的过程，在这一过程中，用户可以充分利用各种信息，对其进行加工处理，以促进交互行为的持续发展。

网络信息服务产品对于用户而言就是交互系统。网络信息服务的交互设计是为了更好的用户体验，因而要科学地分析网络信息服务用户行为。借鉴交互设计的PACT-P模型，可以将网络信息服务提供的产品，围绕用户、产品、情境和技术这四大要素来进行分析。在用户与产品的交互过程中，用户是交互的主体，而产品是交互的客体，技术则是行为实现的基础，环境则始终影响着用户的交互行为。因此，用户的交互行为可以理解为在特定的情景中，依赖特定的信息技术，用户与产品行为和认知的反馈过程。

随着信息技术的发展和体验需求的增强，网络信息服务用户对产品交互设计的要求也随之提高。因此，网络信息服务提供者需要不断改进产品的交互设计，以提升用户体验。交互设计是由认知心理学、视觉设计、人机交互等学科构成的新兴交叉学科，强调在设计和开发产品的过程中重视产品的用户体验，在满足用户需求的基础上对产品功能进行优化和改善。

在以用户为中心的交互设计中，可以借鉴学习相关研究领域的方法和技术，开发出产品的功能模块以及相关的用户界面，从而为用户提供更加便捷、完善的信息服务。

2.1.3　网络信息服务的质量评价

从20世纪80年代起，众多学者开始对传统服务行业的服务质量（service quality）进行研究，从不同的角度提出服务质量的测量途径和方法。网络信息服务是为了满足用户对信息的需求而开展的活动，是互联网提供的核心业务。中国互联网络信息中心（CNNIC）发布的第42次《中国互联网络发展状况统计报告》显示，截至2018年6月，我国网民规模为8.02亿人，互联网普及率达57.7%。对网络信息服务的质量评价，可以将好的服务产品提供给用户，从而更好地满足用户的需求，而信息服务提供商通过了解影响信息服务质量的关键因素，可以进一步优化产品，从而提高产品的竞争力。

2.1.3.1　感知服务质量模型——SERVQUAL

学术界比较公认的服务质量测量模型是1985年Parasuraman、Zeithaml和

Berry提出的10个维度的服务质量差距分析模型（gaps model）。这个模型指出服务质量存在的五大差距，又称5GAP模型。[①]模型提出，客户感知的服务质量是客户期望与感知之间的差距，即服务质量=感知服务－期望服务=差距5（即G5）。当G5≥0时，说明服务质量良好，客户的满意度较高；当G5<0时，说明服务质量较差，没有达到客户的预期水平。

对于服务质量的定义主要从用户对于服务质量的满意角度出发，当用户对服务的期望与感知一致时，服务的质量就是满意的；当服务没有达到用户的预期，那么用户的评价水平就会低；随着服务水平超过预期，评价水平则会升高。因此，可以认为服务质量是指服务能够满足用户的潜在需求的特征总和。经过深入探讨，Parasuraman、Zeithaml和Berry于1988年重新归纳出衡量服务质量的5个维度，提出了感知服务质量模型（见图2-2），并制定了SERVQUAL量表[②]。SERVQUAL以5GAP模型为基础，通过焦点小组的用户访谈，概括出服务质量评价包含有形性、安全性、响应性、可获得性、可靠性、可信性、能力、交流、礼貌、理解10个维度。随着学者们的深入探讨和不断地实证检验，将10个维度合并为5个维度，即可靠性（reliability）、响应性（responsiveness）、保证性（assurance）、移情性（empathy）和有形性（tangibility）5个服务质量要素，并使用22个指标来获取用户对于服务的期望和感知差距，通过计算期望和感知差距来进行服务质量的评价。在模型中，可靠性包括5个指标，是指产品具备快速、准确地完成服务的能力；响应性包括4个指标，是指能够迅速、及时为用户提供服务的愿景；保证性包括4个指标，是指服务提供者本身所具备的知识、能力的可信程度；移情性包括5个指标，是指能够为每个用户提供个性化、有差异的增值服务；有形性包括4个指标，指信息服务所具备的有形要素，如服务人员、服务设施和物理设备。

---

① Parasuraman A, Zeithaml V A, Berry L L. A conceptual model of service quality and is implications for future research[J]. Journal of Marketing, 1985, 49（4）: 41-50.
② Parasuraman A, Zeithaml V A, Berry L L.Servqual: A multiple-item scale for measuring consumer perceptions of service quality[J]. Journal of Retailing, 1988, 64（1）: 12-40.

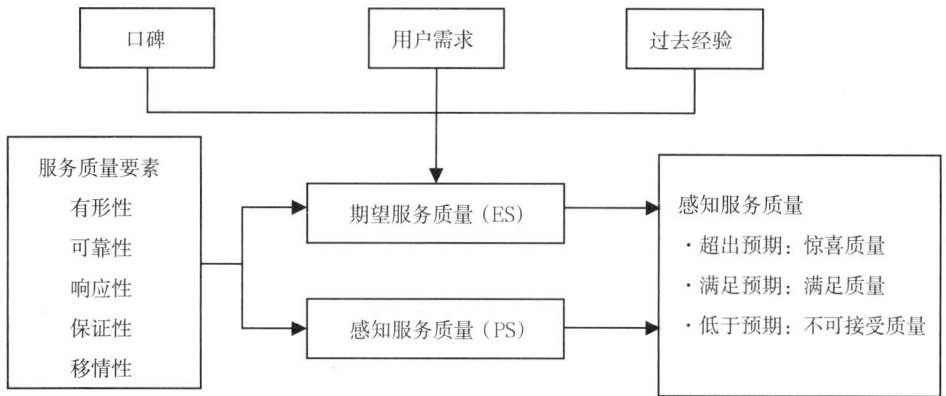

图 2-2 Parasuraman、Zeithaml、Berry 的感知服务质量模型

近些年来，感知服务质量模型已被管理者和学者广泛接受和采用。其中基于感知服务质量模型的SERVQUAL得到了广泛运用，并且适用于信息服务系统的质量评价，为服务质量的评价提供了有效的工具方法，同时可以促进服务提供商提高服务质量水平。SERVQUAL以差距分析模型为基础，通过收集用户在享受服务之前的期望数据和享受服务之后的感知数据，利用模型的5个服务质量要素和22个指标来对服务质量进行评价。

SERVQUAL的计算公式：$SQ = \sum_{i=1}^{22} (P_i - E_i)$（$i$=1，2，3，…，$n$，$n$=22）

式中，P_i表示第i个服务质量要素指标的用户感知数值，E_i表示第i个服务质量要素指标的用户期望数值，SQ表示用户的SERVQUAL，即服务质量的得分。但在具体的信息服务提供过程中，对于用户而言5个服务质量要素下每个指标的重要性不同，因此，需要通过访谈、问卷等调研方式获取用户对于每个指标愿意赋予的权重，这样就能够使得服务质量的得分更为合理。因此，公式进一步可以改成：

$$SQ = \sum_{i=1}^{5} w_j \sum_{i=1}^{22} (P_i - E_i) \ (i = 1, 2, 3, \cdots, 22; \ j = 1, 2, 3, 4, 5)$$

式中，w_j 为第j个因素的权重。将此公式计算的服务质量得分除以22，即为单个用户的SERVQUAL分数。在具体的质量评价中，将所调查用户的得分进行汇总取均值，即可计算出服务质量的平均得分，即$S = (\sum_{i=1}^{m} SQ_i)/m$。

由于SERVQUAL量表的设计是针对所有服务行业提出的，因此，在应用过程中要注意结合所评价对象的自身特性。随着网络信息服务的不断拓展，学者们针对SERVQUAL进行了深入的探讨和研究，并归纳出不同的维度。

Yang结合SERVQUAL模型提出了影响在线服务质量的潜在因素，包括可靠性、响应性、可获取性、灵活性、易用性、关注性、可信性、安全性等。[①]

Zeithaml等学者通过实证分析，提出了服务质量评价量表E-S-QUAL[②]，具体包括：①核心量表E-S-QUAL量表是由效率、系统可用性、实现性、隐私保护性4个维度、22个评价指标构成，主要依据用户正常使用时的感知情况来进行评价。②第二个量表是E-RecS-QUAL量表，包括响应性、补偿性、接触性3个维度、11个评价指标，适用于用户在使用过程中遇到问题时的服务质量评价。

Santos通过对目标用户群的调查，提出在电子商务环境下e-服务质量的影响因素主要包括潜在维度和主动维度。[③]其中，潜在维度主要包括外观、易用性、链接、布局和内容5个指标；而主动维度主要包括可靠性、效率、帮助支持、交流、安全性和激励6个指标。Wolfinbarger和Gilly通过研究线上、线下的目标用户，提出了在线零售质量评价指标的eTailQ，包括网站设计、隐私安全、可靠性和客户服务4个维度及14个测量指标。[④]

随着网络信息服务中不同领域用户的需求在逐渐细分，不同学者针对不同领域信息服务产品构建了专业的信息服务质量评价指标体系。

2.1.3.2 信息系统成功模型——ISSM

信息系统的用户评价一直是信息科学领域研究的热点，通常被称为"用户信息满意""信息系统态度"或"管理信息系统评价"。理解用户对信息系统的评价可以帮助人们预测系统的使用程度和评价系统的质量。

20世纪90年代，DeLone和McLean提出了信息系统成功模型，此模型首次将用户满意纳入，并在总结归纳信息系统质量评价领域的180篇论文的基础上，指出衡量信息系统成功的6个关键要素，分别是信息质量（information quality）、

---

① Yang Z.Consumer perceptions of service quality in Internet-based electronic commerce[C]// The Norwegian school of Economics & Business Administration. Proceedings of the 30th EMAC Conference.Stockholm: European Marketing Academy，2001，8-11.

② Zeithaml V A，Parasuraman A，Malhotra A.E-S-QUAL: A multiple-item scale for assessing electronic servicequality[J].Journal of Service Research，2005，7（3）: 213-233.

③ Santos J. E-service quality: A model of virtual service quality dimensions[J].Managing Service Quality，2003，13（3）: 233-246.

④ Wolfinbarger M，Gilly M C.ETailQ: dimensionalizing, measuring and predicting etail quality[J].Journal of Retailing，2003，79（3）: 183-198.

系统质量（system quality）、用户满意（user satisfaction）、系统使用（system use）、个人影响（individual impact）和组织影响（organizational impact），指出信息系统的评价需要围绕这些关键要素，突出信息质量、系统质量的重要性，并给出了22个具体的测量指标。[①]其中，信息质量反映的是系统中的信息是否准确、及时、有效；系统质量则反映的是系统功能是否易用、能否快速响应以及是否稳定等方面；用户满意反映的是系统的使用者（既可以是个体用户也可以是管理者用户）对于系统的心理接受程度；系统使用则反映用户关于系统的使用次数、使用时长、使用频率等方面的指标；个人影响包括对个人用户工作、生活或学习效率的提升，对于管理者用户决策效率的提高，以及加强用户信息获取、吸收的能力；组织影响则体现了信息系统的应用对于组织各个方面绩效的提升，包括竞争优势、生产效率、服务质量等方面，当然也包括降低成本、提高销售额、减少库存、提升市场份额等财务指标方面的突破。从这些要素所包括的指标可以看出，信息系统的成功使用，最终带来的就是组织影响，这也是系统成功的最终目标。

在此模型中，6个关键要素呈现出时间上的前后关系和因果关系，因此信息系统的成功，遵循的是一个有秩序的过程。在组织开始实施建立信息系统的时候，用户面对的是信息系统这一具体产品，而用户在使用过程中则需要系统提供的信息和功能，即系统的信息质量和系统质量会影响用户对于系统的接受和评判，所以信息质量和系统质量会对用户满意产生作用。好的评价会提高用户的使用频率，同时也会提升用户的满意度。并且，系统使用和用户满意这两个要素之间会互相促进，形成良性循环，并给个人用户带来工作效率的提升，进而提升整个组织的效率。根据要素之间的前后关系和影响路径，DeLone等学者给出具体的信息系统成功模型[②]，如图2-3所示。模型中的6个关键要素在信息系统成功的过程中都扮演了重要的角色，很难判定哪个要素更重要，这需要结合系统实施过程中的目标、组织环境来进行综合考虑，根据目标的不同来选择相应的要素进行详细分析。

---

① DeLone W H，McLean E R.Information system success：The quest for the dependent variables[J].Information Systems Research，1992，3（1）：60-95.
① DeLone W H，McLean E R.Information system success：The quest for the dependent variables[J].Information Systems Research，1992，3（1）：60-95.

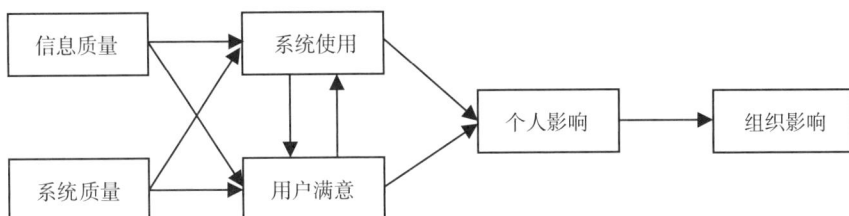

图 2-3　信息系统成功模型（1992）

随着计算机技术和信息系统在企业的普及，信息系统在组织中的应用程度得到加深，用户对于系统的控制能力也在不断增强，因此信息系统不仅仅是提供信息，同时还具备了服务者的角色。而作为用户，不仅仅是使用信息系统的信息，也是系统服务功能的利用者。在组织中，信息系统的服务功能不断地得到重视，是信息系统成功的关键要素，它可以利用服务的有效性、可靠性、及时性和准确性等指标进行衡量。鉴于此，DeLone和McLean在2003年对信息系统成功模型进行了修正，增加了服务质量（service quality）这一关键要素，它对系统使用和用户满意都会产生影响。[①]除此之外，模型中还新增加了净收益（net benefits）这一要素，用于取代之前模型中的个人影响和组织影响两个要素，如图2-4所示。DeLone和McLean指出，个人影响和组织影响对于衡量信息系统的成功维度不够准确，因为在选择指标时根据不同的研究目标和层次，有可能选择财务指标的客观数据，也可能选择衡量竞争优势的主观数据，因此在修正模型中统一用净收益这一要素，可以使得模型更加全面、准确衡量信息系统。而净收益这一要素在模型中会对系统使用和用户满意产生一定的促进作用。

无论是信息系统成功的初始模型还是修正模型，用户满意是系统成功的关键，因此在对不同信息系统进行质量评价的过程中，需要结合用户满意理论进行充分考虑。信息系统成功模型为研究用户满意与质量评价之间的关系提供了重要的理论基础，并且在众多的系统环境中得到证实。

---

① DeLone W H，McLean E R.The DeLone and McLean model of information success：A ten-year update[J]. Journal of Management Information Systems，2003，19（4）：9-30.

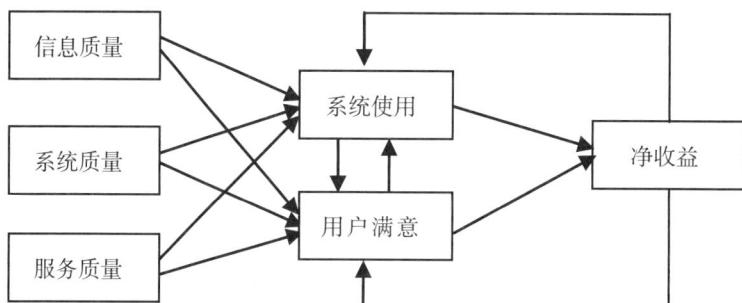

图 2-4 信息系统成功模型（2003）

2.1.3.3 网站服务质量评价——WebQual

在对网站服务质量评价的研究方面，不同的学者从不同的角度进行了研究，美国流派主要是从Davis的技术接受角度，而英国流派则主要从用户感知角度，分别构建出不同的网站服务质量的体系。

（1）美国流派。在研究信息技术接受模型的众多因素后，Davis及其他学者的研究均发现有用认知和易用认知是所有因素中最重要的两个，而且有用认知对于用户的接受意向影响的程度最大，而易用认知对于用户意向的影响程度次之。在信息系统的研究领域，由于技术接受模型的广泛适用性，众多学者利用技术接受模型来研究网站质量。美国佐治亚大学学者Loiacono等人基于技术接受模型和理性行为理论，借鉴信息系统的信息质量概念，开发出了用于测量B2C电子商务网站质量的量表（WebQual™），具体包括12个质量维度：交互信息、定制交流、信任、响应时间、易于理解、直观操作、视觉吸引力、创新性、情感吸引力、形象一致、在线完成交易的能力和相对于传统交易方式的优势，并进一步对这些测量维度进行综合归类，得到有用性（usefulness）、娱乐性（entertainment）、交互信息（information fit-to-task）和补充关系（complementary relationship）4个潜在变量。[①]WebQual™量表在构建的过程中，重视对技术接受模型、理性行为理论和信息系统成功模型等理论的研究，在此基础上运用专家座谈和实证检验，整个研究过程严谨规范，所提出的12个质量维度在众多领域得到广泛应用和认可。Davis的TAM模型从用户认知的角度进行研究，为电子商

① Loiacono E T, Watson R T, Goodhue D L.WebQual™: A measure of web site quality[C].American Marketing Association：Winter Marketing Educators' Conference，Austin，Texas，2002.

务领域的质量研究提供了重要的理论基础，Schubert和Dettling、Koufaris和Lee等学者均基于TAM模型对电子商务网站质量进行了研究。

（2）英国流派。质量功能开发的理念强调的是一种遵从客户声音的产品或服务的开发过程，WebQual模型就是在此基础上由Barnes等人首先提出的，该模型在构建的过程中充分考虑到用户的视角，强调用户对于网站的感知。

在对英国4所商学院网站的信息质量进行研究之后，Barnes和Vidgen提出了网站服务质量评价的WebQual模型。[①]随着模型不断在不同的领域进行了修正和扩展，具有很大适应性的WebQual模型体系初步构建。它可以将用户定性的评价转变为定量的统计，便于管理者进行决策。

Barnes和Vidgen在WebQual1.0、WebQual2.0和WebQual3.0的基础上，提出了WebQual4.0。其中WebQual1.0主要强调信息质量，但缺少对互动方面的评价，并用于英国商学院的网站评价中；WebQual2.0主要强调交互质量，但又忽略了信息质量，用于网络书店的研究中；WebQual3.0在信息质量与交互质量方面均有强调，并将网站质量划分为三个方面：网页信息质量、网页互动质量和网站设计质量，并在在线拍卖领域中加以检验。而WebQual4.0模型用来评价电子商务网站质量，具体包括三个维度：可用性、信息质量和服务交互质量。[②]其中，可用性代替了WebQual3.0中的站点质量，强调从用户感知出发，而不是从设计者的角度进行研究。可用性指易于导航，外观富有吸引力，是人机交互领域研究的关键；信息质量是指准确、及时、可靠的信息，属于信息系统研究领域；服务交互质量指好的信誉、交易安全、个人信息安全、按承诺交付，是从市场交易角度出发。由于WebQual4.0综合考虑了可用性、信息质量、服务交互质量3个维度，其对网站特征有全面的考虑和认识，相对于WebQual1.0、WebQual2.0和WebQual3.0，是比较准确的测量评价工具。

2.1.3.4 质量评价模型的应用

对于网站质量的评价，一直以来都是科研机构研究的热门主题，很多学者从网站的主要属性或特征出发，构建了不同的指标体系。但是由于网站类型和

---

① Barnes S J，Vidgen R T. WebQual：An exploration of web site quality[C].Proceedings of the Eighth European Conference on Information Systems，2000，1：298-305.

② Barnes S J，Vidgen R T. An integrative approach to the assessment of e-commerce quality[J]. Journal of Electronic Commerce Research，2002，3（3）：114-127.

目的不同，因此在网站布局、信息展示以及交互服务等方面都存在着不同，所以，国内外学者们针对不同类型网站提出了不同的评价内容和方法。

Ahn等人将网站的在线特征和离线特征作为外部因素引入技术接受模型，这些特征包括系统质量、信息质量、服务质量、产品质量和配送质量[1]，并通过实证研究了在线特征既影响易用认知，又影响有用认知；而离线特征只影响有用认知。在技术接受模型、感知服务质量模型和信息系统成功模型的基础上，Cao等人提出了网站质量的概念框架。在此概念框架中，提出影响有用认知和易用认知两个变量的主要因素是信息质量、系统质量、服务质量和吸引力4个因素，通过对学生使用网上书店的实证调研，并运用因子分析方法得出网站质量包括信息质量、多媒体能力、响应能力、关怀性、搜索能力、信任和趣味性7个维度。[2]

Lin和Lu研究了用户在网站使用过程中的行为意向，在模型构建中主要探讨网站质量对于用户行为意向的影响，对于网站质量则主要用信息质量、响应性和可及性3个变量来衡量。实证检验的结果发现网站质量直接作用于易用认知，虽然对有用认知没有直接影响，但是通过易用认知间接地作用于用户的有用认知，从而影响用户的态度和行为意向。[3]Burgess采用深度访谈的方法来获取影响网站质量的一系列因素，最后发现可以从可用性、易用性、响应性、网站设计、服务和技术可靠性等方面进行综合衡量。[4]Yoo等学者针对购物网站设计出专门的测量量表SITEQUAL，具体包括审美设计、易用设计、系统速度和信息安全4个方面的维度，用于衡量购物网站的质量。[5]

李晶等人梳理了信息质量评价的理论模型，从Richard Wang的数据质量评

[1] Ahn T, Seewon R, Ingo H.The impact of the online and offline features on the user acceptance of internet shopping malls[J].Electronic Commerce Research and Applications，2004，3（4）：405-420.
[2] Cao M, Zhang Q Y, Seydel J.B2C e-commerce web site quality: An empirical examination[J].Industrial Management and Data Systems，2005，105（5）：645-661.
[3] Lin J C, Lu H.Towards an understanding of the behavioral intention to use a web site[J].International Journal of Information Management，2000，20（3）：197-208.
[4] Burgess L.A conceptual framework for understanding and measuring perceived service quality in net-based customer support systems[C].Collecter Latam Conference，Santiago，Chile，2004：13-15.
[5] Yoo B, Donthu N.Developing a scale to measure the perceived quality of an internet shopping site (SITEQUAL)[J].Quarterly Journal of Electronic Commerce，2001，2（1）：31-45.

价框架、说服沟通理论、心智模式理论和用户满意理论的基础上，提出了网络信息质量评价的CEIA整合框架①，这个框架包括信息质量评价的4个层次：构念层、外部驱动因素层、内部驱动因素层、态度与行为模式层，在每个层次都涉及用户的心理和行为，并提出了每个层次的研究方向。焦玉英等学者借鉴e-服务质量评价模型，针对信息资源类网站，通过多元线性回归分析6个自变量对于用户满意度的影响程度，并将便捷性、信息内容质量、个性化、站点美学和帮助支持作为网络信息服务质量评价的指标。②范佳佳等结合用户满意理论和全评价体系框架③，构建了科技网站的信息质量评价模型，包括信息内容质量、信息效用质量和用户满意度。张科针对在线旅游服务，以SERVQUAL服务质量模型的5个维度为基础，从优化网站易用性、信息质量、交易安全性、个性化服务和服务反馈等多个方面提出了具体的质量提升措施。④杨朝君等学者采用WebQual™模型，把网站质量分为有用性、易用性、娱乐性和互补关系4个构成维度⑤，通过对4个维度设计测量题项，研究网站质量的这4个维度对于用户满意度和购物意向的作用路径，通过检验证实了有用性、娱乐性和互补关系对网站质量均具有正向显著作用，而易用性对于网站质量的影响作用不显著。网站质量对于用户的满意度和购买意向均存在显著正向影响，且网站质量又通过用户满意度的中介作用间接影响购买意向。其他相关研究及结论如表2-1所示。

---

① 李晶，卢小莉，王文韬.基于用户视角的网络信息质量评价模型研究[J].图书馆学研究，2017，（9）：38-42.

② 焦玉英，雷雪.基于用户满意度的网络信息服务质量评价模型及调查分析[J].图书情报工作，2008，52（2）：81-84.

③ 范佳佳，叶继元.基于结构方程的科技网站信息质量评价模型构建及应用[J].图书馆杂志，2016，35（9）：66-75.

④ 张科.基于SERVQUAL模型的在线旅游服务质量提升途径研究[J].当代旅游旬刊，2013：6-8.

⑤ 杨朝君，宋雪婷，张亚莉.网站质量与购买意愿——一种基于多阶构成型的PLS方法[J].软科学，2015，29（4）：90-93.

表2-1　网络信息服务的质量评价维度研究

作者/年份	模型基础	质量评价维度	研究方法	调查对象	样本容量	研究结论
卢涛（2008）	服务质量模型	有用性、易用性、有形性、可信性、实现性、回复性	因子分析、相关分析	信息服务网站	119	有用性、有形性、易用性、可信性、回复性与信息服务质量正相关，而实现性与信息服务质量不相关
裴玲（2009）	服务质量模型	内在指标：界面指标、技术指标、资讯指标和功能指标 外在指标：客户服务、未来预测	因子分析	信息资源类网站	1185	通过因子分析得出系统稳定、交互服务、资讯因子、用户隐私关心和其他5个主要因素
武丽丽（2010）	服务质量模型、用户体验蜂窝模型	信息内容质量、交互能力、站点美学、便捷性、安全性	多元线性回归分析	交互问答平台	103	信息内容质量、交互能力、站点美学、便捷性、安全性与用户整体满意度之间存在显著正相关，且影响水平依次降低
万立军（2016）	SERVQUAL	功能性、安全性、可靠性、响应性、有形性	网络层次分析法	高校网站	10	通过ANP方法确定评价指标的权重，对我国高校网站的信息服务质量进行分析评价
沈洪洲等（2017）	WebQual4.0	可用性、设计、信息质量、信任、互动质量	网络层次分析法	众包网站	100	利用ANP方法计算出评价指标的权重，对3家众包网站的质量进行评价的对比分析

2.2　用户采纳行为的理论基础

　　信息行为是一种复杂的行为过程，关于信息行为的模型也在不断地发展和完善中，不同的模型相互之间存在着借鉴和继承的方面。采纳行为的主体是信息用户，而信息用户是网络信息服务的对象。通过文献整理发现，国内外对于信息系统采纳行为的研究主要从两个方面开展：一方面，对TRA、TPB和TAM

等研究信息系统初始采纳的经典模型进行改进和扩展，出现很多的研究成果，这些研究对于影响初始采纳的因素进行了分析、检验和拓展；另一方面，结合不同学科领域的背景知识，引入全新理论及其研究构念，建立信息系统持续采纳的理论框架。

2.2.1 信息行为理论框架

信息行为是比采纳行为更为广泛的概念，包括用户从信息资源中查找、搜索与利用的整个过程。1981年，研究信息服务和信息用户的英国情报学家Wilson提出了信息用户从需求到利用的总体框架[①]，如图2-5所示。Wilson指出，信息行为是人类对于信息资源和信息渠道的所有行为，包括主动和被动的信息查找和信息利用。

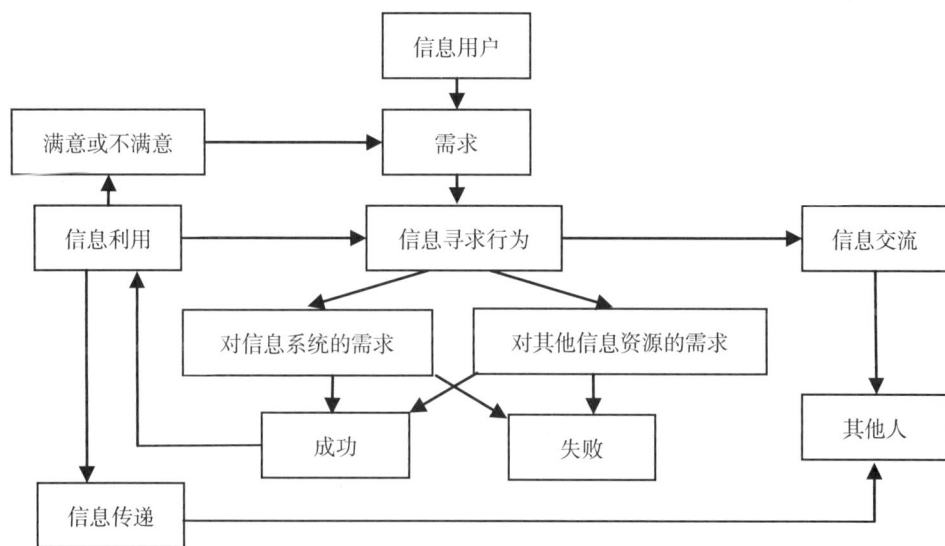

图 2-5 Wilson 信息行为模型（1981）

Wilson在1984年提出要对"信息系统"和"信息资源"进行深入的理解就必须适应信息环境，通过对1981年所构建模型进行修正，构建了由信息环境、社会角色、个人信息需求等3个因素组成的信息行为理论框架，如图2-6所示。

为了进一步明确影响信息行为的主要因素，突出需求情境的重要性，

---

① Wilson T D.On user studies and information needs[J].Journal of Documentation，1981，37（1）：3-15.

Wilson于1996年提出了整合的信息用户行为模型[①]，将基本的信息行为划分为被动注意、被动搜索、主动搜索和持续搜索4种基本类型（见图2-7）。在此模型中，需求情境主要从微观个体和宏观环境两个角度考虑。个体需求方面，主要取决于工作或生活中的角色扮演，可以是生理需求、情感需求、认知需求和自我实现的需求；宏观环境方面则主要是用户所处的社会、经济和自然环境。此外，此模型也突出强调环境特征、心理特征、人口统计特征、信息源特征等干扰变量对用户行为也会产生影响。

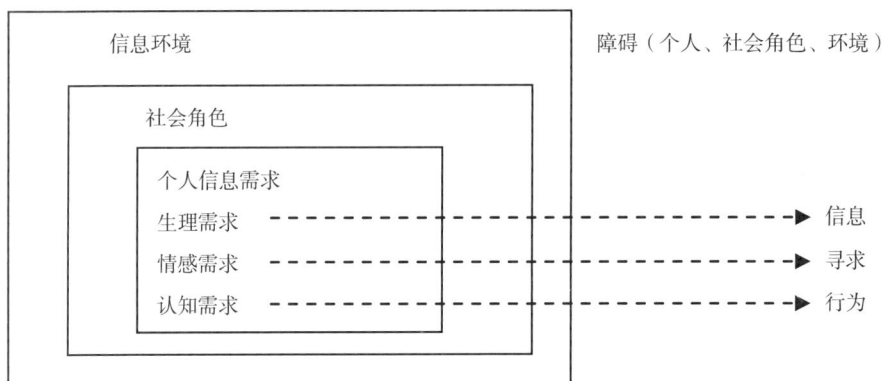

图 2-6　Wilson 信息行为理论框架（1984）

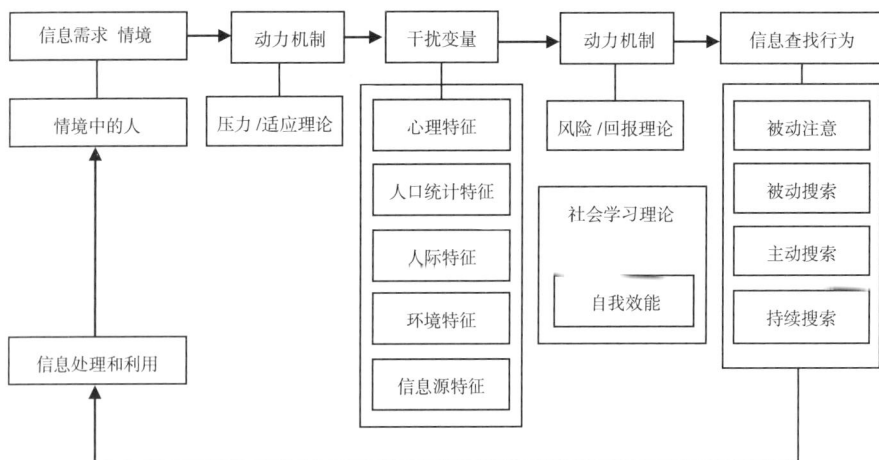

图 2-7　Wilson 信息用户行为模型（1996）

① 　Wilson T D.Information behavior：An interdisciplinary perspective[J].Information Processing and Management，1996，33：551-572.

2.2.2 初始采纳行为的相关模型

在信息科学研究领域，专家和学者一直都致力于构建一个广泛统一的研究框架，用于解释用户为什么愿意采纳和使用信息技术或系统。用户使用信息技术的过程是用户认知和行为的体现，并且用户的心理、信念和态度始终会对用户的采纳行为产生直接或间接的作用。如果信息系统不被用户采纳和使用，信息系统的实施和建设则失去意义和价值，并且不会带来任何的收益。因此学者们对于研究用户的技术采纳行为保持着持续的关注，探索出了一系列的相关理论模型。

用户对于信息系统的初始采纳是用户直接的行为体现，是信息系统成功应用的前提。因此，初始采纳历来是信息系统领域的研究重点。随着对信息系统初始采纳的逐步深入和开展，发现用户对于信息系统的初始采纳并不能保证持续采纳，因此学者的研究开始关注初始采纳后的持续采纳行为。

2.2.2.1 理性行为理论

1975年，Fishbein和Ajzen提出的理性行为理论（theory of reasoned action，TRA）就是为了探索用户态度、意向和行为之间存在的关系[①]，如图2-8所示。这个理论的前提是所有的个体都是理性的，可以很好地解释和预测个体用户的行为。基于社会心理学的视角，人类所有的行为都是有意识的行为，在真正的行为来临之前会针对所获取的信息进行分析、加工和思考，再做出理性的决策。作为最基础且比较有影响力的理论，它可以用来解释不同领域的个体用户行为。

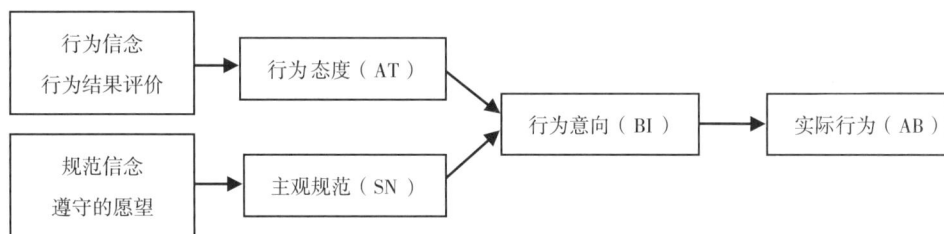

图 2-8　理性行为理论模型

在理性行为理论中，主要包括行为态度（attitude toward behavior，AT）、主观规范（subjective norms，SN）、行为意向（behavioral intention，BI）和实

---

① Fishbein，M，Ajzen，I. Belief，Attitude，Intention and Behavior: An Introduction to Theory and Research. Addison-Wesley，MA，1975.

际行为（actual behavior，AB）4个变量。行为态度表示用户对于是否采取某一行为的态度，是对行为的认知，可以是积极正向的态度，也可以是消极负向的态度，主要取决于用户的行为信念和对行为结果的评价。行为态度是用户对于采取某一行为所产生结果的主观认知，而评价是指对行为结果产生可能性的预估。主观规范表示用户对于所处的社会环境影响的主观认知，如果所处的环境或身边重要人认为用户该采取这一行为，就会使用户产生的主观规范更高，反之则会降低主观规范。因此，主观规范取决于规范信念和遵守的愿望。

行为意向是对用户准备采纳某一行为可能性的度量，受到行为态度和主观规范的共同作用，而且会直接作用于实际行为。这说明用户是依据内部的认知态度和外部的评判标准来进行权衡和比较，最终决定是否采纳某一特定行为。对于行为意向的影响，行为态度和主观规范哪个更重要，则取决于两个要素在影响路径上的系数，即两者的相对权重。如果用户的行为意向主要受用户内心认知所控制，那行为态度的影响系数就会高；而如果用户的行为意向主要受所处环境中重要关系人的影响，那么主观规范的影响系数就会高。所以，在模型的研究过程中要充分考虑用户行为意向的性质，针对不同的行为判断出态度和主观规范的不同权重，以提高对实际行为的解释能力。

由图2-8可以看出，无论是行为态度还是主观规范，其影响因素都是信念，但是影响两个变量的信念是不同的。影响行为态度的是对行为结果的信念，个人的行为信念可能是积极态度，也可能是消极态度。个体行为信念的强度和对行为结果的评价一起影响个体的行为态度。与影响行为态度的信念不同，影响主观规范的是对社会规范的信念，这主要是受个体周围重要关系人的主观影响，如果受周围人影响的程度比较大，则个体遵守的愿望就会更强烈，因此主观规范受到规范信念和遵守的愿望的共同影响。

作为解释个体行为的通用模型，理性行为理论适用于解释人类的各种行为，因此在信息技术使用行为的领域中也得到了普遍应用，方便研究者研究技术使用采纳行为的影响因素，对用户的技术使用行为有清楚的理解框架，更加关注个人行为态度和主观规范对于行为意向及实际行为的影响。但是理性行为理论模型中的信念只是个宽泛的概念，没有明确这一概念的具体内涵，因此在解释特定行为时需要事先定义这一信念所包含的内容，才能进行模型的应用。Fishbein等学者建议，在应用理性行为理论时，可以采用用户访谈的方式来获取用户对于信息的主要定义，这样能提高模型的准确性和解释能力。

理性行为理论对于理解信息技术采纳行为具有一定的解释能力，因此在信息系统研究领域受到众多的关注。但是由于理性行为理论对于人类本身有特别的限制，即人具备完全控制自己行为的能力，不受任何其他环境因素的影响。这一限制过于理想化，因为用户的行为必然会受到所处环境等各方面的影响。所以，学者们对于理性行为理论开展了进一步研究和修正，以拓宽模型的适用领域，提高模型的解释预测能力。

2.2.2.2 计划行为理论

（1）理论概述

理性行为理论受到"个人完全有能力控制自己的行为"这个前提的限制，在对人类行为进行解释、预测的过程中，虽然个人会受到自身能力和外部资源、技术的限制，但是完全有能力自己决定是否采取这个行为。实际上在研究个人在真实社会生活的行为时发现，个人的很多行为会受到外界环境和技术资源的限制，这就导致理性行为理论的解释能力降低。基于此，为了增强理性行为理论对于个人行为解释和预测的适应性，Ajzen于1985年引入行为控制认知（perceived behavior control，PBC）这个变量，对理性行为理论进行了补充，构建了计划行为理论（theory of planned behavior，TPB）[①]，模型中形成了行为态度、主观规范和行为控制认知3个变量共同影响行为意向，并进而影响实际行为，如图2-9所示。

---

① Ajzen I.From intentions to actions: A theory of planned behavior，action control: from cognition to behavior[M]. Springer Verlag，New York，1985：11-39.

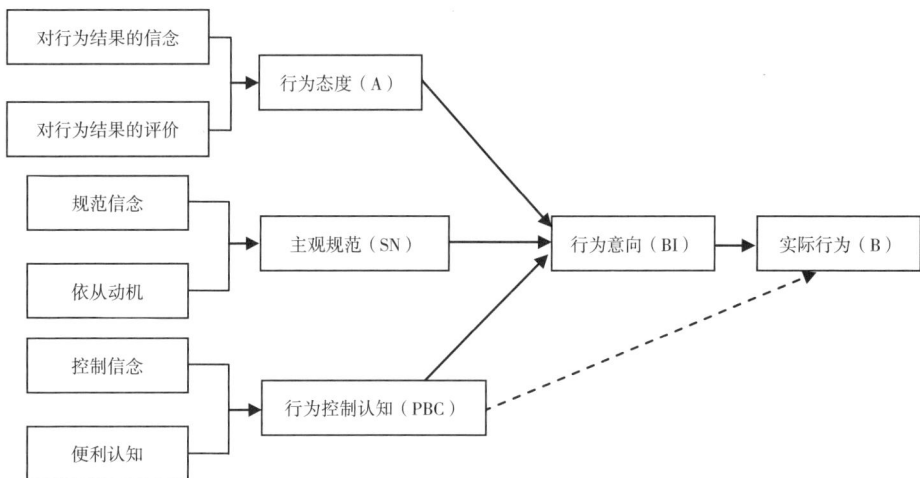

图 2-9　计划行为理论

行为控制认知变量是指个体鉴于以往的经验和对未来的预期，在采取某一行为过程中对于其难易程度的认知[①]，主要受到控制信念和便利认知的共同影响。控制信念是指个人对于采取某一行为需要的资源、机会和能力的认知，而便利认知是指个人对于资源、机会和能力这些因素重要程度的评判。当个人认知到自己具备的资源、机会和能力较好，就会觉得预期的阻碍较小，那么对于行为控制的认知就越高。

对于行为控制认知可以用公式来表示控制信念和便利认知对于行为控制认知的影响，即

$$PBC=\sum_{i=1}^{n} cb_i \times pf_i$$

其中，cb指个人对于采取某一行为需要的资源、机会和能力的认知，pf指个人对于资源、机会和能力这些因素重要程度的评判。

在计划行为理论中，可以从3个阶段来分析个体行为中各因素之间的影响关系：首先，行为结果的信念、规范信念和控制信念这些外部因素会分别影响个体的行为态度、主观规范和行为控制认知；其次，行为态度、主观规范和行为控制认知会不同程度地影响个体的行为意向；最后，个体的实际行为受到行为意向的影响，除此之外，还会受到行为控制认知的部分作用。

① Ajzen I.The theory of planned behavior[J].Organizational Behavior and Human Decision Processes，1991，50（2）: 179-211.

一般情况下，根据个人具备的采取某一行为的意志控制力程度，可以将人类行为分为两个类型，一类是完全处于个人意志能力控制下的行为，另一类则是完全不在个人意志能力控制范围下的行为，而在现实生活中个体行为都处于这两个类型之间，因此在预测和解释不完全处于个人意志能力控制下的行为时，行为控制认知变量会给出更合理的解释。在计划行为理论中，个人处于不完全控制能力下，个体在采取某一行为时必须具备行为所需的机会、资源和能力，而对这些因素的认知会影响个体的行为意向和实际行为。虽然计划行为理论可以很好地解释和预测个体行为，但是在研究具体的个体行为时需要结合行为所处的情境，准确收集关于行为态度、主观规范和行为控制认知这些变量的影响因素，进行合理的定义，确定这些变量的测量指标。

在社会心理学研究中，关于解释和预测信念、态度、意向和行为之间的路径关系以及相关因素的方法中，最有代表性的就是理性行为理论和计划行为理论。在这些模型中，人类是具有理性的个体，会利用所获取的信息和资源来进行理性的决策，采取相应的行为。如果用户处于完全意志能力控制的情况下，计划行为理论和理性行为理论的解释力是一样的。在不能完全受意志力控制的情况下，对于解释个体行为，计划行为理论比理性行为理论具有更优的解释力。

（2）可分解的计划行为理论

可分解的计划行为理论（decomposed theory of planned behavior，DTPB）是Taylor和Todd依据创新扩散相关理论、原始的计划行为理论和技术接受模型，将计划行为理论中的行为态度、主观规范、行为控制认知予以分解后提出的，如图2-10所示[1]，力求在信息系统领域内得以通用。经过Taylor和Todd的问卷调查、样本收集和实证检验发现，对于个体用户行为意向的解释能力，可分解的计划行为理论要好于初始的计划行为理论和技术接受模型。[2]根据创新扩散理论，任何新的技术创新扩散的过程其实就是信息技术在系统使用者之间的传递过程。在创新扩散理论中，个人是否采用信息技术行为取决于对信息技术创新的认知，这些认知因素具体包括复杂性、相对优势和兼容性。复杂性是指个体

---

[1]　Taylor S，Todd P A.Decomposition and cross effects in the theory of planned behavior: A study of consumer adoption intentions[J].International Journal of Research in Marketing，1995（12）：137-155.

[2]　Taylor S，Todd P A.Understanding information technology usage：A test of competing models[J].Information Systems Research，1995，6（2）：144-176.

对于信息技术操作使用的难易程度；相对优势是指信息技术创新能够给组织创造的效益，可以是有形的经济效益，也可以是品牌形象等无形的价值效益；兼容性是指信息技术能否与技术使用者的经验、价值观和需求相一致。Taylor 和 Todd指出复杂性就是技术接受模型的易用认知，而相对优势就是技术接受模型的有用认知。

在可分解的计划行为理论中，影响行为态度的主要是有用认知、易用认知和兼容性3个变量。有用认知和易用认知这2个变量都来自技术接受模型，有用认知是指用户对于信息系统能够提高工作任务效率的认知程度，易用认知是指用户对于信息系统操作难易程度的认知，兼容性是指新系统是否满足用户的已有经验、用户的价值观和目前的需求。影响主观规范的主要是同级影响和上级影响两个变量。同级影响主要是个体身边的亲人、同事或朋友对于个体行为的想法和建议，而上级影响是指个体的上级领导对于个体行为的想法和建议。影响行为控制认知的主要是自我效能和帮助条件，自我效能是指用户个体对于自身能否执行某个行为的能力大小的判断，而帮助条件主要是指外在资源对于促进行为方面的帮助，具体包括资源帮助条件和技术帮助条件。资源帮助条件主要指在时间、资金等方面的支持，而技术帮助条件主要是指在技术方面提供的辅助功能和支持。

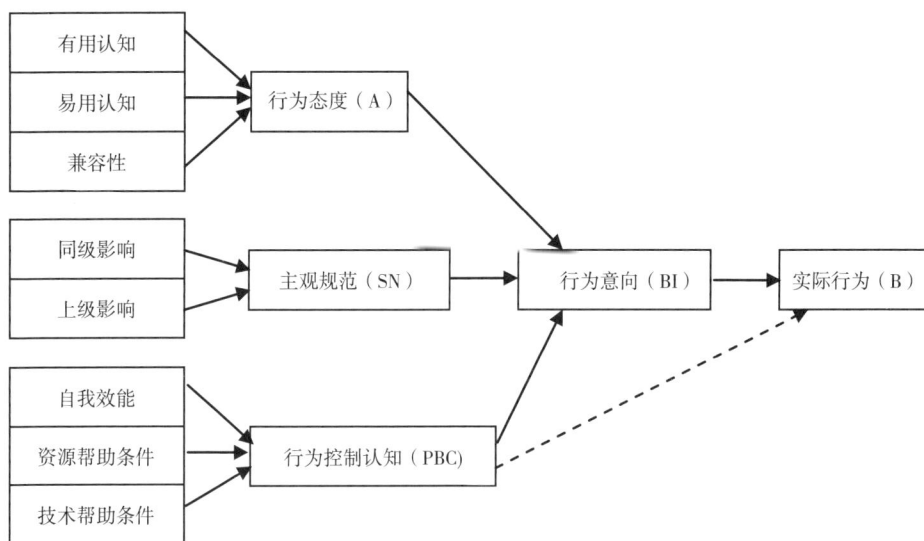

图 2-10　可分解的计划行为理论

2.2.2.3 技术接受模型及其扩展

（1）技术接受模型

在理性行为理论模型的基础之上，Davis于1986年提出了技术接受模型（technology acceptance model，TAM），该模型对理性行为理论中变量之间的关系进行了调整，主要用于研究外部变量对于信息技术用户的内部信念、态度、行为意向和实际使用之间的作用路径，以便对信息技术或信息系统用户的接受行为进行预测和解释。[①]相对于理性行为理论，该模型在解释用户技术接受行为时更为简洁。因为在理性行为理论中，个人行为意向主要受行为态度和主观规范的共同影响，但是在研究信息技术用户接受行为时，态度对于行为意向的影响力要比主观规范强。因此Davis提出了该模型中两个重要的信念要素：有用认知（perceived usefulness，PU）和易用认知（perceived ease of use，PEOU），指出这两个要素都会对态度产生直接影响，并通过态度间接影响行为意向和实际行为，而且有用认知对于行为意向具有直接的作用，易用认知也会促进有用认知。根据以往的信息系统相关研究，总结出外部变量这一要素对有用认知和易用认知均会产生作用，所有要素之间的具体路径关系如图2-11所示。

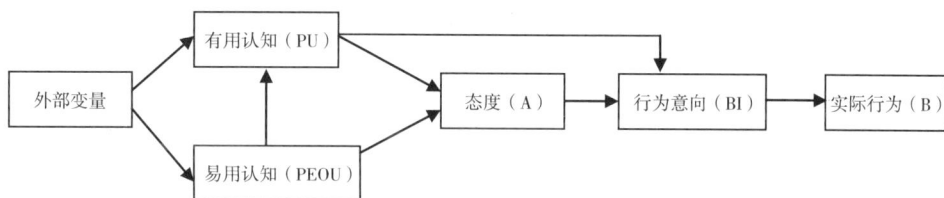

图 2-11 技术接受模型

模型中的外部变量是指可能影响用户有用认知和易用认知的因素，包括用户的系统经验、系统设计的特征等这些外部因素。易用认知会让用户在使用信息技术的过程中节约更多的时间和精力，提高用户的工作效率，因此易用认知越高，用户的有用认知也会越高。态度是用户对于采用信息技术所给出的感受和评价，积极态度会促进行为意向，而消极态度会阻碍行为意向。行为意向则表示用户使用信息技术的意愿，受到态度和有用认知的共同作用，并且对于用户的实际行为产生直接的作用。

---

① Davis F D.Perceived usefulness, perceived ease of use, and user acceptance of information technology[J]. MIS Quarterly, 1989, 13: 319-340.

在提出技术接受模型之后，Davis根据相关研究删除了模型中的态度变量，将模型分成初次使用模型和再次使用模型。当用户初次使用信息技术时，有用认知和易用认知共同影响行为意向；当用户再次使用信息技术时，因为用户已经熟练使用信息技术，只有有用认知影响行为意向，而易用认知通过有用认知的间接作用来影响行为意向。这表明，对于初次使用信息技术的用户而言，易用认知的重要程度比较大，而当再次使用时其重要程度会降低。除此之外，Davis等人在1992年将影响用户使用信息系统的动机分为外部动机（extrinsic motivation）和内部动机（intrinsic motivation）。①外部动机是指用户采用信息技术所能获得的价值，类似于技术接受模型中的有用认知；内部动机是指信息技术带给用户的心理感受，既满足了用户的任务需求，又带来了内心的愉悦，因此愉悦认知即内部动机。

在对信息技术接受行为进行解释和预测方面，技术接受模型与理性行为理论一样，假设个体行为是完全受用户个体的意志力控制的，且不受任何个人经验水平、资源丰富程度的限制。作为一个严谨、简洁、适用性强的理论模型，对技术接受模型的实证研究获得了专家和学者的肯定，其认为该模型基本能够解释用户40%的使用行为。除此之外，技术接受模型中引入了外部变量作为有用认知和易用认知的前置变量，对于所有变量的影响关系和作用路径给出了合理的研究框架，方便对用户接受行为中的因素进行探讨。该理论在学术界中不断应用、补充、改进，引入更多的研究内容，形成了丰富、系统的技术接受研究体系。

（2）技术接受模型的改进

目前，TAM模型在用户采纳与接受的研究与实践中得到有效的运用，被广泛用于分析和预测用户对于信息技术的采纳行为。学术界虽已一致认同TAM模型，但同时存在部分学者从其研究领域提供不同角度的研究方法与见解，Legris和Dishaw提出该模型存在如下不足。

1）TAM模型研究样本主要是学生，以学生为研究对象存在优势与劣势：一方面，学生的合作性、配合性较强，方便获取样本，从一定程度上可以保证样本数量，同时也不失为较经济的一种获取样本方式；另一方面，真实的情景研究并不仅仅以学生为单一的实验对象，若将经济社会中存在的各类商业或服

---

① Davis F D，Bagozzi R P，Warshaw P R.Extrinsic and intrinsic motivation to use computers in the workplace[J].Journal of Applied Social Psychology，1992，22（14）：1111-1132.

务对象纳入真实环境中，并对其进行证实或证伪的研究，或许可以进一步验证结论的有效性与精确性。

2）Legris认为，若希望获取可信度更高的研究效果，则需将真实的事务处理场景作为此模型的研究对象，而不是仅限于研究信息系统开发软件、办公自动化软件或系统开发软件。

3）在学术界，有相当部分学者持有怀疑的态度：仅以自我报告形式为主要的研究手段，并通过数据采集方式获取数据的准确性和真实性。有学者提出将自我报告作为一种相对的指标因子：一是其数据收集方式并不能确保完整及精确地获取相关数据；二是其可能存在比较大的数据误差，且难以对它进行科学化的评估。

4）指出外部变量在TAM模型的描述与解释工作中存在不足。例如，PU或PEOU的评估均受到不同外部变量的影响，虽然Davis在研究中也纳入了系统特征、使用者涉入、系统训练或系统性质等部分外部变量，但是却难以对模型中的这些外部变量进行固定。

Davis等学者在研究中不断发现这些问题，并认为在社会各类组织或单位中，许多社会压力（如来自上级主管和周边同事的压力）均将施加至信息系统的使用人员，故仍需将主观规范纳入TAM模型。[①]因此，Davis及其合作者通过吸纳学术界的相关意见，对模型进行纠正和完善，进一步加强TAM模型的阐释效力。

在对TAM进行实证研究的过程中，Legris指出技术实施与组织动态变化密切相关，组织的动态变化会对技术实施的最终效果产生重大影响。因而不能将信息系统当作组织中独立的个体，而应将组织与社会方面的影响因素纳入TAM模型，增强其对技术采纳行为的阐释效力。[②]

Davis于1993年对原始的技术接受模型进行了改进[③]，他舍弃了模型中的行为意向这一变量，认为系统的实际使用由使用人员的使用态度决定，而有用认知和易用认知又对其使用态度产生影响。同时在模型中增加了前置变量：系统设

---

① Dishaw M T, Strong D M.Extending the technology acceptance model with task-technology fit constructs[J].Information & Management, 1999, 36（1）: 9-21.

② Legris P, Ingham J, Collerette P.Why do people use information technology? A critical review of the technology acceptance model[J].Information & Management, 2003, 40（3）: 191-204.

③ Davis F D.User acceptance of information technology: System characteristics, user perceptions and behavioral impacts[J].International Journal of Man-Machine Studies, 1993, 38（3）: 475-487.

计特征，这个变量会对用户的有用认知和易用认知产生作用，如图2-12所示。

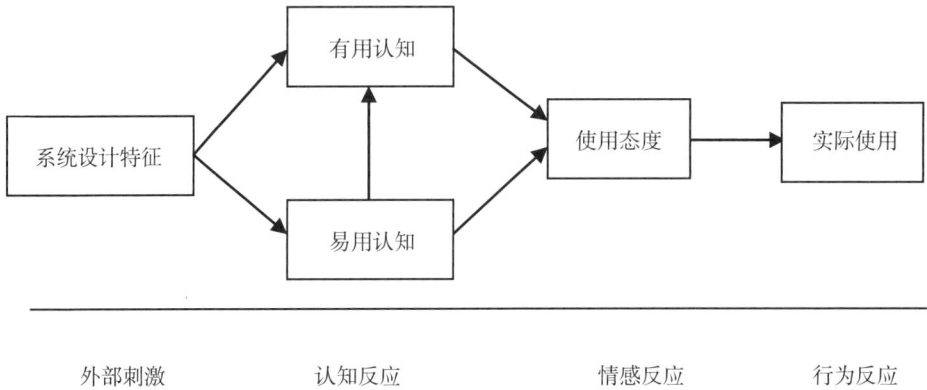

外部刺激   认知反应   情感反应   行为反应

图 2-12　修正的技术接受模型（1993）

Davis等于1996年再次对该模型提出修改。Davis等认为使用人员在情绪方面表现出对信息技术的喜好仅能通过态度来体现，难以通过有用认知和易用认知产生对行为意向的作用路径。当信息技术用户出于工作的需求而采纳信息技术，但是却由于对该项技术缺乏深入了解、使用不熟练、未能深入掌握该技术等感觉对该技术难以接受，所以，用户在信息技术采纳过程中所表现的行为，并不一定受到其态度的积极或消极影响，Davis对其原始模型进行修正，删除了态度变量，形成如图2-13所示的模型。[①]

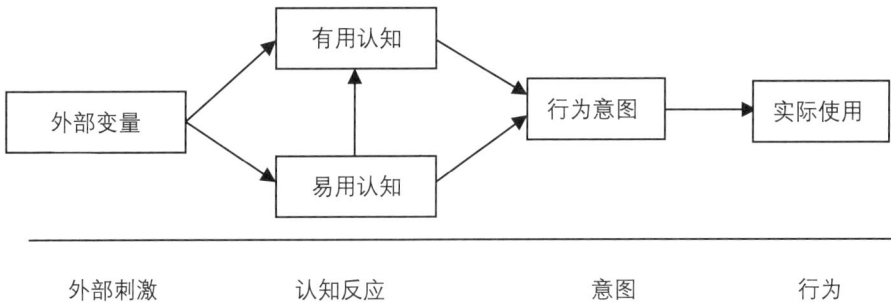

外部刺激   认知反应   意图   行为

图 2-13　修正的技术接受模型（1996）

Bagozzi的研究显示实际使用可以来自直接影响或间接影响（如受信念的直

---

① Davis F D, Venkatesh V.A critical assessment of potential measurement biases in the technology acceptance model: Three experiments[J].International Journal of Human-Computer Studies, 1996, 45（1）: 19-45.

接影响或受态度的间接影响[①]），从而为Davis的这项研究提供了证据。相关研究成果发现，修正的技术接受模型可以较好地描述系统设计特征对于使用行为的影响程度。在此模型中，有用认知对于实际使用的影响程度超过易用认知影响程度的一半，而使用态度对于实际使用的影响也小于有用认知影响程度的一半。如果综合考虑有用认知和易用认知，其对实际使用的综合影响程度要高于态度影响程度的4倍。由于易用认知通过有用认知和态度来影响实际行为，因此对于态度的直接影响是非常小的，基于此考虑，Ma等将TAM模型重新修改为如图2-14所示[②]的模型。

| 易用认知（PEOU） | → | 有用认知（PU） | → | 技术采纳（AT） |

图 2-14   修正的技术接受模型（2004）

研究结果显示：①影响使用的变量可通过系统特征来实现，且通过态度间接地产生影响，除PU、PEOU之外，应该还存在其他外部影响变量；②为了降低信息系统实施的风险和减少损失，在早期的技术采纳阶段可以充分利用TAM模型来研究系统的接受程度，及早发现问题。

（3）技术接受模型的扩展

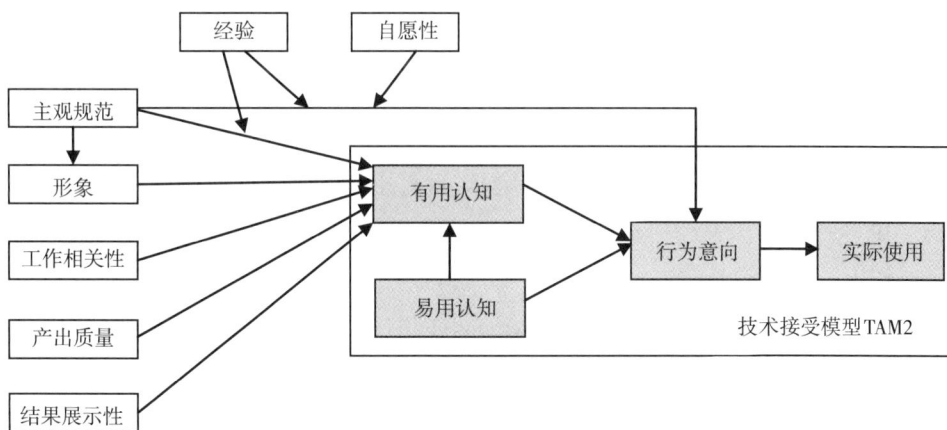

图 2-15   扩展技术接受模型（2000）

---

① Bagozzi R P.A field investigation of causal relations among cognitions, affect, intentions and behavior[J].Journal of Marketing Research, 1982, 19: 562-584.
② Ma Q, Liu L.The technology acceptance model: A meta analysis of empirical findings[J]. Journal of Organizational and End User Computing, 2004, 16（1）: 59-72.

2000年，在对技术接受模型进行补充的基础上，Venkatesh和Davis提出了扩展技术接受模型TAM2①，增加了很多的外部变量，具体分为社会影响过程和认知工具过程，并研究了这两类变量对于用户的有用认知和行为意向的影响，如图2-15所示。其中，社会影响过程主要包括主观规范、形象和自愿性，而认知工具过程主要包括易用认知、结果展示性、产出质量和工作相关性。对于TAM模型而言，除了易用认知，这些要素都属于新增加的外部变量。其中主观规范是指个体用户受到周围重要关系人的影响而产生的是否采纳信息技术的认知；形象是指用户使用信息技术对于其提升自身价值、形象和社会地位的影响程度；自愿性是指用户能够自己决定是否采用某一信息技术的程度；结果展示性是指信息技术使用时的效果是可以呈现出来，并且可以与其他用户进行沟通交流的；产出质量是指信息技术的应用对于用户任务完成取得效果的好坏程度；工作相关性是指所使用的信息技术与用户工作内容的相关匹配程度。

与理性行为理论不同的是，技术接受模型中影响行为意向的是用户的信念，而没有纳入主观规范这一变量对于行为意向的作用路径。因为技术接受模型中假设用户使用信息技术的行为都是自愿的，但在真正的社会环境中会受到不同程度的外界环境影响。因此，在TAM2中增加了主观规范，研究用户在非自愿情况下采用信息技术时的行为影响因素，同时强调随着用户经验的提升，主观规范对于有用认知和行为意向的作用反而降低。相比较理性行为理论，技术接受模型主要关注的是有用认知和易用认知两个变量，无须考虑社会因素的影响，操作起来比较方便，但是用户信息的收集却是有限的。综上，由于TAM2模型中分析了社会影响过程和认知工具过程对于有用认知和行为意向的影响，考虑到了更多的社会因素，因此与技术接受模型相比较，TAM2总体上具有更高的解释能力。

在网上购物的商务环境下，Szymanski和Hise在研究网络商店客户满意度中将客户满意度定义为客户对于网上购物整个过程的心理感受和需求满足程度。他们利用焦点群体法（focus-group interview）归纳出4项网络顾客满意度的前置因子，包括便利性（convenience）、商品提供和商品信息（product offerings & product information）、网站设计（site design）和财务安全性（financial

---

① Venkatesh V，Davis F D.A theoretical extension of the technology acceptance model: Four longitudinal field studies[J].Management Science，2000，46（1）：186-204.

security），而经过实证研究发现，网络购物中客户满意度受到网站设计、便利性和财务安全性这些因素的显著影响。[①]同技术接受模型不同的是，在用户满意研究中，系统特征和信息特征是其核心要素。[②]可以把用户满意看作用户对信息系统本身的态度，系统质量、信息质量是信息系统本身的特性，这些都是针对客体的态度（object-based attitude）。而用户接受研究中广泛采用的"有用性""易用性"等概念都属于行为性态度（behavioral attitude）。用户满意的度量是通过对特定系统的信念子集的测量而得到的。

用户满意研究存在的根本问题是缺乏对系统使用的预测能力。通过行为信念的调节作用，将用户满意态度视为行为信念的外部变量，那么系统质量和信息质量则分别是系统满意和信息满意的前置信念。具体来看，系统满意度提高，将增加人们对易用性的信念；信息满意度提高，将增加人们对有用性的信念。Wixom和Todd将用户满意和技术接受模型整合成如图2-16所示的统一模型[③]，并通过在数据仓库系统应用中的实证分析，验证了模型的准确性。这一整合模型无论对于用户满意研究领域，还是用户接受研究领域，都具有深刻的意义。

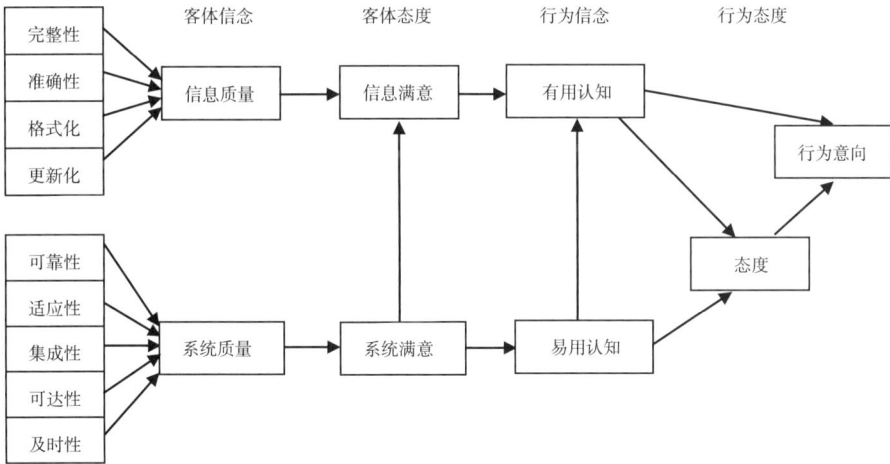

图 2-16　用户满意和技术接受的整合模型

①　Szymanski D M，Hise R T.E-satisfaction：An initial examination[J].Journal of Retailing，2000，76（3）：309-322.
②　DeLone W H，McLean E R.Information systems success: The quest for the dependent variable[J].Information Systems Research，1992，3（1）：60-95.
③　Wixom B H，Todd P A.A theoretical integration of user satisfaction and technology acceptance[J].Information Systems Research，2005，16（1）：85-102.

2.2.3 持续采纳行为的相关模型

持续采纳是指用户使用一段时间信息系统后会持续使用信息系统的行为。初始采纳是持续采纳的前提，因此，在研究中初始采纳的部分影响因素也会影响持续采纳。

2.2.3.1 期望确认模型

1980年，Oliver所提出的期望确认理论[①]（expectation confirmation theory，ECT）在消费者行为研究中得到了广泛的应用，该理论不仅对消费前的行为进行研究，同时理论中还增加了消费者消费前变量的期望和消费后的变量：期望、感知绩效、确认、满意和重复购买意向，如图2-17所示。

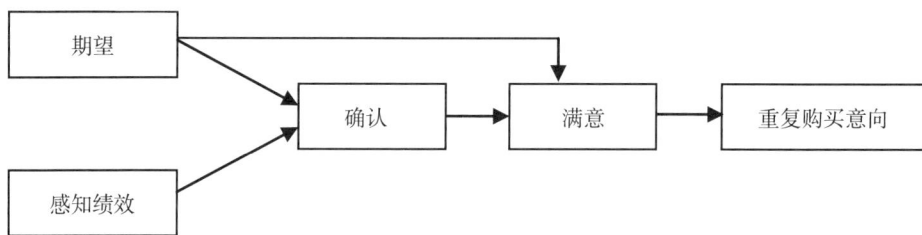

图 2-17 期望确认理论

期望确认理论是研究用户持续使用行为的理论，当信息系统的使用成为持续的行为并演变成日常行为的一部分，这个阶段是接受后的阶段。它的研究同创新扩散理论个人采纳模型中的五个阶段中的最后一个阶段是一致的，即用户在接受并采纳新的信息系统后，是否还会持续使用该信息系统。持续使用是接受行为的扩展，但接受模型中没有涉及持续使用行为。

为了更好地研究信息系统的持续使用行为，Bhattacherjee在2001年借鉴ECT理论和TAM模型提出了信息系统持续使用的期望确认模型（expectation-confirmation model of is continuance，ECM-ISC）[②]，研究用户的满意度和持续使用行为。Bhattacherjee认为用户持续使用信息系统的行为与消费者重复购买服务或产品的行为是相似的——基于初始采纳行为之后的满意度来判断是否符合之前

---

① Oliver R L. A cognitive model of the antecedents and consequences of satisfaction decision[J]. Journal of Marketing Research，1980，17（4）：460-469.
② Bhattacherjee A.Understanding information systems continuance: An expectation-confirmation model[J].MIS Quarterly，2001，25（3）：351-370.

的期望，从而决定是否继续使用。期望确认模型由持续使用意向、满意度、期望确认程度和有用认知四个要素构成，四个要素之间的相关作用关系如图2-18所示。用户的持续使用意向是由用户对系统的期望确认程度和满意度这两个接受后（post-acceptance）变量所决定的。而技术接受模型中的有用认知、易用认知和态度都属于接受前（pre-acceptance）变量，其不能用来解释用户为何接受了信息系统，但最后却又放弃持续使用。

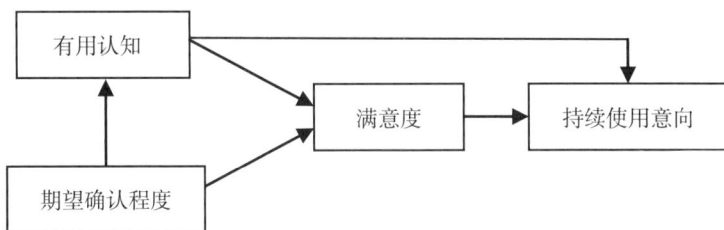

图 2-18　期望确认模型（ECM-ISC）（2001）

其中，有用认知是指用户认为使用信息系统对其工作或学习方面的帮助；满意度是指用户对于信息系统在心理上的接受程度；期望确认程度是指用户在实际使用信息系统后，使用前的期望和使用后的有效认知之间的差距，衡量效用和期望之间的符合程度；持续使用意向是指用户在未来对于是否使用该信息系统的一种内心意愿。2008年，Bhattacherjee引入了行为控制认知这一因素，对ECM-ISC模型进行修正和扩展[①]，在原有模型的基础上加入自我绩效和促成因素变量，由此得到扩展的期望确认模型，能更好地解释用户的持续使用意向和行为，模型如图2-19所示。

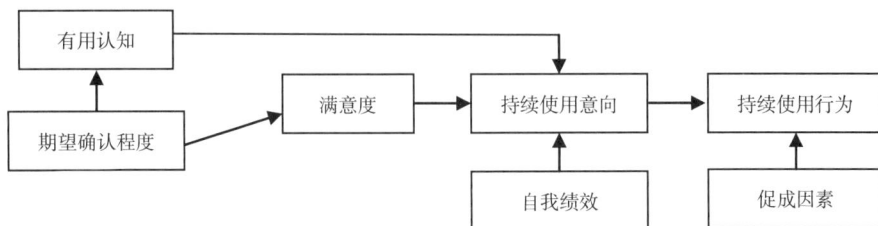

图 2-19　扩展的期望确认模型（2008）

① Bhattacherjee A，Perols J，Sanford C.Information technology continuance: A theoretic extension and empirical test[J].Journal of Computer Information Systems，2008，3（2）: 17-26.

在研究电子商务网站用户持续采纳行为时发现，同传统购物中消费者重复购买行为相类似，用户的重复购买和持续采纳都是客户满意度和忠诚度比较高的表现。忠诚度高的用户对于产品的品牌有较强的依赖度，对所购买产品或服务的价格不敏感，并能自发地对产品进行宣传和推荐，给企业带来持续的竞争优势。因此研究电子商务网站用户持续采纳行为具有重要与积极的参考意义。在研究电子商务用户持续采纳行为时，要综合考虑电子商务的行业特征和技术特性，将其视为信息技术的接受和持续采纳的过程。而技术接受模型本身只关注使用行为，对于持续采纳意向没有涉及，所以为了更好地研究用户接受并持续使用信息系统，Bhattacherjee、Liao、Hong等人结合ECT和TAM、TPB模型[1]，构建了如图2-20所示的电子商务用户持续接受模型[2]。

该模型验证了满意度和有用认知这两个因素共同影响用户持续使用意向，用户的期望确认程度，即用户前期根据使用经验或者使用过程中对产品的预估，会直接影响满意度，或间接通过有用认知来影响满意度。和技术接受模型不同的是，该持续接受模型中增加了易用认知，指出其对满意度会产生一定的影响，用虚线表示是因为随着用户多次重复使用，熟练掌握该技术后技术的难易程度不再影响用户的行为，这个作用路径就会被删除，易用认知的影响作用就可以被忽略。在ECM-ISC模型中的最终变量是持续使用意向，而Limayem对该模型进行了修改，用持续使用行为代替了持续使用意向。[3]自从ECM-ISC模型提出以来，很多学者以该理论模型为基础来研究信息系统的持续使用，如Hayashi等人对电子学习系统持续使用进行了研究，Limayem等对互联网的持续使用行为进行了研究，Fu等人对知识管理系统的持续使用进行了研究，这些实证的研究结果证实了该模型的有效性和适用性。

---

① Hong S J，Thong J Y L，Tam K Y.Understanding continued information technology usage behavior：A comparison of three models in the context of mobile internet[J].Decision Support Systems，2006，42：1819-1834.

② Bhattacherjee A.An empirical analysis of the antecedents of electronic commerce service continuance[J].Decision Support Systems，2001，32（2）：201-214.

③ Limayem M，et al.How habit limits the predictive power of intention: The case of information systems continuance[J].MIS Quarterly，2007，31（4）：705-737.

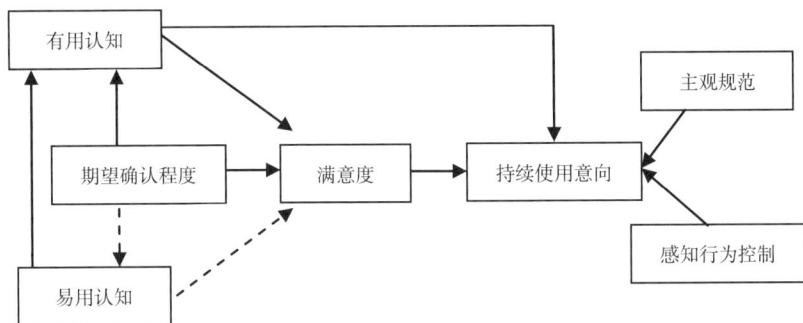

图 2-20 电子商务用户持续接受模型

随着研究的不断深入，ECM-ISC被应用到越来越多的领域中，但是该模型仍有一些值得思考的地方，Venkatesh在对ECM-ISC进行研究时指出[①]，此模型对外界所涉及的因素没有进行研究而且使用环境多集中在传统信息系统中，本研究基于此不足在ECM-ISC的基础上引入用户体验认知、易用认知、愉悦认知等外部因素，来进一步分析影响用户持续采纳行为的因素。

2.2.3.2 S-O-R模型

1974年，Mehrabian和Russell在行为心理学研究中提出了刺激—机体—反应模型（stimulus-organism-response，S-O-R），指出个体所处的环境给个体带来刺激，使个体产生一定的情感反应，最后会决定个体的行为表现。该模型用于解释环境对人类行为的影响，其核心观点认为个体对环境特征做出的趋近或规避行为会受到情绪状态的中介作用。其中，刺激变量S指影响消费者认知和情绪过程的驱动力，机体变量O指介于刺激和最终反应行为间的个体情绪认知，反应R指最终的态度行为反应。

网络购物整体体验对消费者购物行为的影响过程，可理解为一个"刺激—机体—反应"的过程。Eroglu等人首次将S-O-R模型应用到网络购物的情景中，他们将网络商店环境分成高任务相关和低任务相关两类，如图2-21所示。高任务相关环境是指一切与商家目的具有直接相关性或极强关联性的各类数据与信息，包括所售商品／产品／服务的细节与价格、与同类商品／产品／服务的比较优势、已购客户的详细评价及评价活跃度。低任务相关环境指与网站为获取

---

① Venkatesh R，Bala L.Technology acceptance model 3 and a research agenda on interventions[J]. Decision Sciences，2008，39（2）: 273.

流量，采用更多吸引网络用户驻足的相关信息，这种信息与商家售卖商品 / 产品 / 服务的目标并无直接关系，只是通过一些元素来吸引用户的注意力，提升网站的乐趣和吸引力，这类信息的主要功能是提高消费者对于网站的愉悦认知。研究结果表明：特定的网络商店环境会对消费者浏览、关注与购物行为产生较大的影响，并且根据消费者个体特征而表现出使用情况的较大差异。

Eroglu等[①]学者的研究发现，依据不同的个体特征，用户会在不同的网店环境中做出不同的购物行为：①对于全神贯注型的用户，他们希望网站提供的是高效的、有用的、高价值的信息，因为这些信息能够促进这类用户在高任务相关环境的购物场景中迅速做出购买决定。如果网站提供的是低任务相关环境，即网站提供的都是与购物需求不一致的、无用的信息，则可能引起该类消费者的逃离并不再浏览该网站。②环境响应型用户则会根据网站的用户界面友好性、网站外观、使用习惯性等要素来做出其相关的购买决策。环境响应型消费者更注重购物的过程与购物愉悦性，如浏览目标任务时，可以同时浏览新闻与时事、听音乐、看图片等多种信息。如果网站展示太多高任务相关信息，他们同样也会做出避开购买的应激反应，因为这些信息对环境响应型个体特征的消费者而言也是属于低效的、不必要的，可能是"垃圾"信息。

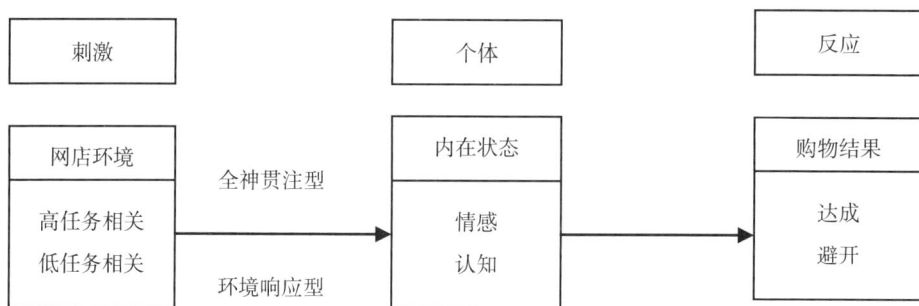

图 2-21 Eroglu 的 S-O-R 模型

研究在线商店时，Lee等得出的研究结论是，用户（消费者）的购买意愿受到用户对网站的认知程度和情绪状态的影响[②]。以S-O-R 模型为基础，赵宇娜在

① Eroglu S A，Machleit K A，Davis L M. Atmospheric qualities of online retailing: a conceptual model and implications[J]. Journal of Business Research，2001，54（2）：177-184.
② Lee Y，Kozar K A，Larsen K.The technology acceptance model：past，present and future[J]. Communications of the Association for Information Systems，2003，12（50）：752-780.

研究中把网站环境特征作为用户购买意向的一个外部因素，研究网络消费者在情绪方面的应激反应和管理，进而研究消费者产生购买商品／产品／服务的情绪化反应，最后形成冲动性、情绪化的购买行为。研究结论表示，消费者情绪方面的愉悦认知受到网站互动性、知识性、视觉性等方面特征的积极影响，且在消费者的冲动购买行为中，信任这个变量具有较强的调节作用。

同样以S-O-R模型为基础，Hsuan-Yu Hsul等人指出网站界面友好性及网站呈现的内容与质量对消费者接受程度的情感或情绪有显著影响，尤其这种瞬间产生的情感或情绪对重复购买意向及复购率存在重大影响，并证实了用户认知与情感受到网站的三个维度（信息质量、系统质量和服务质量）显著而深远的影响。其中网站质量对积极情绪有着显著的正向影响或暗示，从而形成正向相关作用，积极、愉悦的正向情绪反应有利于重复购买意愿或复购率的提升；而与负面情绪有显著负向影响，消极、阴郁的情绪造成复购率的明显降低。

Zee-Sun Yun 和Linda K Good在S-O-R模型的基础上，建立了网络商店形象设计与展现，催化消费者资助意愿/购买意向并进一步刺激且获取消费者网络忠诚行为的模型，网络商店形象的设计与充分展现是一种对消费者的刺激，通过该刺激作用促使消费者做出网络资助意愿，这种网络资助行为是个体反应，而网络忠诚行为即反复购买或复购率，则是消费者的行为反应。实证检验证实了网店形象的充分展现对资助意愿／购买意向具有显著的刺激作用，而资助意愿／购买意向又对网络忠诚行为有着明显的正向影响。研究中将网店形象划分为服务质量、产品质量和网店氛围三个维度。实证研究中发现作为二阶变量的网店形象与服务质量、产品质量和网店氛围这三个一阶变量之间具有良好的模型拟合度、相关性和显著性，表明网店形象这一变量可以通过这三个变量维度进行充分的解释，也为网店形象的量化研究提供了量化方法和相关维度或指标因子。

这些实证研究都证明了用户的心理活动直接关系到用户对网站所采取的决策行为。本书的研究也将S-O-R模型引入网站采纳行为研究中。根据S-O-R模型，用户或消费者在浏览或接受网站的过程中，网站作为刺激物S（stimulus，刺激源）会首先影响用户O（organism，主体）的心理和情绪管理，而用户心理变化和情绪管理的外在表现，即用户或消费者对网站的情感、使用和认知等会直接或间接地反映及影响用户的采纳或接受行为R（response，反应）。

由上述分析可见，国内外学者对用户体验、情感认知、采纳行为模型等各方面进行了广泛且详细的研究，但缺少从体验视角来对网站采纳行为进行系统性、全面性的分析和研究。只有对采纳行为中的体验设计、认知进行系统研究，才有可能获得反映用户认知的用户体验这一重要因素或维度的作用和影响。

2.3 用户体验研究进展和应用状况

在网络信息服务中，用户关心的既不是获取资源的数量，也不是技术的先进程度，而是所提供的信息服务能否满足自身的需求，是否给用户提供有价值的信息和良好的体验。

体验经济强调的是用户的自我体验，重视信息消费过程中的个性化、感官性以及参与性所带来的满足感。用户体验理论起源于20世纪90年代，是伴随着互联网技术和人机交互技术的深入应用而逐渐引起关注的领域。用户体验的研究涉及社会学、心理学、计算机科学等多个学科。用户对于产品的需要不仅仅局限于功能性满足，更多地关注用户的心理满足。近年来，以用户为中心的设计、可用性、情感化设计、交互设计等与用户密切相关的研究领域都与用户体验密切相关。

2.3.1 用户体验的内涵

用户体验具有主观性，它是用户在整个产品使用过程中的情感、态度、想法、行为以及感知的体现。关于用户体验的概念有很多定义。用户体验难以进行定义也源于它会受到用户前期事件、目前状况以及未来期望的影响，而且用户需要在不同的情境中和产品进行交互。[①]关于用户体验的概念，各国学者都提出了自己的理解，如表2-2所示。

表2-2　用户体验概念的界定

年份/年	学者	内容
1997	Moeslinger	用户体验由感官体验、情感体验、实践体验三部分构成，不同的用户在使用同一产品时的体验是不同的。

① Kuniavsky M.Observing the user experience - a practitioner's guide to user research[M].Morgan Kaufman：Elsevier USA，2003：45-47.

续表

年份/年	学者	内容
2000	Lucas Daniel	体验是用户在使用产品或服务时的所想、所做、所感，涉及产品和服务带给用户的理性价值和感性体验。
2001	Nathan Shedroff	用户体验是用户与产品、服务或时间交互时的感觉，不仅包括功能的可用性，还涵盖着用户身心的所有感官感受。
2003	Jennifer Preece	用户体验分为感官体验、功能体验和情感体验三个层次。
2004	Donald Norman	用户体验是衡量产品质量的一个重要标准，是一种与交互相关的集合。
2006	Hassenzahl Tractinsky	用户体验在交互发生时，用一系列的内在状态（如动机、期望、需求、情绪等）与系统特征（如可用性、效率、目标、复杂度等）在特定情境（或环境）中相互作用的产物。
2007	Nielsen-Norman Group	用户体验涵盖了用户与企业产品及服务体系相关的各个方面，以满足用户需求为首要目标，并通过简单而具有吸引力的设计，让用户感受到拥有产品或享受服务的愉悦性，良好的用户体验必须有效结合多个学科领域。
2007	James Garrett	用户体验是产品或服务在现实生活中的使用和表现方式。成功的用户体验是产品创造者和产品使用者共同的实现目标。其属性之一便是可用性，但仅有可用性并不能带来积极的用户体验。
2007	Peter Merholz	用户体验既不是一门学科，也不是一个方法，它是一种在任何产品以及服务之间产生的自然属性。它带给用户的感觉，更像是一种隐藏在"信息架构""交互设计""可用工程"概念背后的能量。

关于用户体验的概念，最有影响力的是ISO9241-210标准的定义[①]：用户体验（user experience，UE）是指人们对于使用或期望使用的产品、系统或者服务的认知印象和回应，即用户在使用一个产品或系统之前、使用期间和使用之后的全部感受，包括情感、信仰、喜好、认知印象、生理和心理反应、行为和成就等各个方面。ISO9241-210的定义还专门将影响用户体验的因素分成三类：系统、用户和使用环境，具体表现为：系统属性、用户的状态和以往的经验、使用情境。设计师可以通过研究典型用户、使用情境、系统交互来提升系统的情感和体验。

对于用户体验的定义，Hassenzahl等学者指出用户体验指在特定的任务环境下，用户内心和系统进行交互所产生的结果。用户内心受到需求、期望、动机、倾向和心情等要素的影响，而系统本身也具备功能性、可用性、复杂性等

---

① ISO9241-210.Ergonomics of human system interaction-Part 210：Human-centered design for interactive systems (formerly known as 13407)[C].International Organization for Standardization(ISO). Switzerland，2010：7-9

方面的系统特征。①可用性专业协会（UPA）将用户体验概括为与产品、服务或者企业交互的所有方面组成的用户感知，这是对传统人机交互和可用性的拓展，包括用户的任务需求、心理需求以及价值需求等。James Garrett指出系统仅仅具备可用性是不够的，只有积极的用户体验才能实现用户个人及组织想要达到的目标，其将用户体验视为系统在现实世界的表现和使用方式。②

从上述的相关定义发现，用户体验是指处于一定的情境中的用户，在需求、动机的驱使下，对所使用的产品或服务过程中所产生的所有心理认知。其涉及的领域外延既可以是传统的实体产品或服务，也可以是以互联网为技术平台的网络信息服务。其内涵突破了单纯研究产品或服务的可用性，不断拓展到用户与产品交互过程中的所有体验。

2.3.2 用户体验的研究模型

Jeffrey认为用户体验包括三方面的内容：行为、结构和展示③，行为是指用户与产品之间是如何形成互动的；结构是指为了便于用户理解和使用，信息该如何组织；展示是指如何以可视化的方式向用户显示组织的信息。Luke认为用户体验的关键是展示、组织和交互的三者结合④，展示包括网站呈现出的字体、色彩、图片等一切与网站沟通的要素，这提供可视化的信息沟通技巧；组织则是对标签系统、信息构建、内容体系等与网站结构相关的要素，需要合理的信息组织作为参考；交互则主要考虑用户和系统的行为，可以从工程交互模式和人因角度提供可行的解决方案。对于产品而言，组织、展示和交互三者之间相互联系，共同促进系统的发展。Arhippainen等学者提出用户体验是由用户、产品、使用环境、社会背景和文化背景五个因素相互作用而形成的。⑤

传统的人机交互研究关注的是有用性和可用性，但用户在真正使用技术的

---

① Hassenzahl M，Tractinsky N.User experience-a research agenda[J]. Behaviour & Information Technology，2006，25（2）：91-97.
② Garrett J J.用户体验的要素：以用户为中心的Web设计[M].范晓燕，译.北京：机械工业出版社，2007.
③ Jeffrey V.The art and science of web design [M].New Riders Press：1 edition，2000.
④ Luke W.Site seeing：A visual approach to web usability[M].Wiley：1st edition，2002.
⑤ Arhippainen L，Tähti M.Empirical evaluation of user experience in two adaptive mobile application prototypes[C]//Proceedings of the 2nd international conference on mobile and ubiquitous multimedia. Norrköping. Sweden: Linköping University Electronic Press，2003：27-34.

过程中，又会受到美学体验和情感体验的影响。Mahlke指出，在信息交互过程中，认知因素所包括的系统有用性、易用性等技术因素和享受性、视觉美感性、内容吸引性等非技术因素均影响网站的使用体验。因此Thuring和Mahlke通过实验研究了可用性、美学以及情感之间的关系，提出了用户体验的组成模型。为了对用户体验的非技术特征进行辨识，Hassenzahl指出在研究用户的技术体验时更应该关注情感因素的影响，并将美学、享受和娱乐三类要素归结为非技术特征。[①]在人机交互的研究领域，Hassenzahl提出用户体验的概念，并指出用户体验是用户心理、产品特征和社会情境三者相互作用的结果，具体包括心理（be-goal）、操作（motor-goal）和行为（do-goal）三个层次。心理层次是用户对于系统产品的愉悦认知，而操作层次和行为层次是产品的有用性和满意度，因此用户体验包括享乐性体验和实用性体验两个方面。

关于用户体验的内涵，不同学者给出了不同的定义，其应用于不同的研究领域，则具备不同的特征。国外学者从不同的研究角度给出了用户体验的研究模型，具体分为三类：第一类主要是从技术构成要素的角度构建，明确系统的用户体验的设计要素，主要以Jesse James Garrett的用户体验要素模型和Peter Morville的用户体验蜂窝模型为代表；第二类主要是从用户角度进行构建，明确用户如何与系统进行交互，主要以Dhaval Vyas的用户体验APEC模型为代表；第三类是从系统应用的角度进行构建，可以协助系统提供商发现系统使用过程中存在的阶段性问题，可以对用户体验进行有针对性的优化，以Sascha Mahlke的用户体验过程框架模型为代表。

2.3.2.1 用户体验要素模型

Jesse James Garrett提出网页设计的五层用户体验要素模型[②]，主要包括战略层、范围层、结构层、框架层、表现层。战略层主要关注用户的需求，确定网站建设的目标；范围层主要是对产品的功能规格和内容需求方面的详细描述；结构层主要是系统的交互设计和信息构建，即系统与用户之间的交互功能和信息空间的内容分布；框架层包括产品的界面设计和导航设计，即以用户易于理

---

① Hassenzahl M.The quality of interactive products：hedonic needs，emotions and experience[C]. Encyclopedia of Human-Computer Interaction，PA：Idea Group，2005：652-660.

② Garrett J J.用户体验的要素：以用户为中心的Web设计[M].范晓燕，译.北京：机械工业出版社，2007.

解的方式来进行信息的展示、导航的设计和元素的搭配；表现层则是指系统的视觉外观的设计。

2.3.2.2　用户体验蜂窝模型

Peter Morville提出了用户体验的蜂窝模型，认为用户体验不仅仅指可用性需求，还包括其他更多的体验需求。此模型主要以价值（valuable）实现为核心，包括有用性（useful）、可用性（usable）、合意（desirable）、可寻性（findabel）、可接近性（accessible）以及信任（credible）六个要素。用户体验的蜂窝模型因其可以快速实现目标而成为最有效的模型之一。它可以协助理解用户需求，并定义用户需求的优先级。对于产品而言，可以确定有用性或合意哪个要素对于用户比较重要，可以通过平衡用户、内容和环境给出准确的理解。

James Melzer提出了蜂窝模型的补充图，首先是交换了可接近性与可信在图中的位置，将用户体验蜂窝模型的外围归纳为效用和可利用性两方面。其中，效用是指用户需求与期望能否满足，而可利用性则是指用户能否找到可利用信息。用户体验最终价值的实现需要靠效用和可利用的实现。Peter 和James的蜂窝模型主要从信息构建的角度提出明确用户体验要素的目标，并且指出用户体验的目标不是单一静态的，而是随着时间的推移呈现出多维和动态的特征，因此会有更多的蜂窝模型被构建出来。

2.3.2.3　用户体验APEC模型

Dhaval Vyas 等使用以交互为中心的方法提出了用户体验研究的APEC模型[1]，如图2-22所示，其核心是用户和交互系统的体验，从功能、交互和外观三方面来考察用户行为和反馈的影响。该模型主要包括三个层次：首先是用户个人行为和系统之间产生交互，系统根据用户的行为给予反馈，这是体验的基础；其次是用户通过功能、交互和外观三方面与系统进行交互；最后是用户对系统的最终体验结果，通过审美（aesthetic）、实用（practical）、情感（emotion）、认知（cognitive）四个方面对系统的用户体验进行评价。

---

[1]　Vyas D，Gerrit C. van der Veer.APEC：A framework for designing experience[J]. http://www.infosci.cornell.edu/ place/15_DVyas2005.pdf，2006.

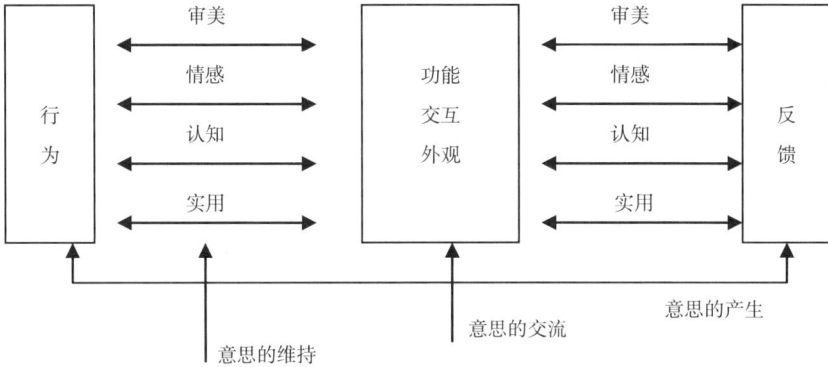

图 2-22　用户体验的 APEC 模型

2.3.2.4　用户体验过程框架模型

Sascha Mahlke提出的用户体验过程框架模型[①]如图2-23所示。他指出对于用户体验的研究，首先应该从用户体验的评价着手，在具体的评价过程中要综合考虑认知和情感两个部分。认知部分主要考虑用户在与系统产品交互过程中感受到的系统的技术特征和非技术特征，关键考察用户与系统之间存在的相互关联。技术特征是与系统特征相关的特征，受到系统可用性、易用程度、有用程度等因素的影响，而非技术特征是指用户在使用系统产品过程中产生的感受，受到心理的愉悦感受、系统界面友好、视觉吸引等多方面因素的影响。过程框架模型将整个用户体验视为用户的信息认知处理过程，在这一过程中，用户与系统不断交互，使用户对于系统特征产生一定的认知，认知的结果产生各种情感反应，这一反应就是用户情感的表现。情感反应和认知部分共同作用，带来用户对于系统最终的体验评价，并导致不同的行为结果。因此，这一研究框架明确了用户体验对于用户行为产生影响的基本过程，情感因素成为用户体验评价的关键要素，对于研究用户体验过程具有借鉴作用。

---

① Scherer K R.Cognitive components of emotion[C]//Davidson R J，Goldsmith H，Scherer K R(eds.).Handbook of the affective sciences，New York：Oxford University Press，2004.

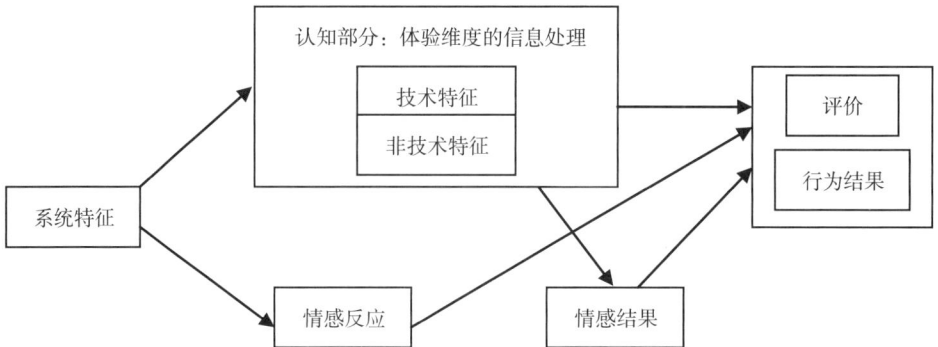

图 2-23　Sascha Mahlke 的用户体验过程框架模型

2.3.3　用户体验评估与量化

随着人机交互技术的发展，用户体验的评估和量化受到学者们的广泛关注。用户体验评估又称用户体验质量（quality of experience，QoE），指对用户在使用产品或服务过程中所建立的主观心理质量水平的衡量，即对用户体验的估值。通过这样的评估来发现产品存在的体验问题，进而对产品存在的问题进行迭代优化。

2.3.3.1　用户体验评估要素

在网络信息服务的过程中，用户体验的质量既受到信息系统特征和所处环境等因素的客观影响，也会受到用户自身因素的主观影响。来自计算机科学、心理学、社会学等不同领域的专家和学者从自身的研究领域和研究背景出发，对用户体验进行了定量和定性的研究。由于用户体验的概念本身具有主观性、模糊性和综合性，要对其进行评估，必然要探索用户体验评估的具体维度，将这一概念具体化，研究其详细的评估要素。不同的研究学者从不同的角度来确定用户体验评估要素，但目前仍然没有形成标准化的用户体验评估的指标系统。

Rouse将用户体验评估要素总结为感官体验、功能体验和情感体验三个维度。[①]其中感官体验主要指用户在使用产品过程中，从视觉、听觉、触觉等感官所获得的体验，即对产品外部特征所形成的感知体验；功能体验主要是用户对于产品功能要素的主观评价；而情感体验主要指用户对产品的情感上的反应。

---

① Rouse B.Design for success [M].Wiley，New York，NY，1991：94-101.

Law等人将用户体验评估的潜在变量归纳为感知享乐、可用性、视觉美观程度、产品整体质量四个方面。①Robert将用户体验分为品牌、可用性、功能和内容四个方面，并运用这四个要素对用户体验进行评价。②基于Norman的人机交互三层次，Obrist等人提出在本能层之前还包括形象认知层③，指用户在真正使用产品之前，受到品牌形象、用户口碑、广告宣传、同类产品使用经验等因素影响而产生的心理预期和态度行为。

从以上的研究发现，随着用户体验评估要素的研究不断完善和细化，虽然不同的学者在评估要素的确定方面没有达成一致的定义，但可以看出所有的评估要素均围绕产品的可用性、视觉美观、功能内容以及用户的情感体验等方面展开研究，只是表述有所差异。

2.3.3.2 用户体验评估方法

当前，用户体验评估存在定性和定量方法。Mahlke认为用户体验评价方法应集成认知和情感因素，将情感方面的评估作为对用户体验综合评价方法的一部分。认知因素包括人机互动的技术因素和非技术因素，技术因素包括系统有用性和易用性等；非技术因素，包括享受性、视觉美感性和内容吸引性等。Hassenzahl从用户体验的情感方面区分了非技术特性。Sascha Mahlke认为情感因素一方面包括直接和间接的情感反应；另一方面包括由认知评价过程产生的更为复杂的情感结果。虽然用户体验的理念在各个领域以及产品开发设计中逐步渗透，但对于评估方法仍处于探索阶段，由于体验具有个人心理的不稳定性、复杂性、差异性等特征，因而较难实时获取，而且准确度也不高。关于用户体验评估的量化方法主要有以下几种。

（1）可用性测试

可用性主要指特定产品在特定的情境下，可以高效达成特定目标的程度，它主要关注用户任务的操作绩效，关注产品是否易于使用。它是基于任务主导的可用性工程，是衡量产品用户体验质量的基础性标准。可用性测试只能用于

---

① Law E L C, Schaik P V.Modelling user experience: an agenda for research and practice[J]. Interacting with Computers, 2010, 22（5）: 313-322.

② Robert R.How to quantify the user experience[EB/OL]. https://www.sitepoint.com/quantify-user-experience/,2017.12.3.

③ Obrist M, Meschtscherjakov A, Tscheligi M.User experience evaluation in the mobile context[M]// Mobile TV: Customizing content and experience. Springer London, 2010.

评估用户体验的某些方面，在对网站、移动应用等信息系统的可用性进行测试时，更多的是关注产品的任务功能，对于具体的体验细节则很难体现出来。Albert等学者将可用性测试的方法用于用户体验的度量[1]，认为网络信息服务系统给用户带来的用户体验是整体的主观感受，既包括可用性和满意度，也包括价值认知和愉悦认知。Lewis在对IBM用户体验中心的用户体验进行评价时，更关注的是易用性、有效性、界面质量和整体满意度，具体关注系统是否简单易学、信息的组织是否合理清晰、能否支持用户高效率地完成任务等指标。[2]

（2）用户体验度量模型

1）PULSE 指标

PULSE是基于商业和技术的产品评估系统，被很多组织和公司广泛应用于跟踪产品的整体表现。构成PULSE指标主要有：页面浏览量、响应时间、延迟、七天活跃用户数和收益。这些指标非常重要，并且和用户体验息息相关。

2）HEART指标体系

由于PULSE存在的不足，结合用户体验质量以及让数据更有实际意义的需求，Google提出了作为补充的度量框架：HEART，如表2-3所示。

表2-3　HEART的测量体系

维度	描述	测量方法
愉悦度（happiness）	用户满意度，推荐给他人的可能性	用户调查
参与度（engagement）	用户使用产品的程度（时长、访问量等）	数据分析
采纳度（adoption）	注册后会采纳产品的用户所占的百分比，以及使用产品某一功能的用户所占的百分比	数据分析
留存率（retention）	会继续使用产品的用户比例	数据分析
任务完成度（task success）	完成任务所需要的时间以及错误率	用户测试

它是一个测量并改善用户体验的框架，每一个字母代表一种用户体验度量标准，分别是：愉悦度、参与度、采纳度、留存率、任务完成度。这五项仅仅是指标体系的范畴，不同的产品可据此定义具体的指标，用以监控完成目标的

① Albert W，Tullis T.Measuring the user experience: collecting, analyzing, and presenting usability metrics[M].San Francisco：Morgan Kaufmann，2013.
② Lewis J R.IBM computer usability satisfaction questionnaires: psychometric evaluation and instructions for use[J].International Journal of Human-Computer Interaction，1995，7（1）：57-58.

过程。愉悦感结合用户的满意度来度量，任务完成度结合任务完成的效果和效率来度量。参与度、采纳度、留存率是全新的范畴，一般通过广泛的行为数据来制定。通常并不适合在一个指标设定中用到所有维度，但可以参考该框架来决定包括或排除某个维度。在HEART的指标体系下，可以针对不同的产品来定义具体的指标，如简单、有效、快速、有用、美观、诱人、可信、创新、个性化等。

体验经济的快速发展推动着网络信息服务更加关注用户体验，特别是与信息服务产品交互过程中产生的体验。随着用户从被动接受服务到主动意识的逐步增强，更多的用户希望参与到信息服务过程中，提出自己更明确的需求，通过与信息服务产品的持续交互行为来达到用户满意。因此，在网络信息服务中，用户体验的作用日益引起国内外的关注。随着互联网技术逐步渗透到网络信息服务领域，新的技术应用也促使用户对网络信息服务产生更多的要求。用户体验目标不是仅从服务的角度对系统进行评价，而更关心用户从自身的角度如何体验服务中的交互。基于用户体验来研究网络信息服务用户的行为，是当前信息服务研究的前沿方向之一。该研究工作涉及信息管理、系统科学、认知科学、产品设计等多门学科，属于跨学科交叉的研究领域。相关研究不仅拓展网络信息服务研究所涵盖的对象，而且在理论层面一定程度上弥补了信息管理、认知科学等学科在研究用户行为方面理论的不足，为交叉学科的研究提供理论支撑，并在一定程度上解决网络信息服务发展的应用问题。

3.1 基于用户体验的网络信息服务

3.1.1 网络信息服务中的用户体验

网络信息服务中的用户体验是用户与用户以及用户与产品（或服务）互动的结果，是用户在使用信息服务之前的需求或期望与实际使用信息服务的相互作用通过人脑认知反应产生的结果。而这一体验产生于一定的使用情景中，而且受到用户内在心理、外在环境等各种因素的影响。作为网络信息服务的提供者，在关注信息技术的同时，更需要关注产品交互行为带给用户的深层体验，关注用户与产品的互动、用户之间的互动以及产品与环境的交互等因素的相互作用。因此，需要从用户的角度出发，设计和提供更好的产品或服务，从而增强用户体验。

在网络信息服务领域，用户体验是用户与信息服务交互的客观反映，它要求以用户为中心进行产品的组织设计和功能服务。[①]用户体验是系统特征、用户内在状态和特定情境在信息交互过程中相互作用的结果。其中，系统特征主要涉及系统的可用性、复杂程度、功能性等方面；用户内在状态是用户需求、情感、期望、倾向、动机等要素的体现。在整个信息交互过程中，用户会对网站的交互性、界面友好性、功能完整性、操作方便性等方面产生心理上的主观认知，形成可用性、内容性、功能性和品牌形象等方面的体验，是用户本能、心理及行为方面的整体呈现。用户体验是用户在与网络信息服务交互过程中产生的一种主观、动态、复杂的情绪和心理感受。网络信息服务的提供方式多种多样，用户体验也存在着很大的差异，用户在网络信息服务环境中的认知、心理和行为都会对用户体验产生影响。用户体验是用户与系统交互的结果，受外在环境、内在动机、心理以及各种因素的影响，信息服务的提供者可以通过产品或服务的设计来增强用户的体验。如何提高网络信息服务的质量，使用户体验质量实现最大化是目前亟待解决的问题；作为信息服务的提供商更应该清楚用户的体验，才能在竞争日益激烈的市场上争取持续生存的能力。

在网络信息服务中，用户（包括消费者、读者、员工、访问者等）在与网站、APP进行交互之前，会产生预期的目标和期望。使用产品可以协助用户完成任务，用户通过与产品提供的功能进行交互，从而产生用户体验。在实际的使用过程中，当用户体验和期望相符合时，就会产生积极的体验；而当用户体验和期望不符合时，就会产生消极的体验。用户体验会影响到用户是否愿意再次使用产品，即用户的持续采纳行为。积极的用户体验会增强用户的满意度，进而持续采纳；而消极的用户体验会降低产品的口碑，流失更多用户。作为网络信息服务的提供者，为了获取积极的用户体验，需要根据用户的期望设计出与用户需求相符合的产品，这样才能满足用户需求。

在研究网络信息服务各种影响因素的过程中，要综合考虑系统、用户和情境等方面存在的因素，利用各种理论基础来研究这一复杂过程，既要考虑人的

---

① 邓胜利.交互式信息服务中的用户体验分析[J].图书馆论坛，2008，28（2）：88-91.

主观感性因素，也需要考虑技术的客观理性因素。在网络信息服务中，用户需求复杂程度不同，甚至存在非结构性的问题，因此需要对不同的信息处理模型和方式进行研究和分析。

（1）用户研究

用户作为网络信息服务平台的使用主体，影响着网络信息服务平台交互性的体现。用户是平台的使用者，交互体验是用户体验研究中的关键。用户研究方法主要有定性和定量两种方法，其中定性研究主要是以用户访谈为主，而定量研究主要是以调查问卷为主。在网络信息服务过程中，用户个体特征不同，在服务中会呈现不同的感受和体验，因此在收集用户信息的过程中，需要关注用户的个体特征。

网络信息服务中用户的个体属性特征具有多样性，受到复杂情境、任务的影响。在人机交互设计领域，用户是最核心的思想。网络信息服务产品在设计过程中都要以用户为中心，分析用户的需求和动机，对用户进行深入探讨研究，才能构建有代表性的用户角色模型。在网络信息服务产品概念的设计阶段，要根据用户需求和角色模型，确定产品的服务目标；在产品的设计阶段，则要深度挖掘用户需求来制定产品策略，满足用户的基本需求和潜在需求；在产品的研发阶段，用户的深度参与是保证产品功能完整的前提；在产品的售后服务阶段，则能够根据用户的使用反馈和可用性测试来进行产品的评估和优化。

（2）系统研究

影响用户体验的主要因素是网络信息服务产品的信息、功能等的架构。网络信息服务产品的视觉表现和界面设计是信息构建的呈现形式，会影响产品的易用性，对用户有极大的影响。网络信息服务产品的信息构建做到内容分类简明，结构条理清晰，可以令用户方便快捷地搜索到信息，并能高效地完成任务，这些对于用户体验都会产生重要的影响。

（3）情境研究

用户总是处于一定的社会环境下，所产生的信息行为也会受到情境的影响。随着互联网及信息技术的普及，用户在学习、工作和生活中的角色在不断发生变化，信息需求也在不断地发生变化。而用户情境正是在特定的社会环境中用户心理、需求和行为的交互作用的产物，因此在研究信息服务过程中，情境也扮演着重要角色。在对用户信息行为模式进行研究时，为了探讨信息需求、信息环境和信息行为之间存在的关系，Wilson提出了综合考虑用户环境的信息利用过程的逻辑框架。从用户所处环境出发，研究用户的需求、心理、情感和认知在此过程中发生的改变，可以更好地了解和掌握用户的信息行为[①]。

3.1.2　基于用户体验的网络信息服务质量评价

用户体验是一种主观的在访问网站过程中建立起来的心理感受。根据Law等学者对275名用户体验实践的调查分析报告[②]，用户体验具有主观性、动态性和环境依赖性的特点，而这些特点以及多学科交叉的研究背景，使得用户体验的概念很难统一。对于用户体验的研究，国内外在理论和实践方面进行了大量的探索，为用户体验的深入研究奠定了基础。

国外研究方面，James Garrett认为用户体验是指产品在现实世界的表现和使用方式。为了区别用户体验的非技术特征，Hassenzahl关注到了情感在体验中的作用，将美学、享受和娱乐三个要素视为用户体验的非技术特征，增强了对于用户体验的理解。而用户体验设计已成为当前各种类型的门户网站在开发和应用中所面临的新问题。在相关的学术领域，很多学者从用户体验的视角来研究信息资源整合、信息构建和网站设计等问题，对相关领域中用户体验的服务模式、用户体验的要素等进行了初步探索，但是很少研究涉及用户体验是如何动态影响采纳行为的。

国内外关于用户体验的研究涉及领域比较丰富，包括商务、社交、政务以及信息服务领域，从认知、情感以及环境等方面进行内容分析，通过数据收集和分析得出相应的研究结论，在一定程度上为用户体验的应用提供了翔实的实证数据。由于网络信息服务呈现出丰富的形式和内容，而现有的用户体验的研究又比较零散，缺少系统的理论研究体系，导致用户的满意度降低。

随着体验经济的快速发展，越来越多的学者将用户体验应用于网络信息服务的各个领域，认识到用户体验是网络信息服务发展过程中备受关注的要素。

① Wilson T D.Information behavior: an interdisciplinary perspective[J].Information Processing and Management，1996，33：551-572.
② Law E L C，Roto V，Hassenzahl M，et al.Understanding，scoping and defining user experience：A survey approach[C].Proceedings of the SIGCHI conference on human factors in computing systems，Boston，New York，ACM，2009：719-728.

刘冰、卢爽从用户体验角度剖析了用户信息体验层次结构[1]，在此基础上，从技术功能体验、美学情感体验和效用价值体验三个维度构建信息质量综合评价体系，并指出用户需求的满足程度是信息质量的内涵，而用户满意则是信息质量评价的目标。金燕等人意识到从用户体验的视角构建信息质量评价体系的必要性[2]，认为信息质量的评价应综合考虑用户认知的理性要素和用户情感的感性要素，认知和情感的满足程度决定了用户体验的高低，并从内容信息和交互信息的具体测量指标给出了指标要素的选择，但没有进行指标权重等更进一步的实证分析。其他研究可见表3-1。

表3-1　基于用户体验的网络信息服务质量评价

作者/年份	研究领域	研究方法	评价体系
罗谷松（2011）	B2C 电子商务网站	模糊综合评价	功能体验、技术体验、美学体验、信息体验、过程体验五个一级指标，15 个二级指标
戴炜轶（2013）	高校微博	灰色统计法	信息服务质量评价指标体系包括技术体验、感知体验、内容体验和服务体验 4 个维度和 26 个具体指标。
马朋（2014）	移动互联网在线旅游	结构方程模型	感受性体验、内容性体验、安全性体验、个性化体验和交互性体验 5 个一级指标
金小璞（2017）	移动图书馆	因子分析	服务质量的影响因素：移动图书馆界面设计、信息内容、系统功能
施国洪（2017）	移动图书馆	因子分析	包括服务证据、服务可靠、服务信任、服务响应和服务移情 5 个评价要素和 22 个评价指标
李稳（2018）	移动视频类 APP	因子分析	移动互联网应用体验指数模型：2 类核心品质（主观质量和客观质量）、5 大维度（功能、内容、界面、情感和性能）、17 个质量特性和若干可测量属性
郭薇（2018）	B2C 电子商务	层次分析法模糊综合评价	信誉体验、网站功能体验、网站设计体验、交易体验、安全保护体验和完成体验 6 个一级指标和 22 个具体指标

胡昌平等在网站信息构建要素的研究中，对信息构建、信息设计、界面设

---

① 刘冰，卢爽.基于用户体验的信息质量综合评价体系研究[J].图书情报工作,2011,55（22）:56-59.
② 金燕，杨康.基于用户体验的信息质量评价指标体系研究——从用户认知需求与情感需求角度分析[J].情报理论与实践，2017，40（2）: 97-101.

计等微观方面的用户体验要素进行了分析①。从用户使用过程的角度，赖茂生等对社交网站的用户体验进行了研究，通过调查问卷发现用户在不同使用阶段的需求，更加直观地掌握用户体验需求，使得社交网站的用户体验设计更加人性化。②焦婧等在现有用户体验蜂窝模型的基础上，结合网络应用的用户体验特征，对其进行了修正和扩展，指出了网络应用的体验应该以价值为核心，总结出8个网络体验特征：满意度、有用性、可用性、可靠性、易寻性、智能性、交互性和可获取性，以及对应的23个子特征。③巢乃鹏等人从用户的生理体验、情感体验和认知体验三个维度出发，从内容、界面、服务和技术四个类别构建了基于用户体验的移动出版物评价体系。④方玉玲等人在详细分析现有用户体验的主观评价方法和客观评价方法的基础上，指出需要综合这两类方法对用户体验进行全面、客观的评价。⑤

在用户体验的理论和实践探索方面，国外学者总结出了很多的理论研究，包括用户体验的模型、要素、定义和评价等方面，并应用于网站建设、电子商务和软件设计等领域，为深入了解用户体验奠定了坚实的基础。图书情报领域，李小青提出用户体验包括三个层次，分别是技术体验、功能体验和美术体验，强调用户体验是用户在产品服务中感受到的价值认知⑥，提出基于用户体验的web信息构建模型。李箐、赖茂生认为用户体验是信息空间构建过程中的重要内容。⑦

基于用户体验对于用户认知、心理和行为的作用价值和用户心理认知的层

---

① 胡昌平，邓胜利.基于用户体验的网站信息构建要素与模型分析[J].情报科学，2006，24（3）：321-325.

② 赖茂生，麦晓华.面向使用过程的社交网站用户体验研究［C］//第七届和谐人机环境联合学术会议（HHME2011）论文集，2011.

③ 焦婧，杜建萍.基于用户体验的网络体验模型的构建与应用研究[J].情报理论与实践，2014，28（1）：22-25.

④ 巢乃鹏，王成.基于用户体验的移动出版物评价体系研究[J].出版发行研究，2012（8）：80-83.

⑤ 方玉玲，邓胜利，杨丽娜.信息交互中的用户体验综合评价方法研究[J].信息资源管理学报，2015（1）：38-43.

⑥ 李小青.基于用户体验的web信息构建模型研究[J].图书馆论坛，2010，30（2）：68-70.

⑦ 李箐，赖茂生.信息空间构建相关问题探讨——用户体验和系统可用性[J].情报理论与实践，2003，1（26）：8-10.

次性，刘冰等[①]学者构建了美学情感体验、技术功能体验和效用价值体验的信息质量评价的三层次模型。依据信息系统协助用户实现目标的有效程度，王晓艳和胡昌平[②]提出用户体验的三个层次：技术体验、功能体验和美学体验。在心理学家莫瑞的社会心理需求理论的基础上，肖海鹏提出产品界面设计的美观和合理会影响用户体验的质量，强调了用户体验在人机交互过程中的关键作用。杨艾祥提出五类的用户体验，具体包括交互体验、感官体验、浏览体验、情感体验和信息体验。国内在对用户体验的研究方面，虽然在信息资源整合、信息构建和网站建设方面进行了初步探索，但缺乏完整的用户体验理论体系；对用户使用信息服务产品过程中的反馈、跟踪等行为缺乏研究。

网络信息服务的服务理念已经逐渐从"以资源为中心"的建设转变成"以用户为中心"。因此，网络信息服务质量的评价也从关注资源质量，转变为关注用户体验。随着互联网技术的快速发展，用户在工作、学习、生活中会面对各种各样的网络信息服务产品，只有设计出具有良好用户体验的产品才能吸引用户，用户体验逐渐成为网络信息服务产品的核心竞争力。

3.1.3　网络信息服务用户体验的维度设计

在《情感化设计》一书中，诺曼从认知心理学的角度分析了人类认知行为的三个层次，分别是：本能层、行为层和反思层，三个层次的体验存在层级递进关系。本能层，是人的本能反应，主要是从视觉角度产生的喜欢还是不喜欢；行为层主要体现为人和系统的交互过程是否方便、是否合理等；而反思层则体现出人对产品意义的进一步思考，带来的是情感反应。

在网络信息服务中，本能层设计就是产品界面给用户带来的感官刺激方面的感受，是一种潜意识的体验认知，重点是产品外观界面设计；行为层设计是依据用户需求提供产品的功能，目标是在用户掌握了操作技能之后可以进行使用，并获取整个动态过程的满意度，重点是功能操作设计；反思层是在前两个层次的基础上，用户内心所形成的情感体验，受到所处环境的文化背景、个人

---

① 刘冰，卢爽.基于用户体验的信息质量综合评价体系研究[J].图书情报工作,2011,55（22）:56-59.
② 王晓艳，胡昌平.基于用户体验的信息构建[J].情报科学，2006，24（8）:1235-1238.

经历等各种因素的影响，重点是产品品牌形象的树立。[①]

Anderson将用户体验与消费者价值让渡理论进行结合，提出用户体验具有层次性，产品的功能体验、易用体验和可靠性体验都是用户首先需要满足的，其次才会考虑交互体验和娱乐性体验。Morville的研究指出，用户的感知价值受到用户体验的影响，其将用户体验划分为六个维度，主要包括有用性、可用性、可靠性、娱乐性、社会性和使用成本。邓胜利提出，传统的用户体验设计主要关注形式，即信息的外在显示效果，而交互式信息服务的用户体验设计更加注重用户的需求和信息的提供，明确用户与系统的交互行为，因而提出用户体验设计的三个维度：形式、内容和行为。[②]

网络信息服务必须充分考虑用户在整个服务过程中的体验，因此在用户体验设计部分，应从用户认知和体验事物的规律出发，根据诺曼体验分层理论，本研究将用户体验自下而上地分成感官层体验、认知层体验以及反思层体验三个层次。根据网络信息服务的特征，参考Roseman的认知评估模型、Scherer的情感关键词以及IBM的网站界面设计标准工具等，将每个层次的体验进行不同维度的设计。感官层是用户体验的初级层次，是用户最直观的感受，主要指用户浏览系统时所产生的心理感受，取决于系统的视觉体验、浏览体验和信息体验，产品的界面设计以及视觉呈现具有决定性作用。认知层是用户体验的中级层次，是指用户在使用网络信息服务产品过程中所产生的心理感受，是用户在感官刺激下所触发的一系列交互行为。与感官层不同的是，感官层更注重网络信息服务产品的外观，而认知层的体验更关注网络信息服务产品的系统体验、功能体验、交互体验、内容体验和过程体验等，网络信息服务产品的内容、功能以及信息架构对其具有重要影响。反思层是用户体验的高级层次，是用户在感官和认知之后的进一步思考，更多的是对网络信息服务产品使用后的心理感受，是用户情感、价值等各种体验的累积，取决于产品的信任体验、品牌体验、价值体验和情感体验。具体的维度定义如表3-2所示。

---

① 诺曼.情感化设计[M].付秋芳，程进三，译.北京：电子工业出版社，2005：50-52.
② 邓胜利，张敏.基于用户体验的交互式信息服务模型构建[J].中国图书馆学报，2009，35（1）：65-70.

表3-2　网络信息服务用户体验的维度设计

层次	维度	定义
感官层体验	视觉体验	使用户身心愉悦地完成任务，强调过程舒适性
	浏览体验	信息的呈现方式，强调信息构建的吸引性
	信息体验	信息的内容完善，能够使用户达到目标
认知层体验	系统体验	能够帮助用户高效率地完成任务
	功能体验	能够帮助用户完成任务，达到目标
	内容体验	提供的产品能够满足用户的需要
	交互体验	带给用户的操作体验，强调易用 / 可用性
	过程体验	能够保障用户通畅地完成任务
反思层体验	信任体验	带给用户的信任体验，强调可靠性、安全性
	情感体验	带给用户的心理体验，强调友好性
	品牌体验	知名度，带给用户的品牌效应
	价值体验	带给用户的价值体验，强调满足感

3.1.4　用户体验的动态阶段框架

在20世纪90年代，网络信息服务的用户体验设计主要关注信息的形式，如通过图形、图像的多媒体展示来增强产品的视觉效果。但是随着服务的深入，用户更关心的是所提供的信息服务能否满足需求探寻用户在整个信息服务过程中的行为，从而了解复杂系统用户的交互行为成为研究重点。用户体验过程的动态性体现在主体（stimulus）与客体（organism）之间的相互作用，以及由此带来的反应（response）。在产品使用过程中，用户经过感官、认知、情感体验后，会做出相应的反馈信息——行为决策。

Bevan指出，与可用性相比较，用户体验所涵盖的范围更广，不仅应包括愉悦性等情感方面的用户反应，还要考虑用户在使用前的期望和使用后的决策等不同阶段的体验。[①]Nascimento等学者在对情感和可用性的详细分析基础上，认为用户体验的过程包括期望（expectation）、交互（interaction）和反思（reflection）三个阶段，并应该充分考虑到用户的认知、心理、情感、文化等因

---

① Bevan N.What is the difference between the purpose of usability and user experience evaluation methods[C].Proc the UXEM workshop at 12th IFIP conference on human-computer interaction，Uppsala，Sweden，2009.

素的影响。①李皓等人考虑到用户体验的动态性特征，从用户视角构建出用户体验过程模型，并以购物网站为例，进行了实证研究，但模型中只考虑了网站使用中用户体验，即狭义的用户体验，并未涉及使用前和使用后的阶段。②

　　要想全面地研究用户体验，就需要综合考虑用户在整个采纳过程中情绪的变化、需求的满足、情感的表现以及总体满意度。但由于用户体验具有主观性，研究人员对于整个过程难以进行客观观察，因此在研究过程中，对用户体验的研究以技术接受模型、用户心理认知模型和用户体验五层次模型为主，从用户对网络信息服务的心理认知和使用感受等角度来进行用户体验的研究。

　　本小节充分梳理了用户体验相关的概念、模型以及网络信息服务中用户体验的研究内容。在此基础上，确定了用户体验的研究框架和研究内容。本研究根据用户体验的要素模型和动态过程，构建出三阶段用户体验动态阶段框架，如图3-1所示。在期望阶段，主要是系统、用户以及情境特征会影响用户的预期体验。而在交互阶段，用户的技术认知、非技术认知以及情感认知都是主要的影响因素。良好的用户体验不仅促使用户愿意采纳信息系统，还会使用户对系统具有忠诚度并愿意持续地采纳。③在用户体验的决策阶段，主要是用户的体验后期对于系统的评价，会影响用户采纳行为和持续采纳行为。

---

① Nascimento R, Limeira C D, Pinho A L S D, Rosa J G S.Emotion, affectivity and usability in interface design[M].Design, user experience, and usability.user experience design practice. Springer International Publishing, 2014: 339-346.
② 李皓，姜锦虎.网站使用中用户体验过程模型及实证研究[J].信息系统学报，2011（2）：55-66.
③ Law L C, Schaik P V.Modelling user experience - An agenda for research and practice[J]. Interacting with Computers, 2010, 22（5）: 313-322.

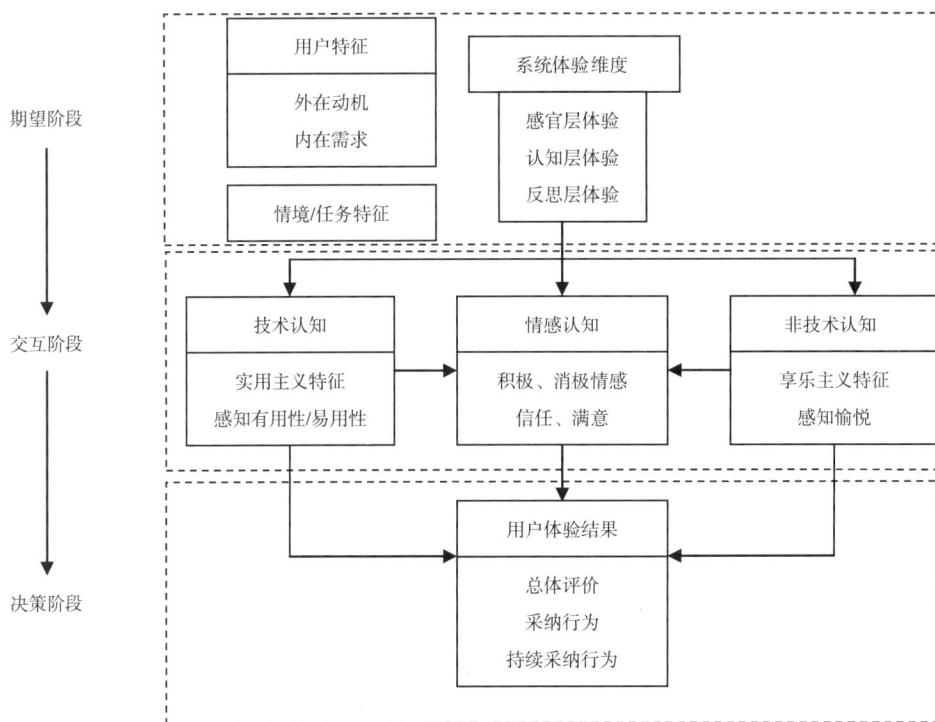

图 3-1 用户体验动态阶段框架

3.2 用户体验影响网络信息服务采纳行为的作用机理①

依据认知心理学理论，人脑类似于信息加工系统，对于来自外部环境的刺激信息不断地进行加工处理，形成内在的心理和行为。用户体验是用户在使用网络信息服务产品时的心理体验，来源于产品不同的体验维度，从而形成对于产品的认知，并继而影响用户的采纳行为。本节围绕"用户体验—用户认知—采纳行为"这一关联主线，从用户的视角，探讨用户的心理、认知以及行为之间的动态演化路径。

---

① 李君君，曹园园.用户体验对网站采纳行为的作用机理研究[J].杭州电子科技大学学报（社会科学版），2016，12（1）：18-23.

3.2.1 用户体验设计对主体认知的作用

用户体验同网络信息服务产品的发展存在着密切的关系。在产品的使用过程中，用户的感觉和印象，是否操作顺利、是否愉悦、是否满足用户需求、是否愿意再次使用、是否产生满意感和建立忠诚度，这些都属于用户使用网络信息服务时的体验过程。

（1）感官层体验对主体认知的作用

用户在与网络信息服务的交互过程中，首先产生的是感官层面的体验，影响感官层体验的主要因素有布局美观性、界面友好性、信息真实性、信息完整性、信息丰富性、品牌知名度等。感官层的体验主要是网络信息服务外观所带来的心理感受，更加强调产品的界面设计能否让用户愉悦地完成任务，过程是否舒适，包括界面是否美观、浏览过程是否吸引人、信息是否完善，这些因素都会影响网站的有用认知和易用认知。

（2）认知层体验对主体认知的作用

用户在使用网络信息服务产品的过程中所产生的总体感觉则属于认知层体验，影响认知层体验的主要因素有信息架构、导航清晰性、功能有用性、易于理解、易学易用、交流与反馈的顺畅程度等。用户在使用产品的这些功能时，会感受到产品对任务的支持作用以及系统是否容易操作，会对有用认知和易用认知产生显著的影响。

（3）反思层体验对主体认知的作用

反思层的体验是用户在使用网络信息服务产品后的心理感受，包括信任体验、情感体验、价值体验和品牌体验。由于网络信息服务产品本身是技术的应用，因此产品的信任体验除了包含商业活动所重视的经营能力、正直和对用户的关怀之外，产品的系统建设、安全维护和隐私保护等因素也比较重要。反思层是用户对网络信息服务产品价值的深入思考，影响反思层体验的主要因素有产品权威性、专业性、信誉性、网站友好度等。在这一层次，用户更关注网络信息服务产品所带来的愉悦以及信任，高愉悦认知产生正向作用，而较好地实现用户的自身需求的价值同样会对用户的有用认知产生正向作用。

3.2.2 主体认知对用户采纳行为的作用

用户在使用网络信息服务产品的过程中，除了具有一般消费者的特性，还具备信息技术用户的特征。作为信息技术采纳行为领域最有影响力的模型，技术接受模型在预测和解释用户采纳信息技术方面具有模型结构严谨、简洁、有效的特征，同时通过众多学者的理论分析与实证检验，该模型获得了更多的支持和可靠的论证，因此在很多领域进行了普遍的应用，得到广泛的认可。鉴于该理论的普适性特点，本书在网络信息服务用户采纳行为模型中，将以此理论为基础进行探讨。

在技术接受模型中，有用认知和易用认知两个关键变量影响用户的采纳行为，有用认知是指用户对于信息技术提高其工作、完成任务效率方面所发挥作用的主观认知。而易用认知是指用户对于信息技术操作难易程度的认知，当用户认识到信息技术容易操作或学习，则会提高其易用认知，且会增强用户的采纳行为中的意愿，并进而促进用户的行为意向和采纳行为。

愉悦认知是个人与环境互动所产生的状态特征，会受环境因素及人与环境互动的影响，这方面的研究主要来自畅理论。早期的畅理论主要应用于生活、工作、休闲、运动、阅读等情景，而近年来，由于互联网的快速发展，有学者发现以畅理论为基础可以非常好地理解愉悦认知。Moon和Kim为了解释愉悦性对态度的影响，定义愉悦性为"由个人使用网络的主观体验所组成的内在信念或动力"。[①]他们认为，如果个人在和产品互动时感到非常有趣，即整个过程是新鲜快乐的体验，那么使用网络的态度也是积极的。

在网络信息服务产品的采纳过程中，用户经过情感、认知等主体认知后，会对产品的采纳做出行为反馈。根据Davis的技术接受模型，态度和意向会正向影响初始采纳；而Olive的期望确认理论认为用户的持续采纳是由期望确认和满意度这两个采纳后变量所决定的，因此正向影响持续采纳。用户会根据自身的认知感受来判断是否采纳和持续采纳网络信息服务产品，也就是整个体验过程的满意度直接关系到用户的采纳行为。

3.2.3　网络信息服务用户采纳行为的概念模型

Davis等人将影响用户采纳行为的要素区分为外部动机（extrinsic motivation）和内部动机（intrinsic motivation）。外部动机，是指用户在使用系统的过程中，

---

① Moon J，W Kim，Y G.Extending the TAM for a World-Wide-Web context[J].Information and Management，2001，38（4）：217-230.

可以达到除了采用本身以外更有价值的结果。内部动机，是指除了采用本身以外，没有其他外部明显的加强利益。有用认知被认为是一种外部动机，而愉悦性被认为是一种内部动机。

行为科学认为用户在使用网络信息服务产品的过程中，会产生一系列的认知变量，从而影响用户在采纳过程中的感知价值，而这些认知变量是决定用户采纳行为的主要因素。在采纳行为研究中，国内外学者多侧重于从技术认知角度来解释用户的采纳行为，而心理学、行为科学的研究认为，用户的心理对技术采纳行为同样具有重要的影响。本研究对于用户的主体认知则从技术认知和心理认知两个方面进行研究。在消费者行为研究领域，用户感知价值分为实用价值和享乐价值，而在技术采纳模型中，有用认知则被认为是用户采纳技术的实用价值，而愉悦认知这一重要变量则反映的是用户采纳技术的享乐价值。

在使用网站的过程中，用户经过感觉、认知、反思体验后，会做出相应的反馈信息——行为决策。本部分将从理论上探讨用户体验对于网络信息服务产品用户采纳行为的作用机制，用户体验不同维度对网络信息服务产品用户采纳行为的影响，并试图构建更加全面的基于用户体验的网络信息服务产品用户采纳行为概念模型。根据认知心理学的理论，用户对于起因和影响的认知程度决定了其行为态度，而态度决定了用户的行为意向。本研究依据S-O-R模型，将用户体验对网络信息服务产品用户采纳行为的影响过程分为用户体验—主体认知—采纳行为三个阶段，并在此基础上构建模型[1]，如图3-2所示。

---

① 李君君，曹国围.用户体验对网站采纳行为的作用机理研究[J].杭州电子科技大学学报（社会科学版），2016，12（1）：18-23.

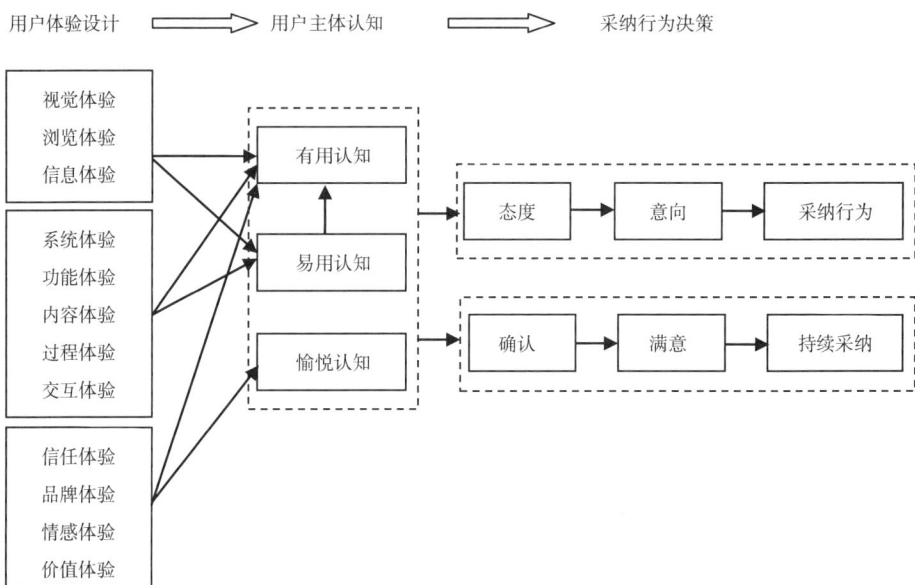

图 3-2　网络信息服务产品用户采纳行为的概念模型

在用户体验阶段，使用诺曼的体验分层理论，将感官层体验、认知层体验以及反思层体验作为用户体验的三个层次，每个层次都会设置相应的维度；在主体认知阶段，即用户对于网络信息服务所产生的主观认知阶段，主要从技术认知和心理认知两个方面进行研究，技术认知主要体现在有用认知和易用认知，而心理认知则主要从愉悦认知方面来考虑，这两个方面均会对用户的采纳行为产生影响。学者们对于网络信息服务用户行为的研究基本关注在采纳前阶段，而缺少对采纳后阶段的行为研究。而网络信息服务产品的商业价值主要取决于用户的持续使用。在用户采纳行为阶段，主要分为初始采纳和持续采纳两个方面。在初始采纳方面，用户的态度会影响意向，并进而影响采纳行为；而在持续采纳方面，用户的确认会影响满意，并进而影响持续采纳意向。

3.3　用户采纳行为的理论模型及研究假设

网络信息服务方式多种多样，而用户体验也存在着差异，但是在信息服务的过程中，用户的认知、心理和行为都会对用户体验产生一定的影响。在网络信息服务的研究过程中，需要对用户使用产品的过程进行跟踪、反馈，以深入探讨用户的持续采纳行为。通过体验的反馈和循环分析，能够不断改善网络信息服务的交互过程，形成良性循环。

不同领域的研究学者对用户体验和技术采纳行为有不同的见解，这些观点为本研究提供了坚实的理论基础和明确的指导作用。对于网络信息服务用户的研究，不能只从用户行为角度来研究，也不能只从用户心理角度来研究，而是应该将心理和行为两个角度进行有效的结合，以更严谨合理的框架来研究。本节将从初始采纳行为和持续采纳行为两个方面分别构建理论模型，并提出相应的研究假设。

3.3.1 初始采纳行为的理论模型及研究假设

3.3.1.1 决策阶段——基于TAM的假设

Davis的TAM模型是信息技术采纳领域的基本理论模型，该模型认为有用认知和易用认知两个变量共同决定技术的采纳行为。有用认知指的是用户在使用信息技术的过程中，主观上认为技术能够提高其工作效率的程度。而易用认知指的是用户在使用信息技术的过程中，主观上认为技术是否容易使用的程度。当用户的有用认知越高，则采纳技术的态度也越积极；同样，当用户的易用认知越高，则采纳技术的态度也越积极。相当多学者的实证检验了模型的有效性，同时研究表明有用认知和易用认知两个变量对用户采纳行为存在显著影响，并且易用认知对有用认知也存在显著正向影响。

在网络信息服务环境下，用户通过系统平台完成相应的任务，提高了工作和生活的效率和质量，促使用户从传统的信息服务渠道转移到网络信息服务平台。本研究认为用户对于网络信息服务平台的有用认知会对用户的态度、意向和采纳具有正向积极的影响。与传统服务相比较，用户在利用网络信息服务平台的过程中，需要具备一定的技术操作能力，才能更好地提高效率。

TAM模型提出意向可以驱动用户的行动，而意向也受到个体使用态度的影响，平台或产品的有用认知及易用认知一起对个体的使用态度产生作用，有用认知受到外部变量和易用认知的共同作用，而个体观念、平台布局等外在变量又对易用认知发挥作用。在态度对行为意向产生的作用过程中，用户的态度影响其对信息技术的评价，也会影响其对于信息技术的喜好程度。根据技术接受模型的假设和其他研究可知，用户对于信息技术的态度促进行为意向，因此，我们的研究假定用户对网络信息服务产品的态度将影响用户的使用意向，而用户的意向又会直接决定用户的采纳行为。因此，根据上述理论推导，提出下述研究假设。

假设H_1：意向与采纳行为正相关

假设H_2：态度与意向正相关

假设H_3：有用认知与意向正相关

假设H_4：有用认知与态度正相关

假设H_5：易用认知与态度正相关

3.3.1.2 交互阶段——基于认知和情感的假设

同TAM模型一致，用户的易用认知不仅直接影响态度，而且通过有用认知和态度两个中介变量间接地影响采纳行为。易用认知的程度越高，则有用认知的程度也会越高。有用认知是用户使用网站时的首先反应，只有确认网站有用，才会同网站所提供的服务产生交互，使用相关的功能。在具体的使用过程中，网站操作的难易程度会影响用户的易用认知。

对于用户行为的研究，应该同时考虑认知和情感对用户信念、态度及其决策行为的影响。通过对情感的关注，以弥补认知模型的不足。[1]在消费者行为研究领域，认知价值包括实用性价值和享乐性价值。在技术采纳模型中，有用认知衡量的是用户采纳技术的实用性价值，而作为附加变量的愉悦认知衡量的就是用户采纳技术的享乐性价值。Heijden的研究表明，当信息技术具有享乐特性时，享乐性价值是影响用户采纳技术行为的重要因素。[2]在众多的用户心理因素中，愉悦认知被视为影响用户行为的关键因素。TAM模型仅从用户心理认知角度出发，研究有用认知和易用认知两个变量，但是没有考虑用户的愉悦认知。愉悦认知是用户在一定的情境中与系统互动时产生的积极心理状态，是沉浸在某种体验中的愉悦感觉。在网络信息服务情景下，用户在使用产品提供的服务和功能之外，还能在使用行为过程中产生愉悦认知，因此，本研究根据上述理论推导，提出下述研究假设。

---

① Beaudry A，Pinsonneault A. The other side of acceptance: studying the direct and indirect effects of emotions on information technology use[J]. MIS Quarterly，2010，34（4）: 683-689.

② Heijden H V D. User acceptance of hedonic information systems[J]. MIS Quarterly，2004，28（4）: 695-704.

假设H$_6$：易用认知与有用认知正相关

假设H$_7$：愉悦认知与态度正相关

假设H$_8$：愉悦认知与意向正相关

3.3.1.3 期望阶段——基于体验维度的假设

网络信息服务产品是用户与系统交流互动的平台，通过对网络信息服务产品的感官层体验、认知层体验和反思层体验三个维度的用户体验设计，提高用户的心理认知，可以增强用户对网络信息服务产品的采纳意向。

用户在使用网络信息服务产品的过程中，首先对产品的外观设计产生一定的心理认知，即感官层体验，具体包括信息真实性、完整性、布局美观性、导航清晰性、分类合理性、界面友好性等，这些因素都会正向影响网络信息服务产品的有用认知和易用认知。

认知层体验维度主要强调用户在使用网络信息服务产品过程中的功能体验、技术体验、产品体验等方面，这些因素会影响产品操作的难易程度，影响用户对于能否提高任务绩效的认知，从而决定是否使用该信息服务。因此，认知层体验会正向影响有用认知和易用认知。

反思层体验是信息服务带给用户的更高层次的心理认知，包括提供个性化的服务、及时的交流反馈、足够的安全保障和良好的品牌信誉度等，这些能够满足用户的情感需求和价值体验，会对有用认知和愉悦认知产生正向作用。

基于上述的理论，在用户的初始采纳行为中，针对用户体验的不同层次对于主体认知的作用提出下述的研究假设。

假设H$_9$：感官层体验与有用认知正相关

假设H$_{10}$：感官层体验与易用认知正相关

假设H$_{11}$：认知层体验与有用认知正相关

假设H$_{12}$：认知层体验与易用认知正相关

假设H$_{13}$：反思层体验与有用认知正相关

假设H$_{14}$：反思层体验与愉悦认知正相关

根据以上的研究假设，本著作提出以用户体验的三个维度为自变量，以用户认知和情感为中间变量，以初始采纳行为为因变量的网络信息服务初始采纳行为的理论模型，如图3-3所示。

期望阶段 ————————→ 交互阶段 ————————→ 决策阶段

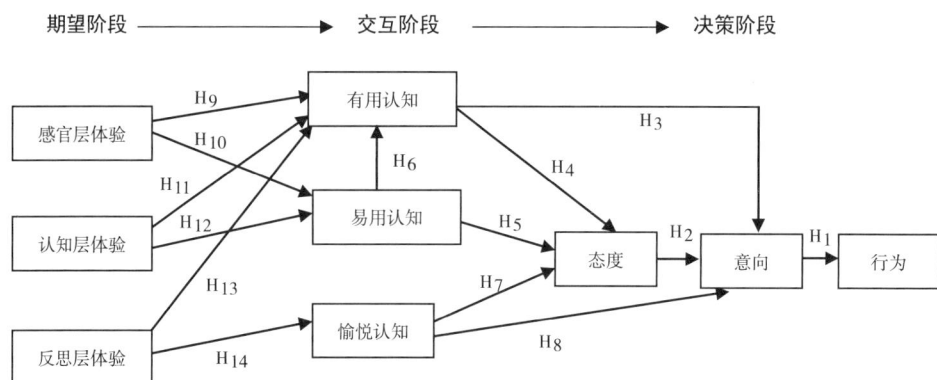

图 3-3 网络信息服务初始采纳行为的理论模型

3.3.2 持续采纳行为的理论模型及研究假设

3.3.2.1 决策阶段——基于ECM-ISC的假设

在用户体验动态阶段的决策阶段，重点关注的是用户在初始采纳网络信息服务产品后，会进行决策是否持续使用网络信息服务产品。

在关于信息系统持续采纳行为的研究中，基于期望确认理论，Bhattacherjee构建了信息系统持续使用模型，即信息系统持续使用的期望确认模型。该模型突破了信息技术采纳的研究框架，真正将初始采纳和持续使用这两种行为进行区分，提出用户持续使用信息系统的意向受到满意度、期望确认程度和有用认知三个因素的影响。Bhattacherjee在信息系统的持续采纳研究中[①]，通过实证分析验证了在电子商务和在线银行的大环境中，如果用户使用此系统认为系统满足了自己的预期，便会提高用户对系统的效率和难易程度的评价，后来Bhattacherjee在关于信息技术使用的态度讨论中，对此研究成果再一次进行了证实。[②]

[①] Bhattacherjee A.Understanding information systems continuance: An expectation-confirmation model[J].MIS Quarterly，2001，25（3）: 351-370.

[②] Bhattacherjee A，Premkumar G.Understanding changes in belief and attitude toward information technology usage: A theoretical model and longitudinal test[J].MIS Quarterly，2004，28（2）: 229-254.

　　同时,ECM模型也被应用在SNS社交网络[①]、电子杂志[②]、移动数据服务[③]、移动搜索[④]以及信息技术[⑤]等领域，充分说明了该模型的有效性。

　　基于ECM-ISC模型，很多学者对用户持续使用行为进行了研究，充分说明了该模型的有效性。Chen等[⑥]将ECM-ISC模型进行扩展，增加了信息质量、系统质量、流程质量和愉悦价值等变量，对移动应用领域进行了实证分析。李武[⑦]借鉴ECM-ISC模型，对大学生社会化阅读APP的持续使用意愿及发生机理进行了研究，并通过数据分析验证了模型的适用性。范岚[⑧]在TAM的基础上引入娱乐与用户因素，通过问卷调查和数据分析，表明用户在使用微信的时候，使用前后的预期会直接决定用户对微信做出是否有用的评价；宁昌会和胡常春[⑨]在移动社交APP持续使用意愿的研究中，基于ECM的层面利用SPSS19.0和Amos构建结构方程的分析方法，验证了如果用户对移动社交APP的期望比较高时，会认为此APP更加容易操作且社交过程中效率较高。樊轶[⑩]从ECT的视角进行拓展，通过实证的方法，证实了用户在使用移动商务的过程中，用户使用前后的体验差距会影响用户的有用认知；吴安在在线教育平台用户持续使用意愿研究

---

①　刘人境，柴婧.SNS社交网络个人用户持续使用行为的影响因素研究[J].软科学，2013，27（4）：132-140.

②　Chen S C，Yen D C，Peng S C.Assessing the impact of determinants of e-magazines acceptance: An empirical study[J].Computers Standards & Interfaces，2018，57：49-58.

③　Kim B.An empirical investigation of mobile data service continuance: Incorporating the theory of planned behavior into the expectation-confirmation model[J].Expert Systems with Applications，2010，37（10）：7033 -7039.

④　刘鲁川，孙凯，王菲，等.移动搜索用户持续使用行为实证研究[J].中国图书馆学报，2011，37（6）：50-57.

⑤　毕新华，齐晓云，段伟花.基于ECM模型的IT持续使用整合分析[J].图书情报工作，2011，55（6）：40-44.

⑥　Chen S C，Yen D C，Peng S C.Assessing the impact of determinants of e-magazines acceptance: An empirical study[J].Computers Standards& Interfaces，2018，57：49-58.

⑦　李武.青少年社会化阅读动机研究：以上海初高中生微信阅读为例[J].中国图书馆学报，2014（6）：115-128.

⑧　范岚.微信用户持续使用意愿影响因素研究[J].现代商贸工业，2013，25（20）：88-90.

⑨　宁昌会，胡常春.基于期望确认理论的移动App持续使用意愿实证研究[J].商业研究，2015（12）：136-142.

⑩　樊轶．基于期望确认理论模型的移动商务用户持续使用行为研究[J].现代经济信息，2015（6）：65-66.

中[①]，从ECM的层面切入，加入内容质量、社会互动等研究变量，实证分析的研究结果表明用户在利用教育平台学习的过程中，如果对此平台比较满意，便会继续选择此平台进行知识的汲取；如果用户的预期得到了满足，会认为此平台对于学习知识是有帮助的且能够提高自己学习的效率。

Bhattacherjee通过研究发现，有用认知是影响信息系统用户持续使用意愿的关键性激励因素。后有大量研究证实了有用认知与持续使用意愿之间存在正向关系。在归纳TRA和EDT等理论中长期信念与持续使用意图之间关系的基础上，Bhattacherjee提出有用认知对信息系统的持续使用意向具有直接的影响作用。尽管用户的初始采纳是技术成功的重要一步，但在整体使用过程中，用户的态度、意向和行为会发生变化，因此用户持续使用才是技术最终成功的关键驱动力。ECM-ISC模型已被大量高水平研究证实与信息系统用户持续使用心理认知过程最贴合，具有很强的稳健性，因此本书将以该模型作为理论基础。根据ECM-ISC模型，提出如下研究假设。

假设H_1：用户的满意度与持续采纳意向正相关

假设H_2：有用认知与持续采纳意向正相关

假设H_3：有用认知与满意度正相关

假设H_4：期望确认程度与满意度正相关

假设H_5：期望确认程度与有用认知正相关

3.3.2.2 交互阶段——基于认知和情感的假设

在用户心理研究领域，认知和情感是研究用户行为的两个重要因素。在与信息系统交互的过程中，用户认知反映的是对所使用系统及其特性的认识，当用户进行认知分析，发现产品能够满足自己的需求后，就会提高感知和期望之间的匹配程度，为用户带来优良的用户体验。而用户情感更多的是一种情绪上的喜好或厌恶、情感上的亲近或疏离等[②]，积极的情感认知，会使用户的思维更加活跃，认知水平上升，更容易获得良好的用户体验。[③]

---

① 吴安.在线教育平台用户持续使用意愿研究——基于期望确认理论模型的分析验证[J].哈尔滨学院学报，2018，39（6）：117-122.

② 李小青.基于普遍心理分层理论的web用户体验模型设计[J].情报资料工作，2010（1）：62-65，81.

③ 金燕，杨康.基于用户体验的信息质量评价指标体系研究——从用户认知需求与情感需求角度分析[J].情报理论与实践，2017，40（2）：97-101.

ECM模型仅从用户心理认知角度出发，研究有用认知和期望确认程度两个因素，但是没有考虑用户的享乐性认知和易用认知。享乐性认知是用户在一定的情境中与系统互动产生的积极心理状态，是沉浸在某种体验中的愉悦感觉。期望确认程度是指用户使用信息系统前形成的预期在使用后得到确认的程度，体现了用户在使用网络信息服务前和实际使用后体验的对比。在网络信息服务中，用户的期望确认程度即用户的使用经历与初始预期的匹配程度，会直接影响用户的满意度。信息系统满意度反映了在原有使用经历基础上形成的短暂的情感，这种情感与信息系统的持续使用之间存在正向相关关系。

Roca等基于TAM和ECT的层面对在线学习进行分析[1]，如果用户使用在线学习后认为各方面的水准超出了使用之前的预期值，用户就会增强平台易用认知的体验；后来Thong和Tam在对移动网络服务和电子谈判系统的研究中，以ECM为研究基础，在Roca等的结论基础上又提出了体验差距的大小关系到用户对服务有用认知的判断。[2]陈娟等人借鉴APEC模型，构建出移动社交平台的用户体验模型，并验证了情感认知对用户体验的显著影响，在功能、交互与用户体验之间的关系方面，情感认知这一变量具有显著的调节作用。[3]Agrifoglio等人在原有技术采纳模型的基础上，引入愉悦认知的变量，通过实证发现愉悦认知对于用户持续使用的影响比感知有用性更强。[4]刘鲁川等人以微博为例，验证了用户的正向情感体验与满意度之间存在显著的正向影响关系。[5]Lin等人将愉悦认知变量引入了ECM模型，并在门户网站进行应用，实证研究证实了愉悦认知对于持续使用意向的影响要明显高于有用认知，因此增加愉悦认知可以更好地

① Roca J C, Chiu C M, Martinez F J.Understanding e-learning continuance intention: An extension of the technology acceptance model[J].International Journal of Human-Computer Stndies, 2006, 64（8）: 683-696.
② Thong J Y L, Hong S J, Tam K Y.The effects of post-adoption beliefs on the expectation-confirmation model for information technology continuance[J].Internationl Journal of Human-Computer Studies, 2006, 64（9）: 799-810.
③ 陈娟, 钟雨露, 邓胜利.移动社交平台用户体验的影响因素分析与实证——以微信为例[J].情报理论与实践, 2016, 39（1）: 95-99, 75.
④ Agrifoglio R, Black S, Metallo C, et al.Extrinsic versus intrinsic motivation in continued twitter usage[J].Journal of Computer Information Systems, 2012, 53（1）: 33-41.
⑤ 刘鲁川, 孙凯.社会化媒体用户的情感体验与满意度关系——以微博为例[J].中国图书馆学报, 2015, 41（215）: 76-91.

解释用户的行为意向。[1]Thong等人通过实证研究，证实愉悦认知对于满意度、持续使用意向具有显著正向作用。[2]当愉悦认知程度高时，用户会对系统产生满意度，进而产生持续使用的意向。用户初始使用后的期望确认程度同样会影响用户对愉悦认知的判断，对愉悦认知产生积极影响。本书将引入易用认知和愉悦认知两个补充变量，对ECM-ISC模型进行扩展，提出如下的研究假设。

假设H_6：易用认知与有用认知正相关

假设H_7：易用认知与满意度正相关

假设H_8：期望确认程度与愉悦认知正相关

假设H_9：愉悦认知与满意度正相关

假设H_{10}：愉悦认知与持续采纳意向正相关

3.3.2.3　期望阶段——基于体验维度的假设

在期望阶段，网络信息服务产品的用户体验会对用户认知产生重要影响。网络信息服务产品的持续发展离不开良好的用户体验。在系统的使用过程中，界面设计是否合理，是否方便操作，功能设计是否满足用户需求，带给用户的印象会影响用户的满意度和忠诚度。

近年来，用户体验被广泛地应用到信息技术和移动服务环境中，用来解释用户的信息技术采纳行为。Bhattacherjee的研究指出，在持续采纳行为中，来自外生影响因素的期望确认，会对用户的满意度产生影响。[3]彭柯等人基于技术接受模型、信息构建理论，研究了数字阅读平台用户体验的影响因素，通过实证分析表明，有用性、易用性、享乐性、信息构建等对用户体验都存在着正向影响。[4]刘鲁川等人在ECM-ISC模型的基础上，引入外生因素（内容和界面）和内生因素（用户感知和信念）对移动数字阅读用户采纳后持续使用行为进行了实证研究，并证实了这些因素对满意度、持续使用意向和行为具有显著影

[1]　Lin C S, Wu S, Tsai R J.Integrating perceived playfulness into expectation-confirmation model for web portal context[J].Information & Management，2005，42（5）：683-693.
[2]　Thong J Y L，Hong S J，Tam K Y. The effects of post-adoption beliefs on the expectation-confirmation model for information technology continuance［J］.International Journal of Human-Computer Studies，2006，64（9）：799-810.
[3]　Bhattacherjee A，Perols J，Sanford C.Information technology continuance: A theoretic extension and empirical test[J].Journal of Computer Information Systems，2008，3（2）：17-26.
[4]　彭柯，胡蓉，朱庆华.数字阅读平台的用户体验影响因素实证研究[J].数字图书馆论坛，2015（11）：2-10.

响。[①]Zhang和Li首次将情感认知概念引入信息系统研究中，他们认为用户感知到的情感是使用系统时有用认知和易用认知的先前体验[②]，实证检验结论表明：用户情感认知对有用认知和易用认知存在着显著影响。Goh和Karimi基于用户体验和技术采纳理论的分析，针对交互式移动技术提出了相应的理论模型和研究假设，但没有进行实证研究。[③]Chen利用ECM模型研究了移动商务，并对模型进行了扩展，增加了信息质量、系统质量、过程质量和愉悦价值等变量，研究了移动商务的持续采纳行为。[④]贾鹏飞在消费者对移动购物平台持续使用意愿的影响因素分析中，在ECM的基础模型上引入交互体验、个体创新及易用认知等变量，再一次对此结论进行了论证。[⑤]这些与平台用户体验相关的因素被证实对持续使用意向具有显著影响，因此从理论角度看，也应将用户体验因素纳入模型中。

在本书中，用户在网络信息服务使用过程中形成的用户体验包括感官层体验、认知层体验和反思层体验。用户体验的设计直接影响用户对于网络信息服务产品的使用，直观合理的感官层、认知层和反思层设计有助于用户快速定位并获取自己所需要的信息，使用户对于平台做出客观的评价和反馈。根据Davis的TAM模型，有用认知和易用认知是影响用户采纳的关键要素，对于持续采纳行为中用户体验对于用户主体认知的研究，本书提出如下研究假设。

假设H_{11}：感官层体验与易用认知正相关

假设H_{12}：感官层体验与有用认知正相关

假设H_{13}：认知层体验与易用认知正相关

假设H_{14}：认知层体验与有用认知正相关

假设H_{15}：反思层体验与有用认知正相关

① 刘鲁川，孙凯.移动数字阅读服务用户采纳后持续使用的理论模型及实证研究[J].图书情报工作，2011，55（10）：78-82.
② Zhang P，Li N.The importance of affective quality[J].Communications of the ACM，2005，48（9）：108-115.
③ Goh J C L，Karimi F.Towards the development of a 'User-Experience' technology adoption model for the interactive mobile technology[C].HCI in Business，Volume 8527 of the series Lecture Notes in Computer Science，2014：620-630.
④ Chen L.An extended model of IS continuance for information oriented mobile applications[C]// Ninth International Conference on Mobile Business / 2010 Ninth Global Mobility Roundtable. IEEE Computer Society，2010：453-458.
⑤ 贾鹏飞.大学生使用移动购物平台意愿的影响因素研究[D].合肥：安徽大学，2017.

假设H_{16}：反思层体验与愉悦认知正相关

基于以上的假设，本研究提出以用户体验的三个维度为自变量，以用户认知和情感为中间变量，以持续使用意向为因变量的网络信息服务持续采纳行为的理论模型，如图3-4所示。

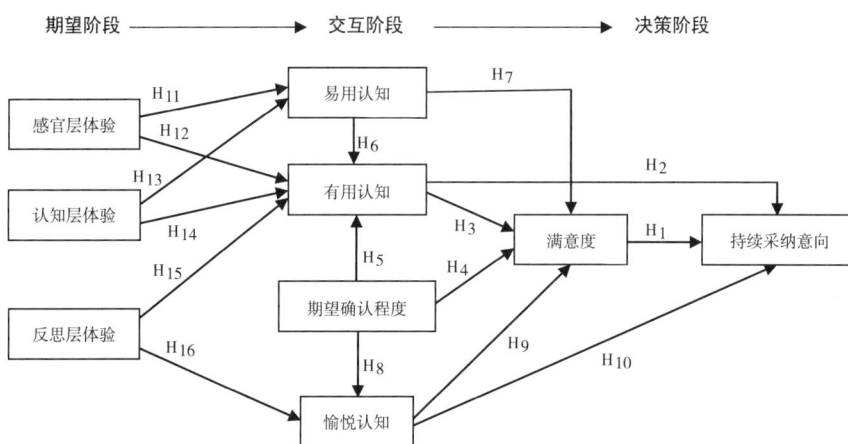

图 3-4　网络信息服务持续采纳行为的理论模型 M2

3.4　结构变量定义

本节构建了网络信息服务用户采纳行为的理论模型，模型中包含了较多的结构变量，这些变量在不同应用领域中具有测量的共性，但是针对不同研究领域，需要设置的具体测量指标又是不同的。因此，本书希望对结构变量的定义进行阐述，并纳入更广泛的定义和说明，为后面章节的实证分析提出体系框架，在此基础上来设计具体的测量指标。具体如表3-3所示。

表3-3　网络信息服务采纳行为模型结构变量的定义

结构变量	缩写	变量定义
感官层体验	GUE	用户使用网络信息服务产品中感官层
认知层体验	CUE	用户使用网络信息服务产品能否帮助用户高效率地完成任务

结构变量	缩写	变量定义
反思层体验	RUE	用户使用网络信息服务产品过程中获得的需求满足和情绪的愉悦度
有用认知	PU	网络信息服务产品满足用户工作、生活、学习等方面需求
易用认知	PEOU	用户对于网络信息服务产品是否容易学习和使用的认知程度
愉悦认知	PP	用户使用网络信息服务产品过程中本身所获得的愉悦程度
态度	AT	用户使用网络信息服务产品的积极或消极态度
意向	BI	用户使用网络信息服务产品的意愿程度
采纳行为	BH	用户使用网络信息服务产品的实际情况和操作行为
期望确认程度	EC	用户使用网络信息服务产品前形成的预期在使用后得到确认的程度
满意度	SA	用户使用网络信息服务产品后的情绪反应
持续采纳意向	CBI	用户持续使用网络信息服务产品的意愿程度

3.4.1 结构变量的定义解释

3.4.1.1 用户体验的相关变量

网络信息服务产品的用户体验是通过感官层体验、认知层体验和反思层体验三个部分的体验过程构成的。从体验的整个过程着手研究全方位的分析体验维度，有利于更好地分析和研究用户体验和采纳行为之间的关系。

（1）感官层体验

在用户与网络信息服务产品进行交互的过程中，首先就是感官的体验过程。产品的界面设计友好，便于操作，整体设计具有吸引力和审美效果，信息组织合理，网络信息服务提供这类产品服务，可以让用户更深入地了解产品服务并进行比较，所提供信息的准确性、可靠性、及时性等都会影响用户的行为。网络信息服务产品不仅应提供详细、真实的内容，还应丰富服务种类，同时准确的服务分类可以提高用户查找效率，分类类目既要考虑学科体系又要符合用户的思维习惯。具体包括视觉体验、浏览体验和信息体验。信息完整、准确、可靠、及时更新；视觉效果友好，色彩的搭配协调；平台界面的版面设计有层次，清晰合理，布局美观、简洁大方，商品分类清晰等都会带来良好的体验。

（2）认知层体验

认知层体验主要是用户在整个服务过程对于完成任务的功能期望体验，所以更加关注产品功能提供、交易协助、信息获取途径、操作过程等，是否使用户的工作、生活、学习效率得到提升。同时，系统的稳定性、响应及时性影响技术体验。由于每个用户的知识背景和习惯的不同，查询信息时所使用的检索入口也有差异，产品应根据用户需要提供尽可能多的检索途径。通过网络信息服务，用户与提供商利用网络与商家之间进行方便、快捷的交流。同时，用户利用网络技术实现与企业一对一、一对多、多对多的互动沟通，大大增强了用户在交易中的主动性和参与性。

（3）反思层体验

反思层体验是用户在使用网络信息服务产品后的需求满足和情感反馈。在这一层次，系统需要关注用户的需求，可以为用户提供个性化的定制服务，可以主动激发用户的需求。同传统信息服务不同的是，网络信息服务产品可以为用户提供同其他用户进行交流、同商家进行交互的平台，这些都会提高用户对于自身价值的体验。产品除了提供服务之外，还应确保用户的隐私和消费者权益得到保护，以增强用户的信任体验。

3.4.1.2　认知与情感的相关变量

（1）有用认知

网络信息服务产品作为信息技术的应用，只有当用户意识到信息服务能够协助其完成工作、生活、学习等方面的任务时，才会愿意采纳信息服务。在技术接受模型中的关键要素有用认知，同样是网络信息服务用户采纳行为的关键要素。对网络信息服务的有用认知，即感知使用网络信息服务产品将会产生有利的结果，同样是用户对于这种服务结果的预期，这项技术可以提高用户的工作效率、生活便利性和学习效果等，带给用户更多价值。[①]

（2）易用认知

Davis提出的易用认知属于用户的一种努力预期，即用户对使用信息系统所

---

① Pavlou P A.Consumer acceptance of electronic commerce: Integrating trust and risk with technology acceptance model[J].International Journal of Electronic Commerce，2003，7（3）：101-134.

需要付出的时间、体力、脑力和财力等努力的预期。[①]在技术接受模型中，易用认知是信息系统容易使用的程度，是继有用认知之后的第二位的影响因素。易用认知会直接或者间接影响有用认知，从而影响网络信息服务的态度和意向。

本书中易用认知是指用户对使用网络信息服务产品进行信息获取与利用的努力程度预期。在花费同样时间和精力的情况下，如果通过某一网络信息服务产品能够找到更多自己需要的信息，那么用户对该产品的有用认知就会增加；反之，用户对那些付出了大量努力却只能得到很少甚至完全找不到所需信息的网络信息系统，会逐渐减少对它的有用认知。

（3）愉悦认知

网络信息服务产品主要有功效性和娱乐性两重特点。有用认知和易用认知是基于其功效性的考虑，娱乐往往与拥有某物的快乐领域有关。因此，我们在技术接受模型有用认知、易用认知变量的基础上增加一个新的影响态度的信念变量——愉悦认知。愉悦认知是个人与环境互动所产生的状态特征，会受环境因素及人与环境互动的影响，这方面的研究主要来自前面所提及的畅理论。早期的畅理论主要应用于生活、工作、休闲、运动、阅读等情景，而近年来，由于互联网的快速发展，有学者发现以畅理论为基础可以非常好地理解感知娱乐。Moon和Kim为了解释愉悦性对态度的影响，定义愉悦性为"由个人使用网络的主观体验所组成的内在信念或动力"[②]。他们认为，如果个人在和网络互动时感到非常有趣，即整个过程是很新鲜、快乐的体验，那么使用网络的态度也是积极的。

基于技术接受模型的研究表明，有用认知是影响个体在工作环境下采用技术的主要决定因素，易用认知是第二位因素。由于网络信息服务过程中会提供给用户一定的快乐，所以愉悦认知对于网络信息服务用户的使用意向也存在影响作用。此外，有些情况下，消费者并不是按照一种理性的决策程序做出购买决策的，相反，有时纯粹是出于有趣、好玩，为了体验一种新奇感，为了获得一种情绪上或情感上的体验，尤其对于年轻人来说，他们更注重服务的时尚性

---

① Venkatesh V, Morris M G.User acceptance of information technology: Toward a unified view[J].MIS Quarterly, 2003, 27（3）: 425-478.

② Moon J W, Kim Y G.Extending the TAM for a world-wide-web context[J].Information & Management, 2001, 38: 217-230.

和愉悦性。

3.4.1.3 初始采纳行为的相关变量

（1）态度

态度是理性行为理论、计划行为理论中的重要变量，是指用户对于网络信息服务产品使用所持有的积极或消极态度。当用户在使用网络信息服务产品时，会对使用产品的行为结果产生主观的判断，如果用户认为这种使用行为会带来好的结果，就会对此行为产生积极的态度；而如果用户认为这种使用行为带来的是负面的结果，则会对此行为持消极态度。

（2）意向

行为意向是用户采纳网络信息服务产品的主观意愿和行为倾向。在理性行为理论、计划行为理论以及技术接受模型中，行为意向是预测用户行为的关键因素，对用户实际行为存在着显著、直接的作用。因此，行为意向是网络信息服务采纳行为中的直接影响因素，用户对于某一网络信息服务产品采纳的意向越强，越有可能进行采纳行为。

（3）采纳行为

在网络信息服务的初始采纳行为中，采纳行为能够真实地反映用户的实际使用情况，想要研究用户整体使用过程中的认知变量对于采纳行为的影响作用，就要关注用户使用此网络信息服务产品的频率等反映用户的实际操作行为。

3.4.1.4 持续采纳行为的相关变量

（1）期望确认程度

期望确认程度是指用户使用网络信息服务产品前形成的预期在使用后得到确认的程度。在网络信息服务产品的持续采纳行为研究中，用户持续使用意向的期望确认程度即用户的使用经历与初始预期的匹配程度，会直接影响用户的满意度。

（2）满意度

满意度这一变量来源于心理学研究范畴，是指用户对所采纳的产品进行评估，以判断提供的服务是否达到期望的程度。信息系统满意度反映了在原有使用经历基础上形成的短暂的情感，这种情感与信息系统的持续使用之间存在正向相关关系，是使用网络信息服务产品后获得的实际感受与预期之间的差异带来的情绪反应。在信息系统持续采纳模型中，满意度直接影响持续采纳意向，研究发现满意度是持续采纳意向最重要的影响因素。

（3）持续采纳意向

根据持续采纳行为模型的研究，用户一系列的心理认知变量是采纳行为产生的原因，可划分为有意识的和习惯性的使用行为[①]；有意识的持续使用行为能够用心理认知变量所决定的"持续使用意向"来解释，已有的实证研究大多采用单位时间内的使用次数来衡量。本书将持续使用意向定义为用户在未来的产品使用过程中，继续访问和浏览、进行产品或服务交易的意愿。

3.4.2　结构变量的测量指标

为了测量和检验网络信息服务用户采纳行为模型中各变量之间存在的相关关系与作用路径，参考国内外相关文献，本书设计了如表3-4的网络信息服务采纳行为模型结构变量的测量指标，其中，每个变量对应的测量指标分别反映用户对该变量认知的不同方面。而对于用户体验三个维度的测量指标，需要结合具体的网络信息服务的特点进行定义，将在实证研究部分结合具体应用领域进行设计。

表3-4　网络信息服务采纳行为模型结构变量的测量指标

变量	理论来源	测量指标	参考来源
有用认知	TAM	网络信息服务产品能够满足用户获取信息的需求	Davis（1989）
		网络信息服务产品能够协调用户更快捷地完成任务	
		使用网络信息服务产品对用户的工作、生活和学习有帮助	
		总的来说，我觉得使用网络信息服务产品是有用的	
易用认知	TAM	学习如何使用网络信息服务产品是容易的	Davis（1989）
		熟练使用网络信息服务产品是容易的	
		对我来说，很容易从网络信息服务产品获得所需要的内容	
		我认为网络信息服务产品是容易使用的	

[①]　肖怀云.MC消费者持续使用行为演化分析[J].西安电子科技大学学报（社会科学版），2011，21（6）：49-54.

续表

变量	理论来源	测量指标	参考来源
态度	TRA TPB TAM	我认为使用网络信息服务产品是一个好主意	Fishbein（1975）Ajzen（1985）
		我希望使用网络信息服务产品	
		我喜欢（赞成）使用网络信息服务产品	
意向	TRA TPB TAM	我会考虑使用该网络信息服务产品	Fishbein（1975）Ajzen（1985）
		我打算在未来频繁使用网络信息服务产品	
		我很乐意向身边的人推荐网络信息服务产品	
行为	TRA TPB TAM	我经常使用网络信息服务产品	Fishbein（1975）Ajzen（1985）
		我使用网络信息服务产品的频率很高	
		只要有需要，我就使用该网络信息服务产品	
期望确认程度	ECM–ISC	网络信息服务产品的服务质量超过我的预期	Oliver（1980）Bhattacherjee（2001）
		网络信息服务产品提供的功能超过我的预期	
		我对网络信息服务产品的期望在使用过程中都能得到满足	
满意度	ECT	网络信息服务产品提供的功能令人满意	Oliver（1980）
		网络信息服务产品提供的内容令人满意	
满意度	ECT	我对使用网络信息服务产品感到非常满意	Oliver（1980）
		总的来说，我对网络信息服务产品感到满意	
持续采纳意向	ECM	我打算继续使用网络信息服务产品	Bhattacherjee（2001）Hsu（2004）
		我愿意继续使用网络信息服务产品	
		我以后会经常使用网络信息服务产品	

3.5 数据分析方法

为了进一步对所提出的理论模型进行实证研究，本书拟采用的数据分析方法主要有以下几类。

3.5.1 描述性统计分析

本书将利用SPSS19.0对收集的样本对象以及变量数据进行描述性统计分析，主要包括用户人口统计特征和产品使用情况两个方面。主要掌握数据的分布形态，对进一步的分析起指导作用。

（1）人口统计特征

随着消费者行为学研究的不断深入，许多学者的研究方向已经从消费者人口统计特征逐步深入到人格特质和社会因素等特征。作为营销学中市场细分的基本依据，本书主要考虑人口统计特征对信念和行为意向等认知变量的影响，主要考虑的人口统计特征包括性别、年龄、受教育程度等。

（2）产品使用情况

网络信息服务产品的使用不同于传统的信息服务，它需要用户具备一定的网络使用经验和操作技能。因此，影响用户进行网络信息服务采纳的重要因素包括用户的计算机、网络使用经验。网络使用经验越丰富，检索信息的能力越强，越可以在不同的产品之间进行反复比较。随着用户信息产品经验的增加，掌握的操作技能及信息资源也随之增加，从而越有可能采纳网络信息服务产品。

3.5.2 信度与效度检验

信度（reliability）检验是衡量同一变量对应的测量指标是否具有稳定性和内部一致性，即测量的可信程度。本研究使用内部一致性系数Cronbach's α 作为信度的检验标准。

效度（validity）检验反映的是不同变量的测量指标之间存在的差异，包括内容效度和结构效度。

（1）问卷的内容效度

内容效度反映的是测量指标与结构变量之间的逻辑符合程度，属于主观的评价。Straub指出，为了保证内容效度，要充分借鉴已有的理论基础和框架，尽可能搜集相关研究领域的测量指标，这样才能充分保证问卷的内容效度。[①]

（2）问卷的结构效度

结构效度主要是衡量测量指标与变量的相关程度，包括收敛效度和区分效

---

① Straub D.Validating instruments in MIS research[J].MIS Quarterly，1989（6）：147-169.

度。利用因子分析可以检验问卷的结构效度。

在结构变量存在的维度未知的情况下，可以通过探索性因子分析来降低维度，提取出因子，具体方法如下：首先进行KMO样本测度和Bartlett球体检验，当KMO<0.5时，就不适合做因子分析，只有当Bartlett球体检验统计值达到显著，才可以做因子分析。本书采用SPSS19.0进行探索性因子分析。

在结构变量存在维度已知的情况下，可以通过验证性因子分析对这些因子进行检验，以确定维度设置是否合理。本研究采用LISREL8.70对样本数据进行分析，以极大似然估计法为参数估计方法。得到所有测量指标的因子负荷（λ）和测量误差（ε）后，可以根据公式3-1和3-2分别计算出结构变量的组合信度（composite reliability，CR）和平均变异抽取量（average variance extracted，AVE）。

$$CR = \frac{\left(\sum_{n=1}^{k}\lambda\right)^2}{\left(\sum_{n=1}^{k}\lambda\right)^2 + \sum_{n=1}^{k}\varepsilon} \qquad (3-1)$$

$$AVE = \frac{\sum_{n=1}^{k}\lambda^2}{\sum_{n=1}^{k}\lambda^2 + \sum_{n=1}^{k}\varepsilon^2} \qquad (3-2)$$

根据Fornell和Larcker[1]的研究，当样本的所有测量指标的因子负荷大于0.5，变量的组合信度大于0.7，平均变异抽取量AVE大于0.5时，问卷具有很好的收敛效度。

3.5.3 单因素方差分析

单因素方差分析（one-way ANOVA）用来研究一个控制变量的不同水平是否对观测变量产生了显著影响。通过推断控制变量各水平下各观测变量总体的均值是否存在显著差异，分析控制变量是否给观测变量带来了显著影响。[2]本书

---

[1] Fornell C，Larcker D F.Evaluating structural equation model with unobservable variables and Measurement Error: Algebra and statistics[J].Journal of Marketing Research，1981，18（3）：382-389.

[2] 薛薇.SPSS统计分析方法及应用[M].北京：电子工业出版社，2004：144-149.

主要分析不同人口特征的用户在网络信息服务采纳行为认知变量上存在的差异。

3.5.4　结构方程模型分析

结构方程模型（structural equation modeling，SEM）是一种线性统计建模技术，是综合运用多元回归分析、路径分析和验证性因子分析方法而形成的一种统计数据分析工具，可以用来解释一个或多个自变量与一个或多个因变量之间的关系。[①]

（1）结构方程模型的数学表示

建立结构方程模型，研究人员先要根据理论分析或以往研究成果来设定初始理论模型，包括明确各个潜在变量的观测变量、潜在变量之间的关系等。通常，需要使用路径图明确变量之间的因果关系，初步拟定方程组，同时对于方程组中需要固定的系数予以相应的设置。

（2）结构方程模型的识别

在本书中，每个潜变量至少有3个指标是测量方程可识别的充分条件，从表3-4的指标体系可知，网络信息服务用户采纳行为模型中每个潜变量都有3个或3个以上的测量题项，故测量方程可识别。根据图3-3和3-4可知，本书所构建的网络信息服务用户采纳行为理论模型属于递归模型，满足结构方程的识别要求。从上述分析可知，本书所提出的研究模型满足结构方程模型可识别的充要条件，所有估计参数都有唯一解。

（3）结构方程模型的估计

本研究应用极大似然估计法对模型进行估计，各种研究假设将通过LISREL来完成，利用模型中的β和γ系数显著性来验证本书模型及其假设。首先使用SPSS计算出协方差矩阵，然后输入LISREL8.70软件。

（4）结构方程模型的评价

模型的拟合情况要通过一系列的拟合指标检验。具体拟合指数分类如下。

①绝对拟合指数是将理论模型（theory model）和饱和模型（saturated model）比较得到的一个统计量。常用的有x^2/df、近似误差均方根（RMSEA）、标准化残差均方根（SRMR）、拟合优度（GFI）。

[①]　侯杰泰，温忠麟，成子娟.结构方程模型及其应用[M].北京：教育科学出版社，2004.

②相对拟合指数则指将理论模型与虚模型（null model）比较得到的统计量，常用的有常规拟合指标（NFI）、非常规拟合指标（NNFI）、比较拟合指数（CFI）、增值拟合指数（IFI）。

③简约拟合指数是前两类指数派生出来的一类指数，某个拟合指数对应的简约拟合指数是用简约比df_t/df_n来表示该指数。简约比中的df_t和df_n分别是理论模型和虚模型的自由度。常用的有简约基准拟合指标（PNFI）、简约拟合指标（PGFI）。

（5）结构方程模型的修正

如果模型拟合效果不理想，就需要对模型进行修正，在修正过程中，仍然需要以理论为指导，保证模型的合理性，而不能一味地追求统计拟合效果。如果完全跟着数据走，很有可能得到的是一个无法解释的模型。模型修正后，需要继续对修正的模型进行检验，再根据检验结果判断是否还需要进一步调整模型。

本书是为了验证我们所设定的网络信息服务用户采纳行为的结构模型，因此，选择结构方程模型作为本书的分析工具是适当的。网络信息服务作为信息系统产品在互联网中的应用，包含很多服务模式，包括搜索服务、数据库服务、在线购物、信息内容服务等。本书选择以内容提供为主的移动数字阅读服务和以订单交易为主的在线旅游服务两个领域分别进行深入的探讨和研究，来验证采纳行为理论模型的适用性。

第4章　理论模型的实证一：移动数字阅读

随着互联网的快速发展，用户的阅读方式向数字化逐步转型，而以智能手机、平板电脑和电子阅读器等为载体所进行的移动阅读现象远超过PC端的数字阅读，成为大众的主要阅读方式。移动数字阅读是指用户通过手机、平板电脑、电子书等移动终端设备进行的在线阅读，与传统出版阅读服务最大的不同就是其基于移动互联网提供内容服务，并真正实现阅读的绿色和低碳，属于国家所倡导大力发展的互联网文化产业之一。移动数字阅读解决了传统纸质图书和PC端不能满足用户碎片化需求场景的问题。

移动数字阅读服务的发展，同任何网络信息服务的推广普及是一样的，关键不仅仅是技术本身的先进性，还要关注用户的认知、采纳和持续采纳等行为。因此，服务的提供商不断地意识到用户体验对于移动数字阅读产品的重要性。这也成为产品之间竞争的核心优势，因此，从用户体验的视角去研究移动数字阅读产品用户的采纳行为，可以为产品的设计提供理论指导和对策建议。

4.1　移动数字阅读的发展现状

中国数字阅读大会上发布的《2017年度数字阅读白皮书》显示，我国数字阅读市场规模在2017年达到152亿元，同比增长26.7%。近3年，我国数字阅读作者数量同比增长明显、增幅加大。2017年数字阅读作者数量达到784万人，同比增长30.2%。2016年、2015年的同比增幅分别为25.4%和23.5%。同时，2017年中国人均阅读电子书达到10.1本，相较2016年有了大幅提升。智研咨询发布的《2017—2022年中国数字阅读行业运营态势及发展趋势研究报告》数据显示，移动阅读的趋势性非常明显，中国数字阅读用户群体十分庞大并稳定增长，就阅读渠道看，目前超过 70%的用户阅读渠道为手机或平板上的网站以及小说

APP，移动阅读利用碎片化时间，大大提高了使用时长。

4.1.1　移动数字阅读产品

移动数字阅读是基于移动互联网建立起来的阅读方式，是通过移动通信工具和互联网有机结合起来的媒体新形态下的阅读。移动数字阅读有两种方式：一是通过专门的客户端软件的阅读，这些客户端软件根据移动终端的特点进行版面设计和内容定制，是适于智能手机和电子阅读器终端的阅读。二是通过标准浏览器软件进行的阅读方式，以HTML页面展示所有的阅读资源内容。移动数字阅读APP、移动阅读终端等工具的不断推出，为用户提供了更多的阅读可能性。为了迎合用户的阅读需求，设计出更加适应用户阅读的产品则是各个服务商需要关注的问题。因此，以用户为中心的设计理念备受关注。而本书则是对移动数字阅读APP用户的行为进行研究。

Lai 等学者在研究中发现移动阅读终端的便捷程度、设备兼容程度和内容的丰富程度对用户使用数字阅读的态度有影响。[1]2018年上半年，移动数字阅读APP下载量的排行榜中，书旗小说、微信读书和QQ阅读领先，原因在于这些平台本身具有较高的知名度、有吸引用户的内容以及平台较大力度的推广。

4.1.2　移动数字阅读用户

根据《全民阅读调查报告》的数据，自2009年开始，成年国民数字阅读接触率连续8年持续增长，至2017年，进一步提升至70%以上，由此可见，数字化阅读方式的市场接受度较好，数字化阅读成为用户阅读的一种重要渠道。2017年我国数字阅读用户规模达到3.78亿人，同比增长13.37%。青年人群占比70.9%，比2016年下降了9.4个百分点；中年人群比例达到27.3%，比去年提升了8.8个百分点；老年人群占比1.2%，比去年提升了0.5个百分点。根据易观发布的《中国移动阅读市场年度综合分析2017》[2]，目前移动数字阅读的用户群体中性别占比较为均衡，男性用户占比58.39%，女性用户占比41.61%；而在用户年

---

① 　Lai J Y，Chang C Y.User attitudes toward dedicated e-book readers for reading: The effect of convenience，compatibility，and media richness[J].Online Information Review，2011，35（4）：558-580.

② 　易观分析.中国移动阅读市场年度综合分析2017[EB/OL].（2018-02-20）[2019-11-15].https://www.useit.com.cn/thread-15869-1-1.html.

龄方面，以青年为主，14～35岁的用户占比70.90%。在"全民阅读"政策大力推进下，我国数字阅读用户年龄分布逐渐分散，逐步向全年龄层扩展。艾瑞数据显示，在地域分布方面，数字阅读用户多集中在东部经济较为发达的地区，其中广东省的数字阅读用户占比最高，其次是江苏省与浙江省。在数字阅读领域，男女行为偏好差异明显，在内容题材方面有显著的不同。对于产品的付费服务，超过半数的人会因为内容质量高、价格合理而付费。80后、90后付费意愿最强烈，他们会因为阅读体验好和喜欢作者而付费，付费意愿超过6成。

4.1.3 移动数字阅读行为

移动数字阅读是指用户利用手机、平板电脑、电子书等移动终端设备进行图书、杂志等不同类型内容的阅读行为。本节的研究对象为手机、iPad等移动终端运行的阅读软件。Fung等认为移动阅读是新型阅读方式[①]，是以便携设备为载体，通过互联网获取大量的信息呈现内容。与传统阅读相比较，移动阅读行为呈现的特点如下。

（1）随时性

随着5G网络的全覆盖以及移动终端设备的升级换代，移动数字阅读行为打破了时间、地域的限制，可以随时随地开展。

（2）碎片化

碎片化的特点主要表现在碎片化的阅读时间、碎片化的阅读内容、碎片化的阅读地点和碎片化的阅读载体。用户可以在不同的时间、设备、地点分多次来完成阅读，可以随时随地利用不连续的碎片时间，在不同的地理空间上进行片段化、非结构化的阅读。易观分析数据显示，阅读用户每天在午餐时段和晚上睡前的时段最活跃，碎片化特征越来越明显。

（3）个性化

随着移动终端的快速升级更新，用户的喜好也呈现出差异性，不同用户呈现出多样化的阅读行为，用户面临着各种信息过载情形，希望有更多的自主性和选择性，因此，在需求方面需要增强个性化的特征。首先要提供个性化的阅

---

① Fung R H Y, Chiud K W, Ko E H T, et al. Heuristic usability evaluation of university of Hong Kong libraries' mobile website[J]. Journal of Academic Librarianship, 2016, 42（5）: 581-594.

读内容，用户可以主动订阅，提供商可以智能推荐，以筛选有用信息；其次用户在产品的功能和操作界面方面，可以根据自己的使用场景、兴趣进行选择和设置，满足个性化的阅读方式。

（4）社交性

与传统阅读不同的是，在移动数字阅读行为中的信息流动是多向的，体现出一定的社交关系，并且注重交流、分享和互动。用户在移动数字阅读中不仅能获取信息和知识，而且能在更多的碎片化阅读中提高用户的社交参与度。除了分享内容之外，用户还可以在兴趣相同的内容方面形成互动社区，围绕共同感兴趣的话题进行及时的交流互动。

移动数字阅读是具有可移动、方便、及时、内容更新快等特点的全新阅读模式，正被越来越多的用户接受。正是由于移动数字阅读拥有广阔的服务空间和巨大的市场需求，越来越多的内容服务提供商，如移动服务运营商、数字图书馆、数字出版商和终端设备制造商已纷纷涉足移动数字阅读领域。

4.2 移动数字阅读的相关研究主题

为了更好地了解移动阅读的研究现状，本小节以中国知网知识服务平台CNKI数据库为来源库，以"移动阅读"为主题和关键词搜索（检索日期为2018年4月5日，2018年仅有部分数据）近10年的相关研究论文，共得到837条记录，剔除无关论文，具体分布如表4-1所示。其中博士论文仅有2篇，硕士论文为68篇，而期刊论文为704篇。

表4-1　国内移动阅读文献的年度分布

单位：篇

类型	2009	2010	2011	2012	2013	2014	2015	2016	2017	2018
期刊论文	8	19	42	70	115	93	114	104	106	33
硕博论文	0	0	4	6	9	11	13	13	8	4

从表4-1的文献年度分布可以看出，从2009年开始相关研究文献在逐年递增，在2013年达到115篇，而相关学位论文在2015年和2016年均达到了13篇。通

过对相关文献的摘要和全文内容的进一步阅读、梳理，发现移动阅读的研究内容主要集中在移动数字阅读的用户需求和偏好、移动数字阅读的用户体验研究、移动数字阅读的采纳行为等方面。

4.2.1 用户需求和偏好的相关研究

随着信息技术的不断应用，移动数字阅读的服务理念不断转向"以用户为中心"，而如何对用户的需求进行分析和挖掘，形成更加准确的需求，为提供个性化的服务提供依据成为热门研究内容。针对这一研究主题，国内学者进行了初步的探索，为我们进一步了解用户需求和偏好提供了基础。高春玲等研究发现，用户阅读兴趣呈现零散化、片段式特征，且不同性别、年龄和文化程度的用户群体在移动阅读目的、阅读方式、阅读内容方面存在显著的差异性。[①]齐向华等人基于Kano模型研究用户对于内容方面的需求，利用聚类分析法，将用户分为目标用户、潜在用户和无关用户三类，针对每一类不同的用户提供针对性的移动阅读服务。[②]这些学者从宏观和微观的角度对移动数字阅读用户的需求做出了探索研究，研究结论具有参考价值，具体如表4-2所示。

表4-2 移动数字阅读用户需求和偏好的研究

作者/年份	研究主题	样本对象	研究结论
李梦婕（2011）	移动阅读服务质量影响因素	网民	服务内容安全、系统稳定是用户最为关注的需求，也是服务提供商较为关注的方面
叶甜（2011）	高校学生移动阅读使用偏好	高校学生	影响移动阅读的主要因素是娱乐功能、便携度；大多数高校学生对使用移动阅读的态度是积极的
孙金娟，江南（2011）	高校图书馆读者使用手机的偏好和行为模式	学校教职工和学生	网速慢、对传统阅读偏好和移动阅读设备少是影响行为的主要因素；在所有移动设备中，手机的使用量最高
张艳丰，刘昆雄，毛爽（2013）	大学生移动阅读诉求与期望：个性、悦读和分享	高校学生	提供立体式服务，满足个性化需求；通过关注用户心理和自我实现来实现悦读；通过服务主体联盟实现资源分享

① 高春玲，卢小君，郑永宝.基于个体特征的用户移动阅读行为的差异分析——以辽宁师范大学师生为例[J]. 图书情报工作，2013（9）：70-74.
② 齐向华，黄丽娟.基于移动阅读内容需求的用户细分研究[J].情报理论与实践，2017，40（3）：60-64.

续表

作者/年份	研究主题	样本对象	研究结论
刘亚，蹇瑞卿（2013）	阅读需求、阅读处理与使用	本科生	阅读内容是最关键的要素，需要提供轻松灵活的方式； 互动阅读具有很大的吸引力； 用户对资源和技术的关注比较少
高春玲，卢小君，郑永宝（2013）	移动环境下师生的阅读需求及阅读行为个体差异	师生	在阅读目的、内容和方式方面，不同个体特征（性别、年龄和文化程度等）的用户之间存在显著差异 用户阅读行为呈现出零散化、片段式等特点
齐向华，黄丽娟（2017）	用户细分研究	大学生	实时资讯、专业学习和休闲娱乐方面的移动阅读内容需求是无差异需求； 用户分为目标用户、潜在用户和无关用户3类

4.2.2　用户行为的相关研究

　　国内外学者对于移动数字阅读开展了相关研究，其中国外学者研究更侧重于移动设备的认知和体验、影响阅读绩效的因素。关于移动设备的认知和体验的研究主要集中在内容偏好、功能认知和性能的评价等方面。Clark等调查研究发现[1]，Kindle阅读器对于学术类型的内容不适合，特别是自然科学类中的图表受分辨率和黑白颜色的限制，适合娱乐休闲类阅读；通过实验和焦点小组的方法，他们发现Kindle阅读器中内置的词典功能和记录上次阅读页数的功能普遍受到用户的喜爱。Demski对三所美国大学开展的利用电子阅读器进行学术阅读的研究中发现，用户希望电子阅读器提供信息比较、文本突出显示以及快速浏览等功能。[2]Darroch等学者的研究指出，文本的可读性与易读性这两个指标可以用来衡量移动阅读绩效，同时会影响用户的满意度[3]；Kang等学者主要研究了数字阅读中的用户偏好以及数字阅读的可用性评价[4]；Woody等学者指出与纸质阅读相比较，屏幕阅读比较容易产生疲劳感，所以在学习时用户比较愿意使用

---

① Clark D T，Goodwin S P，Samuelson T，et al.A qualitative assessment of the Kindle e-book reader: Results from initial focus groups[J].Performance Measurement and Metrics，2008，9（2）: 118-129.

② Demski J.The device versus the book[EB/OL].（2018-04-12）[2019-12-17].http://campustechnology.com.

③ Darroch I et al.The effect of age and font size on reading text on handheld computers[J].Lecture Notes in Computer Science，2005（35）: 253-266.

④ Kang Y Y，Wang M J，Lin R.Usability evaluation of e-books[J].Display，2009，30（2）: 49-52.

纸质阅读。[①]

国内对于移动数字阅读的研究主要关注用户阅读动机和行为特征，李武研究了上海青少年社会化阅读的动机，指出社交性是青少年参与社会化阅读的主要动机，而且不同群体在不同维度上表现出显著的差异。[②]张云等学者探析了移动阅读用户互动行为的网络结构特征以及阅读平台上用户的互动关系。[③]

纵观国内外对于移动数字阅读行为的研究，主要分为实验研究和实证研究。实验研究的方法具有科学性、客观性，被国内外学者广泛应用于移动数字阅读的研究领域。实验方法主要有跟踪实验和对比实验，借助各种移动阅读设备对用户的行为进行观察、跟踪、日志分析等，从而获得实验结果。移动阅读用户行为的实验研究如表4-3所示。

表4-3　移动数字阅读用户行为的实验研究

作者/年份	实验任务	实验方法	实验对象	实验结果
Pattuelli MC 和 Rabina D（2010）	Kindle2 阅读器的使用情况及对行为的影响	日志分析跟踪实验	美国学生	阅读器的便利性和便捷性显著影响用户的使用情况；同时弥补了阅读器本身的功能缺陷
Kathrin G,Yevgeniya K, Diana M 和 Paul D（2011）	各种阅读设备对阅读行为的影响	对比实验	德国学生	阅读速度受到阅读内容的较大影响；个人的阅读习惯和偏好会影响阅读速度和设备的选择
Jung J, Chan-Olmsted, Park B 和 Kim Y（2012）	个人特征对其使用电子阅读器的认知、兴趣和动机的影响	问卷调查	韩国用户	年龄、教育、收入、电子设备的拥有情况、个人创造力等个人特征影响电子阅读器的使用
郭恋（2009）	手机阅读的认知规律、心理和偏好	眼动追踪实验	学生	用户比较关注前 300 字符，且效果比较好；阅读兴趣主要偏重社会科学类文章
袁曦临等（2013）	移动阅读用户的阅读行为	跟踪实验	学生	学术类作品不适合使用移动阅读，只有浅阅读的方式比较适合

① Woody D W，Daniel D B，Baker C A.E-books or textbooks: Students prefer textbooks[J]. Computers and Education，2010，55（3）：945-948.
② 李武.青少年社会化阅读动机研究：以上海初高中生微信阅读为例[J].中国图书馆学报，2014（6）：115-128.
③ 张云，荫虑宏.社会化阅读平台的用户互动关系探析——以"豆瓣读书"用户行为为例[J].情报理论与实践，2014，37（12）：99-103.

续表

作者/年份	实验任务	实验方法	实验对象	实验结果
孙洋，张敏（2014）	移动阅读界面可用性测试的对比	眼动追踪实验	学生	从可用性的效果、效率、可学习性、满意度四个方面进行对比测试。百阅的有效性和效率优于iReader；iReader的科学性具有优势
徐军英等（2015）	手机阅读和纸质阅读效果的对比分析	对照组实验	学生	对于短文本，手机阅读优于纸质阅读；对于长文本，则纸质阅读优于手机阅读
金晶（2017）	手机阅读软件界面视觉设计	眼动追踪实验	学生	通过实验数据分析，验证出不透明度是影响手机界面空间层级的重要因素，提出阴影层级设计理念，以提高用户获取信息和完成任务的效率

有关移动数字阅读的实证研究多采用调查问卷方法获取数据，然后结合统计分析工具（如SPSS）和结构方程模型的分析工具（如PLS、LISREL或AMOS）等对所获取数据进行进一步的整理、分析、归纳，从而得出有意义的结论。对相关文献从年份、作者、研究主题、理论基础、调查对象、样本数、分析工具、分析方法及研究结论等几个方面进行统计后，形成表4-4。

表4-4　移动数字阅读用户行为的实证研究

作者/年份	研究主题	理论基础	调查对象	样本数	分析工具、分析方法	研究结论
刘鲁川，孙凯（2011）	持续使用行为	ECM-ISC	移动阅读用户	180	SPSS/AMOS 信度、效度/模型检验	内容显著影响感知有用性和满意度；界面显著影响满意度；习惯显著影响持续使用意图；转换成本对持续使用意图的影响不显著
韩超群，杨水清，曹玉枝（2012）	移动阅读采纳行为的驱动因素	TRA TPB	高中学生、本科生、研究生	392	SPSS/PLS Graph 信度、效度/模型检验	影响采纳行为的主要因素：感知易用性、感知愉悦性、心流体验和感知移动性；感知货币价值、感知有用性和社会影响的作用不显著；工作环境和日常生活两种不同环境下信息技术的影响因素不同

续表

作者 / 年份	研究主题	理论基础	调查对象	样本数	分析工具、分析方法	研究结论
沈思 （2013）	移动阅读采纳的影响因素及行为模式	TAM	在校本科生和研究生	426	SPSS/AMOS 描述性统计分析与模型检验	设计界面和功能显著影响感知易用性；内容显著影响感知有用性；感知价值和感知有用性显著影响使用意愿
劳帼龄，高仲雷 （2013）	采纳移动阅读的影响因素	TRA TPB TAM	上海用户	594	SPSS/Smart PLS 信度、效度 / 模型检验	易用性、感知行为控制、兼容性、网络外部性、娱乐性显著影响用户的阅读行为；性别对模型中各要素不具备显著影响
易红等 （2014）	选择偏好性与持续使用影响因素	TPB	重庆市民	2854	SPSS/AMOS 描述性统计分析与模型检验	感知有用性、感知易用性、感知娱乐性、感知行为控制、满意度、感知费用水平、态度对移动阅读行为均存在显著影响
张博松 （2014）	用户采纳行为研究	TPB TAM	移动阅读用户	311	SPSS/LISREL 信度、效度 / 模型检验	感知有用性、感知易用性、态度和感知行为控制对用户的采纳行为存在显著影响；主观规范对于用户采纳行为不具有显著影响
叶凤云，胡雅萍 （2015）	采纳行为	DTPB	青少年	413	SPSS/AMOS 信度、效度 / 模型检验	感知价值、感知行为控制和主观规范均对采纳意向存在显著的影响，其中感知价值的影响最大，主观规范的影响较小
陈晓瞳，胡蓉，朱庆华 （2015）	移动阅读收费服务用户采纳意愿	TAM	移动阅读用户	190	SPSS/AMOS 信度、效度 / 模型检验	感知有用性、感知易用性、感知货币价值和社会影响正向影响用户的采纳意愿；内容与沉溺体验正向影响感知有用性；感知有用性对感知货币价值有正向影响；界面与沉溺体验正向影响感知易用性

续表

作者／年份	研究主题	理论基础	调查对象	样本数	分析工具、分析方法	研究结论
毛平，阚倩，李莉（2016）	移动阅读用户采纳行为	TAM	在校大学生	382	SPSS/Visual PLS 信度、效度／模型检验	感知易用对于感知有用存在显著影响，而对行为态度不存在显著影响；感知有用显著影响行为态度和行为意向；优秀的网络连接、较多的推广渠道、良好的阅读环境和阅读工具可以提高读者移动阅读效果
赵文军，任剑（2017）	移动阅读持续使用意向	S-O-R模型、ECM-ISC	移动阅读用户	371	SPSS/AMOS 信度、效度／模型检验	感知有用性和满意度是影响持续使用意向的重要因素；信息交互质量和系统交互质量显著正向影响感知有用性和满意度；情感依恋显著影响持续使用意向
徐恺英，崔伟，洪旭东，王晰巍（2017）	图书馆移动阅读用户接纳行为影响因素	TAM、ISSM	移动年轻用户	425	SPSS/AMOS 信度、效度／模型检验	感知易用性、感知有用性、信息有用性、内部环境质量、外部环境质量均对移动服务阅读使用态度产生正向影响；信息时效性对用户采纳态度不产生影响；用户移动服务阅读使用态度对移动服务阅读采纳行为产生正向影响
张亚明，郑莉，刘海鸥（2018）	移动阅读APP用户采纳行为	TAM、TPB	移动阅读用户	310	SPSS/LISREL 信度、效度模型检验	感知有用性、感知易用性、内容、界面等因素显著正向影响用户采纳行为；主观规范和阅读经济成本对用户采纳行为的影响不显著

4.2.3　用户体验视角的相关研究

移动数字阅读的用户体验，是指用户在进行阅读的过程中，产品所提供的丰富内容、友好服务等带给用户的经历。服务提供商在激烈竞争的环境下，保持产品对用户的吸引力，必须强调以用户为导向，增强用户的阅读体验和满意度。在移动数字阅读领域，国内学者开展了大量的研究，本小节选取有代表性的几位学者，对其研究主题、研究方法、指标体系和研究内容方面进行概述，具体的研究统计如表4-5所示。

表4-5　移动数字阅读的用户体验视角研究统计

作者 / 年份	研究主题	研究方法	指标体系	研究内容
黄晓斌等（2011）	可用性评价	可用性测试信度分析、离散度分析	构建技术、硬件性能、阅读功能、内容和综合评价5个维度的可用性评价指标体系	对易博士阅读器的可用性进行研究，提出建议：提高资源的易用性和可获得性；提高设备的运行效率、适用性；重视内容与设计，提供丰富的使用体验
郑方奇等（2015）	数字阅读平台人机交互界面比较	理论分析归纳	构建了用户体验的感知物理示能性、感知认知示能性、感知情感示能性和感知控制示能性4个维度和14个准则	在此评价体系的14个准则上对网易云阅读和QQ阅读进行对比，提出移动数字阅读平台的发展趋势
吴丹，冉爱华（2015）	移动阅读用户体验比较	信度、效度分析，配对样本T检验，单因素ANOVA	构建移动阅读应用的评价体系，包含技术、整合、操作和价值4个维度及对应的14个指标	研究比较典型的移动阅读应用（掌阅iReader、多看阅读和亚马逊Kindle）的用户体验差异，并为移动阅读应用改善用户体验提出建议：细化用户分类，坚持内容为王，界面的美学设计
徐琛（2015）	用户体验度量	层次分析法、模糊综合评价法	构建用户体验评估模型，包括内容、功能、交互、界面4个维度和22个二级指标	通过层次分析法确定各个维度及指标的权重，利用模糊综合评价法对知乎APP进行评估和优化

续表

作者/年份	研究主题	研究方法	指标体系	研究内容
罗雨青（2018）	新闻阅读类用户体验度量	视线追踪法、绩效度量法、自我报告法	界面吸引性：注视兴趣范围、驻留时间、首视概率、扫描路径；交互易用性：任务成功率、完成时间、出错、效率；综合满意度：产品满意度、操作难易度、界面美观度、布局合理性、内容易读性、产品推荐度	对产品的界面吸引性、交互易用性和综合满意度3个角度进行用户体验的量化评价，提出新闻阅读类应用的优化设计原则
刘靖（2018）	移动阅读的心流体验设计	用户访谈、问卷调查	工具维度：视觉美观性、交互流畅性、内容合理性；任务维度：情感激励性。包含20个设计要素	根据用户不同需求的角色模型，确定设计要素的优先级，构建移动阅读的心流体验评价量表，并依据量表对移动阅读应用进行设计

以上的文献分析表明，国内外缺乏对于移动数字阅读采纳行为的内在机理的探讨。因此，本部分正是以用户体验为切入点，结合移动数字阅读服务的特性，研究用户在使用移动数字阅读产品和服务过程中的认知、情感和行为，探究用户体验不同维度带给用户的体验差异及路径关系，深度挖掘用户的态度、意向，以及对于用户持续采纳意向的预测。已有的关于移动数字阅读用户行为的研究大多数是基于技术接受模型和期望确认模型等构建的行为模型，且只针对用户采纳行为的某一个阶段，并没有对初始采纳行为和持续采纳行为进行严格的区别，因此本节将对这两个阶段的过程进行系统的深入分析，更加全面地揭示移动数字阅读用户采纳行为的规律。

4.3　问卷设计与预调研

4.3.1　问卷结构设计

本研究在问卷设计过程中遵循规范的设计原则，根据研究目的来设置问卷的题项，使调查问卷内容与研究模型形成对应关系。在问卷的语言设计时，尽量保证问题清晰易懂，便于用户回答。在问卷设计过程中，根据国内外的研究，在阅读了移动数字阅读、用户体验的相关理论和文献的基础上，参考与本研究相关的量表，以及综合考虑理论模型研究，对量表进行构建，形成初始量表，并在多次与用户沟通讨论后，对问卷的措辞、格式以及内容等进行了改进，形成最终的问卷。

本章研究对象是移动数字阅读用户采纳行为，为方便调查和数据收集采用结构化问卷，主要包括个人基本信息和采纳行为影响因素两个部分。个人基本信息部分包括人口统计特征和移动数字阅读使用情况，主要包括年龄、性别、受教育程度、阅读时长、阅读频率以及阅读类型，不同特征的个人在采纳行为中呈现出不同的认知。采纳行为影响因素部分是针对研究模型中的各个变量按照不同维度进行设计的。

4.3.2 测量题项设计

为了对模型中的研究变量进行检验，需要对各结构变量进行测量题项设计，结合国内外学者文献以及深度访谈的结果，本节将用户体验的三层次进行了具体的维度划分。感官层体验包括视觉体验、浏览体验和信息体验三个维度；认知层包括技术体验、内容体验和功能体验三个维度；反思层包括情感体验、价值体验和品牌体验三个维度。

（1）感官层体验

用户在信息技术的使用过程中，通常是利用感官来获得使用的体验，给用户带来行为上的反应和一系列的操作。感官层体验是用户使用移动数字阅读的基础标准，是移动数字阅读产品不能忽视的基本体验，这主要体现在产品的界面设计层面。良好的感官层体验可以给用户提供更直观的感受，提升阅读体验，而且可以帮助用户更好地使用产品的服务和功能。

移动数字阅读与传统阅读的呈现方式不同，用户阅读是通过移动终端设备来实现的，因此产品界面的人性化、页面布局的美观简洁、自适应的外观设计是影响用户对移动阅读认知的关键因素。界面的色彩搭配舒适，页面内容布局合理，信息的更新速度快，导航简捷，可以快速找到需要的内容，这些因素都会正向影响移动数字阅读产品的有用认知和易用认知。

（2）认知层体验

认知层是用户体验的中级层次，是用户在使用移动数字阅读产品时的心理感受。认知层的体验更关注产品的系统体验、内容体验和功能体验。

移动数字阅读提供的是内容服务，而用户使用移动数字阅读产品主要是为了获取知识、提升自身素养和满足社交需求，因此对于内容会有更高的要求。服务提供商竞争的重点是对产品的内容进行组织和处理，提供丰富、多样性的内容，以及优质、新颖和实用的功能。在产品内容方面，要依据用户的全方位需求提供内容丰富的阅读作品，保证产品内容的质量和价值，尽可能满足用户的阅读需求。移动数字阅读产品提供的书签记忆功能、多层次的分类标签等功能，可以为用户节省阅读的时间成本，提高阅读效率。连续阅读、文字搜索、目录笔记等定位功能可以快速找到阅读的内容。

（3）反思层体验

反思层是用户体验的高级层次，是用户在使用产品后的心理感受，是用户在感官和认知之后的进一步思考，取决于阅读产品的价值体验、品牌体验和情感体验。反思层是用户对于阅读产品价值的深入思考，影响反思层体验的因素主要是产品的品牌知名度、交流互动以及信誉度等。数字阅读产品能否带来情感交流和愉悦，备受用户关心。

移动数字阅读的情感体验是用户自我情感的满足所带来的情绪上的愉悦性。移动数字阅读产品需要对用户需求进行深入挖掘，以用户为中心，通过个性化的服务来吸引用户，如针对不同的用户喜好、兴趣进行特定内容的推送；在用户阅读过程中，为用户提供友好性的阅读情境功能设置和界面设计，可以切换亮度、夜间模式、字体、横竖屏等，提升用户的满足感。随着社会化阅读的深入，用户不仅仅关注产品内容的价值，更关注自身价值的体现。移动数字阅读用户可以进行点赞或评论，在使用产品中可以向朋友进行推荐、分享咨询，与其他用户形成交流互动，这些社交因素的融入，有效提升了用户的行为认知和价值信念，更利于形成良性循环的共享阅读生态圈。

移动数字阅读的采纳行为指在各种因素的影响下，用户对于移动互联网产品使用的态度、意向、行为以及持续采纳意向。本小节通过对移动数字阅读领域的用户、行为以及用户体验因素进行分析，对模型的结构变量进行测量指标的设置并结合移动数字阅读的应用，对测量题项进行筛选和修改。模型中的其他变量，包括持续采纳意向、满意度、期望确认程度、愉悦认知、有用认知、易用认知则充分借鉴国内外相关研究中的成熟量表，以保证本研究测量量表的信度、效度，具体如表4-6所示。调查问卷中对所有变量均采用5级李克特（Likert）5级量表形式（其中1=完全不同意，2=比较不同意，3=一般同意，4=

比较同意，5=完全同意）。

表4-6　移动数字阅读变量的测量指标及其来源

变量	测量维度		具体指标	指标来源
感官层体验（GUE）	视觉体验（VUE）	VUE1	移动数字阅读产品的色彩搭配整洁、协调	Goh（2014），吴丹（2015）
		VUE2	数字阅读产品功能模块划分、页面设计合理	
		VUE3	界面设计简洁，方便操作	
	信息体验（IUE）	IUE1	提供的内容信息丰富多样	
		IUE2	内容信息能够更新及时	
		IUE3	内容信息以文字、图片、音频、视频等多种形式呈现	
		IUE4	内容作品完整，方便用户进行资源的获取	
	浏览体验（BUE）	BUE1	提供完整的用户定位功能，方便用户进行页面的定位	
		BUE2	能够对阅读页面的显示比例进行调节	
		BUE3	允许用户调节屏幕亮度功能、夜间阅读模式	
认知层体验（CUE）	内容体验（NUE）	NUE1	内容种类丰富、质量高、简短精练	Mahlkwe（2002），Chen（2010）
		NUE2	有很多原创内容、数量充足	
		NUE3	具有图书、报纸、杂志、资讯和自媒体等类型多样的数字资源	
	功能体验（FUE）	FUE1	个性化功能设置：阅读记忆功能；多设备同步功能；收藏功能；离线下载	
		FUE2	产品阅读时提供画线、批注、做笔记、搜索、翻译等辅助功能	
		FUE3	提供文字和语音的多模式切换	
	系统体验（SUE）	SUE1	数字阅读产品系统稳定，打开迅速且不易闪退	
		SUE2	页面反应迅速，翻页跳转流畅，切换方便	
		SUE3	全局导航明确，易于理解操作	

续表

变量	测量维度		具体指标	指标来源
反思层体验（RUE）	情感体验（EUE）	EUE1	提供个性化阅读内容的定制和推送	Hassenzahl（2006），Bevan（2009），Zhang 和 Li（2005）
		EUE2	提供个性化的阅读功能设置（翻页方式、横竖屏切换）	
		EUE3	提供个性化的界面设计（亮度、颜色、字号、字体、夜间模式、背景皮肤等）	
	品牌体验（PUE）	PUE1	移动数字阅读产品的知名度高	
		PUE2	该产品的品牌信誉度高	
		PUE3	该产品的用户口碑好	
	价值体验（JUE）	JUE1	构建社交性平台，方便用户评论互动	
		JUE2	点赞、分享功能	
		JUE3	提供对数字资源的评价，满足用户影响他人的需求	
		JUE4	提供分享给他人或其他社交平台的功能，满足用户的社会互动需求	
有用认知（PU）	PU1		使用该移动数字阅读产品可以提高我的阅读效率	Davis（1989），彭柯（2015）
	PU2		使用该移动数字阅读产品可以提高我的阅读收获（范围）	
	PU3		使用该移动数字阅读产品对我的工作、生活和学习有帮助	
	PU4		使用该移动数字阅读产品是有用的	
易用认知（PEOU）	PEOU1		学习如何使用该移动数字阅读产品是容易的	Davis（1989）
	PEOU2		熟练使用该移动数字阅读产品是容易的	
	PEOU3		很容易从移动数字阅读产品获得所需要的内容	
	PEOU4		该移动数字阅读产品是易使用的	
愉悦认知（PP）	PP1		使用该移动数字阅读产品很愉快	Lin（2005），Agrifoglio（2012）
	PP2		使用该移动数字阅读产品很开心	
	PP3		使用该移动数字阅读产品有快乐的体验	

续表

变量	测量维度	具体指标	指标来源
态度 （AT）	AT1	使用该移动数字阅读产品是一个好主意	Fishbein 和 Ajzen（1975）， Davis（1989）， Taylor 和 Todd （1995）
	AT2	我希望使用该移动数字阅读产品进行阅读	
	AT3	我喜欢（赞成）使用该移动数字阅读产品进行阅读	
意向 （BI）	BI1	我会考虑使用该移动数字阅读产品进行阅读	
	BI2	我打算在未来频繁使用该移动数字阅读产品	
	BI3	我很乐意向身边的人推荐该移动数字阅读产品	
行为 （BH）	BH1	我经常使用该移动数字阅读产品	Davis（1989）
	BH2	我使用该产品进行数字阅读的频率很高	
	BH3	只要是进行阅读，我就使用该数字阅读产品进行阅读	
期望确认程度 （EC）	EC1	该移动数字阅读产品的服务质量超过我的预期	Bhattacherjee （2001）， 李武（2016）
	EC2	该移动数字阅读产品提供的功能超过我的预期	
	EC3	我对该移动数字阅读产品的期望在使用过程中都能得到满足	
满意度 （SA）	SA1	移动数字阅读产品提供的功能令人满意	Kim（2004）， Bhattacherjee （2001）
	SA2	移动数字阅读产品提供的内容令人满意	
	SA3	我觉得使用该移动数字阅读产品非常满意	
	SA4	总的来说，我对该产品感到满意	
持续采纳意向 （CBI）	CBI1	我打算继续使用该移动数字阅读产品	Bhattacherjee （2001）
	CBI2	我愿意继续使用该移动数字阅读产品	
	CBI3	我以后会经常使用该移动数字阅读产品	

4.3.3 预调研和探索性因子分析

为了提高问卷的信度和效度，本研究开展了问卷的预调研，对有过移动数字阅读经验的136位用户进行了问卷前测。首先，对观测变量进行探索性因子分析，如表4-7所示是KMO判别标准，通过SPSS19.0统计工具进行分析得到各变量的KMO和Bartlett，根据KMO标准得出各个研究变量是否符合因子分析的条件。

表4-7　KMO判别标准

KMO 值	标准
0.5<KMO ≤ 0.6	不合适
0.6<KMO ≤ 0.7	勉强适合
0.7<KMO ≤ 0.8	适合
0.8<KMO ≤ 0.9	很适合
KMO>0.9	非常适合

（1）感官层体验

通过样本数据，对感官层体验的10个测量指标进行Bartlett球形检验，结果如表4-8所示，卡方值为1553.410，且达到显著性水平，而KMO值为0.835，依据表4-7，说明衡量感官层体验的这一结构变量的10个测量指标之间存在相关性，很适合做探索性因子分析。

表4-8　感官层体验的KMO及Bartlett检验

KMO 检验		0.835
Bartlett 球形检验	卡方值	1553.410
	自由度	45
	显著性	0.000

感官层体验的探索性因子分析如表4-9所示，提取出视觉体验、信息体验和浏览体验三个因子，且每个测量指标在其所属提取因子上的因子负荷均高于0.5，而在其他提取因子上的因子负荷均低于0.5，每个因子的特征值均大于1，三个因子的累计解释方差达到了80.798%，说明关于感官层体验的问卷设计具有很好的结构效度。

表4-9　感官层体验的探索性因子分析

测量指标	因子负荷			特征值（解释方差）
	视觉体验	信息体验	浏览体验	
VUE1	0.941	0.229	0.215	5.330（53.299%）
VUE2	0.926	0.268	0.199	
VUE3	0.940	0.246	0.212	

续表

测量指标	因子负荷			特征值（解释方差）
	视觉体验	信息体验	浏览体验	
BUE1	0.140	0.164	0.808	1.328（13.283%）
BUE2	0.153	0.101	0.842	
BUE3	0.265	0.273	0.759	
IUE1	0.219	0.924	0.109	1.422（14.216%）
IUE2	0.199	0.912	0.147	
IUE3	0.335	0.525	0.301	
IUE4	0.179	0.782	0.212	
累计解释方差为80.798%				

（2）认知层体验

通过样本数据，对认知层体验的9个测量指标进行Bartlett球形检验，结果如表4-10所示，卡方值为463.527，且达到显著性水平，而KMO值为0.807，依据表4-7，说明衡量认知层体验这一结构变量的9个测量指标之间存在相关性，很适合做探索性因子分析。

表4-10　认知层体验的KMO及Bartlett检验

KMO 检验		0.807
Bartlett 球形检验	卡方值	463.527
	自由度	36
	显著性	0.000

认知层体验的探索性因子分析如表4-11所示，提取出功能体验、内容体验和系统体验三个因子，且每个测量指标在其所属提取因子上的因子负荷均高于0.5，而在其他提取因子上的因子负荷均低于0.5，每个因子的特征值均大于1，三个因子的累计解释方差达到了71.808%，说明关于认知层体验的问卷设计具有很好的结构效度。

表4-11　认知层体验的探索性因子分析

测量指标	因子负荷			特征值（解释方差）
	功能体验	内容体验	系统体验	
SUE1	0.339	0.331	0.640	1.002（11.136%）
SUE2	0.343	0.295	0.727	
SUE3	−0.018	0.100	0.858	

续表

测量指标	因子负荷			特征值（解释方差）
	功能体验	内容体验	系统体验	
NUE1	0.099	0.887	0.112	1.630（18.108%）
NUE2	0.251	0.751	0.270	
NUE3	−0.046	0.814	0.173	
FUE1	0.755	0.056	0.303	3.831（42.564%）
FUE2	0.865	0.104	−0.040	
FUE3	0.821	0.082	0.200	
累计解释方差为 71.808%				

（3）反思层体验

通过样本数据，对反思层体验的10个测量指标进行Bartlett球形检验，结果如表4-12所示，卡方值为751.170，达到显著性水平，而KMO值为0.815，依据表4-7，说明衡量反思层体验这一结构变量的10个测量指标之间存在相关性，很适合做探索性因子分析。

表4-12　反思层体验的KMO及Bartlett检验

KMO 检验		0.815
Bartlett 球形检验	卡方值	751.170
	自由度	45
	显著性	0.000

反思层体验的探索性因子分析如表4-13所示，提取出价值体验、情感体验和品牌体验三个因子，且每个测量指标在其所属提取因子上的因子负荷均高于0.5，而在其他提取因子上的因子负荷均低于0.5，每个因子的特征值均大于1，三个因子的累计解释方差达到了74.618%，说明关于反思层体验的问卷设计具有很好的结构效度。

表4-13　反思层体验的探索性因子分析

测量指标	因子负荷			特征值（解释方差）
	价值体验	情感体验	品牌体验	
EUE1	−0.142	0.819	0.139	1.864（18.642%）
EUE2	−0.184	0.806	−0.017	
EUE3	−0.103	0.813	0.110	

续表

测量指标	因子负荷			特征值（解释方差）
	价值体验	情感体验	品牌体验	
JUE1	0.927	−0.188	−0.087	4.034（40.342%）
JUE2	0.880	−0.156	−0.024	
JUE3	0.928	−0.063	−0.163	
JUE4	0.919	−0.169	−0.016	
PUE1	−0.048	−0.077	0.804	1.563（15.634%）
PUE2	−0.125	0.132	0.769	
PUE3	−0.023	0.172	0.780	
累计解释方差为74.618%				

本小节利用SPSS19.0对调查问卷中除了用户体验之外的其他9个变量的测量题项进行探索性因子分析，以特征值大于1为评价标准确定因子个数，结果如表4-14所示。从表中可以发现，所有通过因子旋转方法提取出的测量指标的因子负荷均大于0.5，累计解释的总方差在61.894%～75.363%，均超过50%，说明本研究中各测量题项对于所研究的变量具有很好的解释能力。

表4-14　其余变量的探索性因子分析

变量	测量指标	因子负荷	特征值	解释总方差/%	变量	测量指标	因子负荷	特征值	解释总方差/%
有用认知（PU）	PU1	0.834	2.730	68.246	态度（AT）	AT1	0.850	1.917	63.902
	PU2	0.798				AT2	0.733		
	PU3	0.843				AT3	0.811		
	PU4	0.829			意向（BI）	BI1	0.871	2.261	75.363
易用认知（PEOU）	PEOU1	0.859	2.695	67.380		BI2	0.834		
	PEOU2	0.852				BI3	0.899		
	PEOU3	0.764			行为（BH）	BH1	0.831	2.178	72.588
	PEOU4	0.804				BH2	0.828		
愉悦认知（PP）	PP1	0.802	1.931	64.371		BH3	0.895		
	PP2	0.800			期望确认程度（EC）	EC1	0.821	1.857	61.894
	PP3	0.804				EC2	0.727		
满意度（SA）	SA1	0.814	2.501	62.514		EC3	0.809		
	SA2	0.687			持续采纳意向（CBI）	CBI1	0.890	2.156	71.874
	SA3	0.801				CBI2	0.838		
	SA4	0.851				CBI3	0.814		

根据用户调查的意见反馈，并结合移动数字阅读的用户行为特征对部分题项进行了调整和修改，形成了正式的调查问卷，见附录1。

4.4 数据收集

4.4.1 样本的描述性统计

本研究的正式问卷调查于2017年7月28日至9月20日进行，通过设置题项（您是否使用过以下的移动数字阅读产品：QQ阅读、掌阅、书旗小说、天翼、咪咕阅读等）过滤掉未使用过移动数字阅读的用户，保证了样本数据的真实和可靠性。采用纸质问卷和在线问卷相结合的调查方式，其中纸质问卷发放400份，回收问卷367份，其中有效问卷345份，回收问卷有效率为94.01%。网络问卷回收102份，有效问卷89份，回收问卷有效率为87.25%。共回收有效问卷434份，具体的样本回收情况如表4-15所示。

表4-15 移动数字阅读样本收集情况

调查方式	发放问卷 / 份	回收问卷		有效问卷	
		问卷数 / 份	回收率 /%	问卷数 / 份	有效率 /%
纸质问卷	400	367	91.75	345	94.01
在线问卷	132	102	77.27	89	87.25
合计	532	469	88.16	434	92.54

具体的样本分布如表4-16所示，整体而言，男性（56.45%）与女性（43.55%）的比例大致相同，教育程度为本科和硕士的占比较大，达到88.94%。由于年轻用户是移动数字阅读的主要使用群体，所占比重比较高，因此本研究问卷收集得到的主要是年轻用户，其中24～35岁的用户占比达到81.57%。每天的阅读时长在1～3小时的用户占比81.11%，阅读频率每周3次以上的用户占比达到89.4%。以上数据表明，总样本对于移动数字阅读的熟悉程度较高，有利于本研究的进一步开展。

表4-16　移动数字阅读样本的描述性统计分布

特征变量	类型	样本数目/人	百分比/%	特征变量	类型	样本数目/人	百分比/%
性别	男	245	56.45	教育程度	专科及以下	13	3.00
					本科	179	41.24
	女	189	43.55		硕士	207	47.70
					博士	35	8.06
年龄	24 岁以下	32	7.37	每周阅读频率	每周 3 次以下	46	10.60
	24～30 岁	216	49.77		每周 3～4 次	248	57.15
	31～35 岁	138	31.80		每周 5～6 次	106	24.42
	35 岁以上	48	11.06		每周 6 次以上	34	7.83
每天阅读时长	每天 1 小时以下	59	13.59	阅读类型	专业图书类	26	6.00
	每天 1～2 小时	218	50.23		网络文学类	147	33.87
	每天 2～3 小时	134	30.88		新闻资讯类	195	44.92
	每天 3 小时以上	23	5.30		报纸杂志类	66	15.21

　　本研究为了避免数据出现的误差，在对结构方程模型进行检验之前，先检验了调查问卷的信度和效度，通过信度、效度检验来对调查问卷进行修改和完善。本研究采用Cronbach's α系数作为检验信度的指标，收敛效度和区分效度则采用因子分析进行检验。

4.4.2　信度检验

　　信度主要用于评估调查问卷的一致性和可靠性，信度较高的时候说明样本回收的数据存在一定的可靠性。在检验问卷一致性时，常用Cronbach's α系数衡量，信度越高，说明数据的测量误差就越小，数据就会越稳定，表4-17是其判别标准。

表4-17　Cronbach's α系数判别标准

Cronbach's α 值	标准
0.65< Cronbach's α ≤ 0.70	最小可接受值
0.70< Cronbach's α ≤ 0.80	问卷信度很可信

续表

Cronbach's α 值	标准
0.80< Cronbach's α ≤ 0.90	问卷信度非常可信
Cronbach's α >0.90	问卷信度十分可信

在本研究中，将使用SPSS19.0来检验潜变量的Cronbach's α，以检验问卷设计的信度。通常，Cronbach's α系数大于0.7，即表明因子具有较好的信度。从表4-18中可以看出所有潜变量的Cronbach's α系数在0.754～0.864，信度均大于0.7，问卷存在良好的可信度，表明量表的内部一致性较好。同时发现题目删除后对总体Cronbach's α值没有产生影响，因此题项的设置是较为合理的，不需要再进行修改或删除。

表4-18　结构变量的信度检验

结构变量	测量项目数	测量指标	均值	标准差	项已删除的Cronbach's α 值	Cronbach's α
PU	4	PU1	3.48	0.769	0.826	0.864
		PU2	3.45	0.818	0.843	
		PU3	3.41	0.727	0.823	
		PU4	3.42	0.798	0.816	
PEOU	4	PEOU1	3.41	0.755	0.790	0.852
		PEOU2	3.47	0.787	0.798	
		PEOU3	3.30	0.800	0.820	
		PEOU4	3.36	0.697	0.838	
PP	3	PP1	3.15	0.716	0.690	0.757
		PP2	3.22	0.689	0.693	
		PP3	3.12	0.696	0.642	
EC	3	EC1	2.98	0.747	0.678	0.786
		EC2	3.06	0.766	0.768	
		EC3	3.08	0.761	0.679	
SA	4	SA1	3.09	0.686	0.711	0.785
		SA2	3.12	0.631	0.772	
		SA3	2.99	0.730	0.733	
		SA4	3.29	0.752	0.709	

续表

结构变量	测量项目数	测量指标	均值	标准差	项已删除的Cronbach's α 值	Cronbach's α
CBI	3	CBI1	3.48	0.754	0.671	0.817
		CBI2	3.58	0.760	0.773	
		CBI3	3.34	0.744	0.795	
AT	3	AT1	3.25	0.800	0.678	0.789
		AT2	3.23	0.850	0.664	
		AT3	3.24	0.666	0.779	
BI	3	BI1	3.02	0.785	0.676	0.816
		BI2	3.25	0.799	0.772	
		BI3	3.13	0.803	0.788	
BH	3	BH1	3.46	0.835	0.778	0.839
		BH2	3.43	0.819	0.813	
		BH3	3.42	0.911	0.729	
GUE	3	VUE	3.29	0.859	0.728	0.829
		BUE	3.21	0.827	0.820	
		IUE	3.21	0.913	0.735	
CUE	3	SUE	3.05	0.815	0.767	0.815
		NUE	3.07	0.821	0.760	
		FUE	3.01	0.807	0.710	
RUE	3	EUE	3.10	0.791	0.629	0.754
		JUE	3.11	0.727	0.752	
		PUE	3.00	0.755	0.620	

4.4.3 效度检验

效度检验主要是测量量表是否能够准确地反映它所测量的变量，即评价测量结果的正确性。衡量效度可以从收敛效度和区分效度两个角度进行，收敛效度主要是衡量同一构面上的潜在测量指标落在其上的概率，并且测量指标之间具有很高的相关度。而区分效度主要是指不同构面上的测量指标之间存在着区分的效果。本研究通过使用LISREL 8.70，对量表进行验证性因子分析，参数估计方法为极大似然估计法。

（1）用户体验维度的验证性因子分析

为了简化用户体验的测量量表，检验维度的提取是否合理，本研究将对用户体验的所有29个测量指标进行二阶验证性因子分析，保证本研究中结构变量的提取是合理的。由于用户体验的3个维度中，每个维度可以通过二阶因子来进行测量，因此，为了方便结构方程模型的检验，将信息体验、视觉体验和浏览体验作为感官层体验的观测变量，将系统体验、功能体验和内容体验作为认知层体验的观测变量，将情感体验、品牌体验和价值体验作为反思层的观测变量，将测量指标值进行算术平均数的加权计算，可以形成结构变量的观测值，具体验证结果如表4-19所示。

表4-19　用户体验的二阶验证性因子负荷

二阶因子	二阶因子负荷	一阶因子	测量指标	因子负荷 λ	测量误差 ε
GUE	0.84	视觉体验（VUE）	VUE1	0.80	0.37
			VUE2	0.74	0.45
			VUE3	0.82	0.33
		浏览体验（BUE）	BUE1	0.80	0.36
			BUE2	0.76	0.43
			BUE3	0.77	0.41
		信息体验（IUE）	IUE1	0.77	0.41
			IUE2	0.77	0.40
			IUE3	0.80	0.36
			IUE4	0.76	0.43
CUE	0.76	系统体验（SUE）	SUE1	0.79	0.38
			SUE2	0.69	0.52
			SUE3	0.78	0.38
		功能体验（FUE）	FUE1	0.76	0.43
			FUE2	0.69	0.52
			FUE3	0.77	0.41
		内容体验（NUE）	NUE1	0.76	0.42
			NUE2	0.73	0.46
			NUE3	0.83	0.31

续表

二阶因子	二阶因子负荷	一阶因子	测量指标	因子负荷 λ	测量误差 ε
RUE	0.73	价值体验（JUE）	JUE1	0.67	0.55
			JUE2	0.78	0.38
			JUE3	0.81	0.34
			JUE4	0.76	0.41
		情感体验（EUE）	EUE1	0.77	0.41
			EUE2	0.79	0.37
			EUE3	0.71	0.50
		品牌体验（PUE）	PUE1	0.74	0.45
			PUE2	0.77	0.41
			PUE3	0.64	0.59

分析结果显示，验证性因子分析的模型与数据的拟合程度比较高，$\frac{x^2}{df}$=2.94，值大于2小于5，RMSEA=0.067，小于标准值0.08，绝对拟合指标GFI=0.851，AGFI=0.826，大于标准值0.8，相对拟合指标CFI、NFI、IFI均大于或接近标准值0.9。此外，9个一阶因子对二阶因子的标准化因子负荷都高于0.6，因此9个一阶因子可以作为3个二阶因子的观测变量。

（2）概念模型的验证性因子分析

对于量表的收敛效度，利用验证性因子分析中各个指标的因子负荷、组合信度和平均变异萃取量来进行衡量。由表4-20可知，本研究的测量指标在对应潜变量上的因子负荷均大于0.6，且在$p<0.001$的条件下达到显著水平；各个潜变量的组合信度（CR）均大于0.7；各个潜变量的平均变异萃取量（AVE）也超出0.5的可接受水平。所以，本理论模型中的12个潜变量具有较高的收敛效度。

表4-20　结构变量的收敛效度

因子	测量指标	因子负荷 λ	测量误差 ε	组合信度（CR）	平均变异萃取量（AVE）
PU	PU1	0.77	0.40	0.86	0.81
	PU2	0.79	0.37		
	PU3	0.76	0.42		
	PU4	0.81	0.34		

续表

因子	测量指标	因子负荷 λ	测量误差 ε	组合信度(CR)	平均变异萃取量(AVE)
PEOU	PEOU1	0.83	0.32	0.85	0.77
	PEOU2	0.80	0.36		
	PEOU3	0.78	0.39		
	PEOU4	0.66	0.56		
PP	PP1	0.72	0.48	0.76	0.68
	PP2	0.73	0.46		
	PP3	0.68	0.53		
SA	SA1	0.68	0.54	0.78	0.62
	SA2	0.57	0.67		
	SA3	0.68	0.54		
	SA4	0.81	0.34		
CBI	CBI1	0.79	0.37	0.82	0.78
	CBI2	0.83	0.32		
	CBI3	0.70	0.51		
GUE	VUE	0.85	0.28	0.83	0.81
	BUE	0.70	0.51		
	IUE	0.82	0.33		
CUE	SUE	0.75	0.44	0.82	0.79
	NUE	0.77	0.41		
	FUE	0.80	0.36		
RUE	EUE	0.77	0.41	0.76	0.68
	JUE	0.64	0.59		
	PUE	0.74	0.45		
EC	EC1	0.76	0.42	0.79	0.74
	EC2	0.71	0.50		
	EC3	0.77	0.41		
AT	AT1	0.79	0.37	0.79	0.74
	AT2	0.81	0.34		
	AT3	0.64	0.59		
BI	BI1	0.83	0.31	0.82	0.79
	BI2	0.77	0.41		
	BI3	0.73	0.47		

续表

因子	测量指标	因子负荷 λ	测量误差 ε	组合信度（CR）	平均变异萃取量（AVE）
BH	BH1	0.82	0.33	0.84	0.83
	BH2	0.75	0.43		
	BH3	0.82	0.32		

拟合优度指标 $\dfrac{x^2}{\mathrm{d}f}$ =1.750，RMSEA=0.042，GFI=0.884，AGFI=0.857，CFI=0.991，NFI=0.979，IFI=0.992

根据Fornell和Larcker的研究结论，如果各结构变量之间相关系数的平方低于结构变量的AVE，则说明该测量模型具有很好的区分效度。根据表4-21，相关系数的平方均小于对角线上的AVE值，所以说明本研究模型量表具有较好的区分效度。

表4-21　结构变量的区分效度

潜变量	PU	PEOU	PP	SA	CBI	GUE	CUE	RUE	EC	AT	BI	BH
PU	0.81											
PEOU	0.59	0.77										
PP	0.46	0.50	0.68									
SA	0.53	0.50	0.50	0.62								
CBI	0.42	0.37	0.41	0.75	0.78							
GUE	0.50	0.66	0.38	0.39	0.32	0.81						
CUE	0.73	0.44	0.34	0.35	0.24	0.37	0.79					
RUE	0.65	0.64	0.44	0.47	0.41	0.63	0.44	0.68				
EC	0.59	0.48	0.48	0.46	0.35	0.29	0.40	0.55	0.74			
AT	0.54	0.45	0.50	0.72	0.72	0.41	0.37	0.41	0.32	0.74		
BI	0.21	0.19	0.34	0.41	0.54	0.16	0.16	0.16	0.15	0.44	0.79	
BH	0.55	0.52	0.46	0.80	0.76	0.44	0.36	0.55	0.43	0.80	0.48	0.83

4.5　个人特征的影响分析

国外学者 Jung 等人研究发现，用户的背景、阅读经历和需求对用户数字阅读的用户体验认知有影响。[①]互联网用户作为移动数字阅读领域的主体，在使用移动数字阅读产品的过程中，由于自身条件差异而产生不同的需求。个体不同的统计特征会使用户呈现不同的行为反应，同样，不同的个体使用经验会影响用户的采纳能力。所以，本研究在对移动数字阅读用户进行研究时除了考虑个人统计特征的影响，即性别、年龄和受教育程度，还要考虑用户的产品使用情况，包括阅读频率、阅读时长和阅读类型。即在移动数字阅读环境下，不同的用户在使用阅读产品过程中所表现出的认知、情感、意向和行为也有区别。因此，本小节将引入用户个人特征作为模型中的调节变量。个人特征因素包括人口统计特征和产品使用情况。为了研究用户个人特征对用户认知是否存在影响，本小节利用单因素方差分析来判断不同的用户个人特征对于认知的结构变量均值是否存在影响，以便分析哪些个体特征会对认知结构变量产生显著影响。本小节中，所有关于认知的结构变量的描述性统计分析如表4-22所示。

表4-22 用户认知的结构变量的描述性统计分析

认知变量	样本数量	均值	标准差	方差
PU	434	3.441	0.657	0.431
PEOU	434	3.384	0.633	0.401
PP	434	3.163	0.575	0.330
AT	434	3.238	0.651	0.424
BI	434	3.133	0.680	0.463
BH	434	3.435	0.744	0.554
EC	434	3.043	0.634	0.403
SA	434	3.123	0.547	0.299
CBI	434	3.466	0.644	0.415

从表4-22可以看出，在移动数字阅读的用户认知变量均值中，有用认知和易用认知变量的均值比较高，而愉悦认知变量的均值最低，说明用户在使用移动数字阅读过程中，对于技术方面的体验认知比较满意，而产品带给用户的情感体验并不是太高。在采纳行为相关的变量中，用户的采纳行为和持续采纳意向都比较高，说明用户对于产品的接受程度比较高。

下文将以性别、年龄、受教育程度、阅读频率、阅读时长、阅读类型等个

---

① Jung J, Chanolmsted S, Park B, et al. Factors affecting e-book reader awareness, interest, and intention to use [J].New Media & Society, 2012, 14（2）: 204-224.

人统计特征和产品使用情况为控制变量，利用SPSS19.0进行单因素方差分析，根据分析结果来判断不同的个人特征对这些变量的影响是否显著（显著性水平设定为0.05）。

4.5.1 性别的影响分析

将性别作为控制变量，以用户的易用认知、有用认知、愉悦认知、态度、意向、行为、期望确认程度、满意度及持续采纳意向等相关变量为因变量，利用SPSS19.0进行单因素方差分析，检验不同性别的用户在这些认知变量上是否存在显著差异，分析结果如表4-23所示。

表4-23 性别与采纳行为认知变量的单因素方差分析

因变量	性别	N	均值	标准差	单因素方差分析	
					F 值	显著性 Sig.
PU	男	245	3.532	0.640	10.901	0.001
	女	189	3.324	0.661		
PEOU	男	245	3.448	0.612	5.764	0.017
	女	189	3.302	0.652		
PP	男	245	3.186	0.594	0.947	0.331
	女	189	3.132	0.549		
AT	男	245	3.294	0.656	4.163	0.042
	女	189	3.166	0.638		
BI	男	245	3.204	0.663	6.237	0.013
	女	189	3.041	0.693		
BH	男	245	3.537	0.718	10.793	0.001
	女	189	3.303	0.759		
EC	男	245	3.060	0.624	0.396	0.529
	女	189	3.021	0.648		
SA	男	245	3.189	0.545	8.204	0.004
	女	189	3.038	0.539		
CBI	男	245	3.543	0.623	8.102	0.005
	女	189	3.367	0.658		

如表4-23所示，不同性别的用户在有用认知、易用认知、态度、采纳意向、行为、满意度和持续采纳意向方面均存在显著差异，而且男性用户在这些认知

变量上的均值均高于女性用户。而性别对愉悦认知、期望确认程度两个因变量不存在显著影响。

4.5.2 年龄的影响分析

本部分以年龄为控制变量，以用户的易用认知、有用认知、愉悦认知、态度、意向、行为、期望确认程度、满意度及持续采纳意向等相关变量为因变量，利用SPSS19.0进行单因素方差分析，检验不同年龄的用户在这些认知变量上是否存在显著差异，分析结果如表4-24所示。

表4-24　年龄与采纳行为认知变量的单因素方差分析

因变量	年龄	N	均值	标准差	单因素方差分析	
					F 值	显著性 Sig.
PU	24 岁以下	32	3.375	0.684	2.464	0.062
	24 ～ 30 岁	216	3.388	0.668		
	31 ～ 35 岁	138	3.464	0.648		
	35 岁以上	48	3.661	0.578		
PEOU	24 岁以下	32	3.422	0.540	1.181	0.316
	24 ～ 30 岁	216	3.332	0.617		
	31 ～ 35 岁	138	3.417	0.677		
	35 岁以上	48	3.500	0.627		
PP	24 岁以下	32	3.167	0.555	0.709	0.547
	24 ～ 30 岁	216	3.133	0.581		
	31 ～ 35 岁	138	3.174	0.596		
	36 岁以上	48	3.264	0.491		
AT	24 岁以下	32	3.167	0.672	0.879	0.452
	24 ～ 30 岁	216	3.224	0.657		
	31 ～ 35 岁	138	3.229	0.681		
	35 岁以上	48	3.375	0.504		
BI	24 岁以下	32	3.052	0.549	0.978	0.403
	24 ～ 30 岁	216	3.097	0.691		
	31 ～ 35 岁	138	3.164	0.687		
	35 岁以上	48	3.257	0.692		

续表

因变量	年龄	N	均值	标准差	单因素方差分析	
					F 值	显著性 Sig.
BH	24 岁以下	32	3.542	0.732	4.670	0.003
	24～30 岁	216	3.350	0.748		
	31～35 岁	138	3.425	0.774		
	35 岁以上	48	3.778	0.530		
EC	24 岁以下	32	3.135	0.752	0.976	0.404
	24～30 岁	216	3.028	0.665		
	31～35 岁	138	3.005	0.593		
	35 岁以上	48	3.160	0.515		
SA	24 岁以下	32	3.125	0.516	3.769	.011
	24～30 岁	216	3.042	0.564		
	31～35 岁	138	3.197	0.521		
	35 岁以上	48	3.276	0.514		
CBI	24 岁以下	32	3.469	0.687	2.664	.047
	24～30 岁	216	3.400	0.650		
	31～35 岁	138	3.495	0.612		
	35 岁以上	48	3.681	0.645		

如表4-24所示，不同年龄阶段的用户在采纳意向、满意度和持续采纳意向方面均存在显著差异。在这三个认知变量中，年龄阶段在35岁以上的用户均值明显高于其他三个年龄阶段的用户，而年龄在24～30岁的用户的认知均值是最低的。

4.5.3　受教育程度的影响分析

本部分以受教育程度为控制变量，以用户的易用认知、有用认知、愉悦认知、态度、意向、行为、期望确认程度、满意度及持续采纳意向等相关变量为因变量，利用SPSS19.0进行单因素方差分析，检验不同受教育程度的用户在这些认知变量上是否存在显著差异，分析结果如表4-25所示。

表4-25　受教育程度与采纳行为认知变量的单因素方差分析

因变量	受教育程度	N	均值	标准差	单因素方差分析	
					F 值	显著性 Sig.
PU	专科及以下	13	3.308	0.341	8.130	0.000
	本科	179	3.268	0.689		
	硕士	207	3.579	0.608		
	博士	35	3.564	0.660		
PEOU	专科及以下	13	3.269	0.515	4.432	0.004
	本科	179	3.264	0.658		
	硕士	207	3.493	0.598		
	博士	35	3.400	0.654		
PP	专科及以下	13	3.128	0.398	6.705	0.000
	本科	179	3.026	0.601		
	硕士	207	3.248	0.549		
	博士	35	3.371	0.490		
AT	专科及以下	13	3.333	0.408	11.830	0.000
	本科	179	3.024	0.691		
	硕士	207	3.393	0.585		
	博士	35	3.381	0.595		
BI	专科及以下	13	3.205	0.646	6.286	0.000
	本科	179	2.968	0.706		
	硕士	207	3.261	0.650		
	博士	35	3.190	0.573		
BH	专科及以下	13	3.487	0.765	9.269	0.000
	本科	179	3.218	0.791		
	硕士	207	3.594	0.646		
	博士	35	3.590	0.784		
EC	专科及以下	13	2.949	0.405	4.847	0.003
	本科	179	2.912	0.682		
	硕士	207	3.150	0.582		
	博士	35	3.114	0.646		

因变量	受教育程度	N	均值	标准差	单因素方差分析	
					F 值	显著性 Sig.
SA	专科及以下	13	3.077	0.553	8.080	0.000
	本科	179	2.976	0.542		
	硕士	207	3.231	0.536		
	博士	35	3.257	0.468		
CBI	专科及以下	13	3.436	0.417	6.340	0.000
	本科	179	3.311	0.670		
	硕士	207	3.583	0.612		
	博士	35	3.581	0.612		

如表4-25所示，不同受教育程度的用户在所有的认知变量上均存在显著差异，在有用认知、易用认知、态度、意向、行为、期望确认程度及持续采纳意向方面，硕士用户的均值都明显高于其他类别受教育程度的用户；在愉悦认知、满意度两个方面，博士用户的均值明显高于其他类别受教育程度的用户；而在所有认知变量方面，本科学历用户的均值均处于最低值。

4.5.4 阅读频率的影响分析

本部分以用户的每周阅读频率为控制变量，以用户的易用认知、有用认知、愉悦认知、态度、意向、行为、期望确认程度、满意度及持续采纳意向等相关变量为因变量，利用SPSS19.0进行单因素方差分析，检验不同阅读频率的用户在这些认知变量上是否存在显著差异，分析结果如表4-26所示。

表4-26 阅读频率与采纳行为认知变量的单因素方差分析

因变量	每周阅读频率	N	均值	标准差	单因素方差分析	
					F 值	显著性 Sig.
PU	3 次以下	46	3.446	0.589	2.267	0.080
	3～4 次	248	3.382	0.696		
	5～6 次	106	3.509	0.629		
	6 次以上	34	3.654	0.469		

续表

因变量	每周阅读频率	N	均值	标准差	单因素方差分析	
					F 值	显著性 Sig.
PEOU	3 次以下	46	3.348	0.611	2.270	0.080
	3 ~ 4 次	248	3.346	0.661		
	5 ~ 6 次	106	3.408	0.624		
	6 次以上	34	3.640	0.395		
PP	3 次以下	46	3.181	0.587	1.180	0.317
	3 ~ 4 次	248	3.122	0.585		
	5 ~ 6 次	106	3.211	0.562		
	6 次以上	34	3.284	0.513		
AT	3 次以下	46	3.225	0.588	1.652	0.177
	3 ~ 4 次	248	3.185	0.675		
	5 ~ 6 次	106	3.324	0.625		
	6 次以上	34	3.373	0.607		
BI	3 次以下	46	3.130	0.514	3.794	0.010
	3 ~ 4 次	248	3.071	0.743		
	5 ~ 6 次	106	3.167	0.558		
	6 次以上	34	3.480	0.657		
BH	3 次以下	46	3.507	0.698	2.641	0.049
	3 ~ 4 次	248	3.353	0.777		
	5 ~ 6 次	106	3.528	0.697		
	6 次以上	34	3.647	0.635		
EC	3 次以下	46	2.935	0.705	1.125	0.338
	3 ~ 4 次	248	3.028	0.630		
	5 ~ 6 次	106	3.082	0.642		
	6 次以上	34	3.176	0.533		
SA	3 次以下	46	3.043	0.504	3.130	0.026
	3 ~ 4 次	248	3.081	0.555		
	5 ~ 6 次	106	3.189	0.549		
	6 次以上	34	3.338	0.484		
CBI	3 次以下	46	3.377	0.543	3.519	0.015
	3 ~ 4 次	248	3.418	0.676		
	5 ~ 6 次	106	3.522	0.605		
	6 次以上	34	3.765	0.566		

如表4-26所示，产品的每周阅读频率对于所有认知变量的影响中，仅仅对意向、行为、满意度和持续采纳意向方面存在显著差异。每周使用6次以上产品的用户均值明显高于其他阅读频率的用户。阅读频率每周3～4次用户的意向和采纳行为的均值为最低，而每周3次以下用户的满意度和持续采纳意向的均值为最低。

4.5.5　阅读时长的影响分析

本部分以用户的每天阅读时长为控制变量，以用户的易用认知、有用认知、愉悦认知、态度、意向、行为、期望确认程度、满意度及持续采纳意向等相关变量为因变量，利用SPSS19.0进行单因素方差分析，检验不同阅读时长的用户在这些认知变量上是否存在显著差异，分析结果如表4-27所示。

表4-27　阅读时长与采纳行为认知变量的单因素方差分析

因变量	每天阅读时长	N	均值	标准差	单因素方差分析	
					F 值	显著性 Sig.
PU	1 小时以下	59	3.525	0.570	3.147	0.025
	1～2 小时	218	3.460	0.713		
	2～3 小时	134	3.326	0.595		
	3 小时以上	23	3.717	0.545		
PEOU	1 小时以下	59	3.415	0.613	0.207	0.891
	1～2 小时	218	3.388	0.705		
	2～3 小时	134	3.381	0.502	0.207	0.891
	3 小时以上	23	3.293	0.677		
PP	1 小时以下	59	3.164	0.558	0.409	0.747
	1～2 小时	218	3.185	0.599		
	2～3 小时	134	3.144	0.508		
	3 小时以上	23	3.058	0.743		
AT	1 小时以下	59	3.316	0.653	4.338	0.005
	1～2 小时	218	3.292	0.668		
	2～3 小时	134	3.080	0.601		
	3 小时以上	23	3.449	0.616		

续表

因变量	每天阅读时长	N	均值	标准差	单因素方差分析	
					F 值	显著性 Sig.
BI	1 小时以下	59	3.062	0.723	0.731	0.534
	1～2 小时	218	3.176	0.717		
	2～3 小时	134	3.087	0.581		
	3 小时以上	23	3.174	0.758		
BH	1 小时以下	59	3.469	0.730	1.690	0.168
	1～2 小时	218	3.463	0.779		
	2～3 小时	134	3.336	0.698		
	3 小时以上	23	3.667	0.667		
EC	1 小时以下	59	3.090	0.600	0.445	0.721
	1～2 小时	218	3.060	0.634		
	2～3 小时	134	2.993	0.655		
	3 小时以上	23	3.058	0.625		
SA	1 小时以下	59	3.140	0.522	4.852	0.002
	1～2 小时	218	3.194	0.533		
	2～3 小时	134	2.979	0.571		
	3 小时以上	23	3.250	0.452		
CBI	1 小时以下	59	3.452	0.666	4.276	0.005
	1～2 小时	218	3.534	0.647		
	2～3 小时	134	3.321	0.618		
	3 小时以上	23	3.710	0.562		

如表4-27所示，产品的每天阅读时长对于所有认知变量的影响中，在有用认知、态度、满意度和持续采纳意向方面存在显著差异。每天阅读3小时以上用户的均值明显高于其他时长的用户，而每天阅读2～3小时用户的均值则在此4个认知变量的均值方面为最低值。

4.5.6 阅读类型的影响分析

本部分以用户的阅读类型为控制变量，以用户的易用认知、有用认知、愉悦认知、态度、意向、行为、期望确认程度、满意度及持续采纳意向等相关变量为因变量，利用SPSS19.0进行单因素方差分析，检验不同阅读类型的用户在这些认知变量上是否存在显著差异，分析结果如表4-28所示。

表4-28　阅读类型与采纳行为认知变量的单因素方差分析

因变量	阅读类型	N	均值	标准差	单因素方差分析	
					F 值	显著性 Sig.
PU	专业图书类	26	3.279	0.521	3.119	0.026
	网络文学类	147	3.546	0.611		
	新闻资讯类	195	3.359	0.658		
	报纸杂志类	66	3.515	0.761		
PEOU	专业图书类	26	3.135	0.653	2.600	0.052
	网络文学类	147	3.476	0.551		
	新闻资讯类	195	3.350	0.663		
	报纸杂志类	66	3.379	0.683		
PP	专业图书类	26	3.026	0.410	0.742	0.527
	网络文学类	147	3.202	0.550		
	新闻资讯类	195	3.157	0.530		
	报纸杂志类	66	3.146	0.778		
AT	专业图书类	26	3.231	0.652	1.955	0.120
	网络文学类	147	3.336	0.540		
	新闻资讯类	195	3.164	0.700		
	报纸杂志类	66	3.242	0.710		
BI	专业图书类	26	3.064	0.686	0.126	0.945
	网络文学类	147	3.145	0.580		
	新闻资讯类	195	3.126	0.690		
	报纸杂志类	66	3.152	0.850		
BH	专业图书类	26	3.231	0.698	3.158	0.025
	网络文学类	147	3.565	0.594		
	新闻资讯类	195	3.349	0.844		
	报纸杂志类	66	3.485	0.709		
EC	专业图书类	26	2.718	0.459	3.652	0.013
	网络文学类	147	3.129	0.606		
	新闻资讯类	195	3.003	0.632		
	报纸杂志类	66	3.096	0.718		

续表

因变量	阅读类型	N	均值	标准差	单因素方差分析	
					F 值	显著性 Sig.
SA	专业图书类	26	2.913	0.469	3.865	0.010
	网络文学类	147	3.224	0.553		
	新闻资讯类	195	3.064	0.565		
	报纸杂志类	66	3.155	0.464	3.865	0.010
CBI	专业图书类	26	3.269	0.508	1.584	0.192
	网络文学类	147	3.531	0.570		
	新闻资讯类	195	3.431	0.729		
	报纸杂志类	66	3.505	0.562		

如表4-28所示，用户阅读类型在用户的有用认知、行为、期望确认程度及满意度这些变量上均存在显著差异，经常阅读网络文学作品的用户的这些认知变量均值均高于其他用户，而经常阅读专业图书作品的用户在这些认知变量上的均值为最低。

4.5.7　个人特征影响的总结分析

根据上文关于个人特征不同方面对移动数字阅读采纳行为模型中相关认知变量的单因素方差分析，将分析结果进行汇总，如表4-29所示（"√"表示0.05水平以下的显著），可以发现在本节研究的个体特征因素中，性别、受教育程度两个因素对研究的各变量有显著的影响作用，而阅读频率、阅读时长和阅读类型都对各变量产生了一定的影响。

表4-29　个人特征的影响分析汇总

个人特征	PU	PEOU	PP	AT	BI	BH	EU	SA	CBI
性别	√	√		√	√	√		√	√
年龄						√		√	√
受教育程度	√	√	√	√	√	√	√	√	√
阅读频率						√		√	√
阅读时长	√			√				√	√
阅读类型	√					√	√	√	

4.6　模型分析与检验

前面章节的研究结合了各种理论基础和研究模型，定性分析了影响移动数字阅读用户采纳行为的影响因素，接着对研究的变量进行了信度及效度的检验，然后又分析了个人特征对研究变量的影响，但仅仅知道影响因素并不能达到研究的目的，还需要继续探究这些影响因素之间作用强度的大小，为后文提供合理化的建议提供依据，因此本节将对所提出的初始采纳理论模型和持续采纳理论模型分别进行检验。

4.6.1　理论模型的分析

在对移动数字阅读采纳行为的理论模型进行检验之前，首先应用LISREL8.70对本研究的两个理论模型进行拟合优度的检验，如表4-30和表4-31所示。

表4-30　移动数字阅读理论模型M1的拟合优度

拟合指数	建议值	结构模型	拟合情况
绝对指标（absolute index）			
χ^2/df	$\chi^2/df<3$	962.90/360=2.67	理想
近似误差平方根（RMSEA）	<0.1	0.062	理想
平均残差平方根（SRMR）	<0.08	0.05	理想
拟合优度（GFI）	>0.8	0.867	理想
相对指标（relative index）			
常规拟合指标（NFI）	>0.9	0.970	理想
非常规拟合指标（NNFI）	>0.9	0.979	理想
比较拟合指数（CFI）	>0.9	0.981	理想
增值拟合指数（IFI）	>0.9	0.981	理想
简约指标（parsimonious index）			
简约基准拟合指标（PNFI）	>0.5	0.860	理想
简约拟合指标（PGFI）	>0.5	0.718	理想

表4-31　移动数字阅读理论模型M2的拟合优度

拟合指数	建议值	结构模型	拟合情况
绝对指标（absolute index）			
χ^2/df	$\chi^2/df<3$	671.36/383=1.75	理想
近似误差平方根（RMSEA）	<0.1	0.042	理想
平均残差平方根（SRMR）	<0.08	0.039	理想
拟合优度（GFI）	>0.8	0.906	理想
相对指标（relative index）			
常规拟合指标（NFI）	>0.9	0.979	理想
非常规拟合指标（NNFI）	>0.9	0.989	理想
比较拟合指数（CFI）	>0.9	0.991	理想
增值拟合指数（IFI）	>0.9	0.991	理想
简约指标（parsimonious index）			
简约基准拟合指标（PNFI）	>0.5	0.862	理想
简约拟合指标（PGFI）	>0.5	0.746	理想

从表4-30和表4-31中给出的数值可以看出，关于模型M1和模型M2，无论是绝对指标、相对指标还是简约指标，所有的拟合指数均达到了建议值，所以本研究的理论模型与样本数据的拟合程度较高。

4.6.2　理论模型M1的假设检验及修正

根据样本数据，利用LISREL8.70对理论模型M1进行检验，具体的路径系数估计值、t值和相应的研究结论如表4-32所示。

表4-32　理论模型M1研究假设的验证

研究假设	完全标准化的参数估计值	t值	结论
假设 H_1：意向与采纳行为正相关	0.959	13.093	支持
假设 H_2：态度与意向正相关	0.861	8.759	支持
假设 H_3：有用认知与意向正相关	0.005	0.086	拒绝
假设 H_4：有用认知与态度正相关	0.367	4.632	支持
假设 H_5：易用认知与态度正相关	0.186	2.634	支持
假设 H_6：易用认知与有用认知正相关	0.138	1.547	拒绝
假设 H_7：愉悦认知与态度正相关	0.345	5.026	支持
假设 H_8：愉悦认知与意向正相关	0.104	1.627	拒绝

续表

研究假设	完全标准化的参数估计值	t值	结论
假设 H₉：感官层体验与有用认知正相关	−0.085	−0.662	拒绝
假设 H₁₀：感官层体验与易用认知正相关	0.688	11.539	支持
假设 H₁₁：认知层体验与有用认知正相关	0.483	6.788	支持
假设 H₁₂：认知层体验与易用认知正相关	0.257	4.702	支持
假设 H₁₃：反思层体验与有用认知正相关	0.464	3.729	支持
假设 H₁₄：反思层体验与愉悦认知正相关	0.740	10.796	支持

从表4-32可知，模型M1中除了假设H_3、H_6、H_8和H_9被拒绝外，其余所有假设均得到了证实。因此，本研究将对理论模型M1进行修正，将初始模型中不显著的作用路径逐一进行删除，再运行结构方程模型检验，路径如图4-1所示。

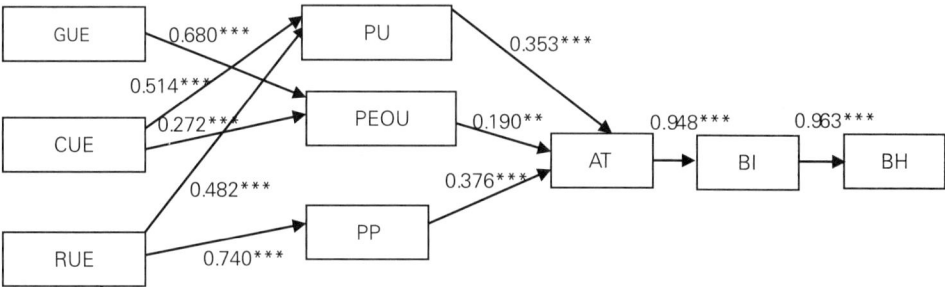

注：**p<0.01，***p<0.001

图 4-1　移动数字阅读 M1 修正模型的路径

修正模型M1中，除了认知层体验到有用认知的路径系数略高于原模型中对应系数，态度到意向的路径系数略高于原模型中对应系数外，其他路径系数值基本上与原模型对应数值相同，且全部达到显著性水平，具体值见表4-33。

表4-33　修正模型M1的路径系数

研究假设	完全标准化的参数估计值	t值	结论
假设 H₁：意向与采纳行为正相关	0.963	13.065	支持
假设 H₂：态度与意向正相关	0.948	12.779	支持
假设 H₄：有用认知与态度正相关	0.353	4.948	支持
假设 H₅：易用认知与态度正相关	0.190	2.911	支持
假设 H₇：愉悦认知与态度正相关	0.376	5.769	支持
假设 H₁₀：感官层体验与易用认知正相关	0.680	11.554	支持

续表

研究假设	完全标准化的参数估计值	t 值	结论
假设 H_{11}：认知层体验与有用认知正相关	0.514	7.873	支持
假设 H_{12}：认知层体验与易用认知正相关	0.272	5.083	支持
假设 H_{13}：反思层体验与有用认知正相关	0.482	7.571	支持
假设 H_{14}：反思层体验与愉悦认知正相关	0.740	10.815	支持

如表4-34所示，修正模型M1的拟合指数均符合建议值，说明样本数据与模型拟合程度较高。

表4-34　移动数字阅读修正模型M1的拟合指数

拟合指数	建议值	修正模型	拟合情况
绝对拟合指数（absolute index）			
χ^2/df	$\chi^2/df<3$	968.16/364=2.660	理想
近似误差平方根（RMSEA）	<0.1	0.062	理想
平均残差平方根（SRMR）	<0.08	0.050	理想
拟合优度（GFI）	>0.8	0.866	理想
相对拟合指数（relative index）			
常规拟合指标（NFI）	>0.9	0.970	理想
非常规拟合指标（NNFI）	>0.9	0.979	理想
比较拟合指数（CFI）	>0.9	0.981	理想
增值拟合指数（IFI）	>0.9	0.981	理想
简约拟合指数（parsimonious index）			
简约基准拟合指标（PNFI）	>0.5	0.869	理想
简约拟合指标（PGFI）	>0.5	0.725	理想

4.6.3　理论模型M2的假设检验及修正

为了检验本研究所提出的研究假设，利用LISREL8.70对模型M2进行检验，所得出的路径系数估计值如表4-35所示。在理论模型中所提出的16个研究假设中，除了H_2、H_4、H_6、H_{10}和H_{12}被拒绝外，其他的11个研究假设都得到证实。

表4-35　理论模型M2的假设检验结果

概念模型研究假设	模型路径	完全标准化的参数估计值	t 值	假设检验结果
假设 H_1：满意度与持续采纳意向正相关	SA → CBI	0.956	9.19	支持

概念模型研究假设	模型路径	完全标准化的参数估计值	t 值	假设检验结果
假设 H_2：有用认知与持续采纳意向正相关	PU → CBI	−0.055	−0.768	拒绝
假设 H_3：有用认知与满意度正相关	PU → SA	0.267	2.72	支持
假设 H_4：期望确认程度与满意度正相关	EC → SA	0.117	1.32	拒绝
假设 H_5：期望确认程度与有用认知正相关	EC → PU	0.196	2.75	支持
假设 H_6：易用认知和有用认知正相关	PEOU → PU	0.052	0.60	拒绝
假设 H_7：易用认知和满意度正相关	PEOU → SA	0.209	3.02	支持
假设 H_8：期望确认程度与愉悦认知正相关	EC → PP	0.342	3.71	支持
假设 H_9：愉悦认知与满意度正相关	PP → SA	0.317	3.97	支持
假设 H_{10}：愉悦认知与持续采纳意向正相关	PP → CBI	0.001	0.01	拒绝
假设 H_{11}：感官层体验和易用认知正相关	GUE → PEOU	0.671	10.09	支持
假设 H_{12}：感官层体验和有用认知正相关	GUE → PU	0.060	0.50	拒绝
假设 H_{13}：认知层体验和易用认知正相关	CUE → PEOU	0.280	5.02	支持
假设 H_{14}：认知层体验和有用认知正相关	CUE → PU	0.482	7.03	支持
假设 H_{15}：反思层体验和有用认知正相关	RUE → PU	0.254	2.03	支持
假设 H_{16}：反思层体验和愉悦认知正相关	RUE → PP	0.471	5.11	支持

根据表4-35的研究结论，需要对理论模型进行修正。在进行模型修正时，为了确保科学及严谨性，每次只对一个参数进行修正。依次处理如下：增加了期望确认程度对感知易用性影响，即EC→PEOU（可降低卡方值34.42）；删除了理论模型中没有显著影响的路径，依次为PP→CBI、GUE→PU、PEOU→PU、PU→CBI、EC→SA；在模型的修正过程中，认知层体验对感知易用性的影响路径不显著，因此删除CUE→PEOU的路径。修正后的模型检验结果如图4-2所示，修正模型的路径系数均通过显著性检验。如表4-36、表4-37所示，修正模型的拟合指数满足要求，此模型可以作为移动数字阅读用户体验动态阶段行为的修正模型。

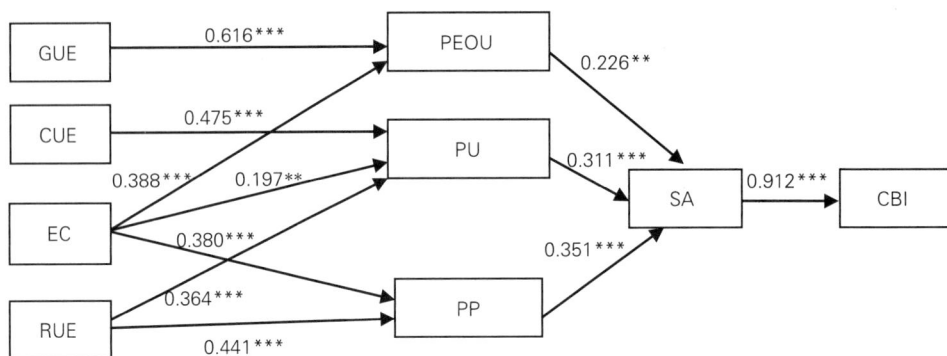

注：**p<0.01, ***p<0.001

图 4-2 移动数字阅读 M2 修正模型的路径

表4-36　修正模型M2的假设检验结果

概念模型研究假设	模型路径	完全标准化的参数估计值	t 值	假设检验结果
H_1：满意度与持续采纳意向正相关	SA → CBI	0.912	13.551	支持
H_3：有用认知与满意度正相关	PU → SA	0.311	4.094	支持
H_5：期望确认程度与有用认知正相关	EC → PU	0.197	3.013	支持
H_7：易用认知和满意度正相关	PEOU → SA	0.226	3.146	支持
H_8：期望确认程度与愉悦认知正相关	EC → PP	0.380	4.084	支持
H_9：愉悦认知和满意度正相关	PP → SA	0.351	4.847	支持
H_{11}：感官层体验和易用认知正相关	GUE → PEOU	0.616	10.190	支持
H_{14}：认知层体验和有用认知正相关	CUE → PU	0.475	7.837	支持
H_{15}：反思层体验和有用认知正相关	RUE → PU	0.364	5.197	支持
H_{16}：反思层体验和愉悦认知正相关	RUE → PP	0.441	4.784	支持
H_{17}：期望确认程度与易用认知正相关	EC → PEOU	0.388	7.101	支持

表4-37　修正模型M2的拟合情况

拟合指数	建议值	修正模型	拟合情况
绝对拟合指数（absolute index）			
χ^2/df	$\chi^2/df<3$	641.71/388=1.654	理想
近似误差平方根（RMSEA）	<0.1	0.039	理想
平均残差平方根（SRMR）	<0.08	0.035	理想
拟合优度（GFI）	>0.8	0.910	理想
相对拟合指数（relative index）			

续表

拟合指数	建议值	修正模型	拟合情况
常规拟合指标（NFI）	>0.9	0.980	理想
非常规拟合指标（NNFI）	>0.9	0.991	理想
比较拟合指数（CFI）	>0.9	0.992	理想
增值拟合指数（IFI）	>0.9	0.992	理想
简约拟合指数（parsimonious index）			
简约基准拟合指标（PNFI）	>0.5	0.874	理想
简约拟合指标（PGFI）	>0.5	0.759	理想

4.6.4 研究假设的讨论

（1）M1模型的结果分析

在移动数字阅读的初始采纳行为模型M1中，TAM模型中的主要变量对于初始采纳行为仍然具有很好的解释能力。TAM中的两个重要变量易用认知和有用认知，对于用户的态度存在显著影响，其中有用认知对态度的路径系数（$\beta=0.353$，$p<0.001$）大于易用认知对态度的路径系数（$\beta=0.190$，$p<0.01$）。作为新引入的变量，愉悦认知对于态度的路径系数（$\beta=0.376$，$p<0.001$）则大于有用认知和易用认知。这说明在初始采纳行为阶段，用户的愉悦认知对于态度具有显著的促进作用。虽然有用认知、愉悦认知对意向的路径作用不显著，但是通过态度的中介作用，对意向产生了间接的作用。而态度对意向和采纳行为都存在显著影响。

在M1模型中，用户体验作为前置变量，对采纳行为的有用认知、易用认知和愉悦认知都产生了不同程度的影响。感官层体验对有用认知的路径作用不显著，但是对易用认知存在显著的作用路径（$\beta=0.680$，$p<0.01$）；认知层体验对有用认知的路径系数（$\beta=0.514$，$p<0.001$）小于对易用认知的路径系数（$\beta=0.272$，$p<0.001$）；反思层体验对愉悦认知的路径系数（$\beta=0.740$，$p<0.001$）大于对有用认知的路径系数（$\beta=0.482$，$p<0.01$）。

（2）M2模型的结果分析

在移动数字阅读的持续采纳行为模型M2中，验证了ECM-ISC模型在移动数字阅读持续采纳行为研究方面的适用性，说明ECM-ISC作为理论基础具有合理性和充分的解释能力。ECM中的两个重要变量期望确认程度和满意度对持续采纳意向均存在直接或间接的作用路径。虽然有用认知对持续采纳意向的作用路径不显著，但是通过中介变量满意度依然对持续采纳意向产生间接影响。

在模型M2中，易用认知对有用认知的影响路径不显著，但是易用认知对满意度存在显著影响，说明在持续采纳阶段，易用认知能够显著提高用户的满意度，进而提高用户的持续采纳意向，而有用认知虽然对持续采纳意向不存在直接的作用路径，但是通过满意度对持续采纳意向存在间接作用。愉悦认知对满意度的路径系数为0.351，对持续采纳意向不存在显著影响，说明在持续采纳阶段，愉悦认知对满意度具有促进作用，进而对持续采纳意向具有促进作用。满意度对持续采纳意向的路径系数为0.912，说明在持续采纳阶段，满意度对持续采纳意向具有明显促进作用。期望确认程度对有用认知的路径系数为0.197，对愉悦认知的路径系数为0.380，对满意度的路径影响不显著。但是修正模型中增加的期望确认程度对易用认知的路径系数为0.388，说明在持续采纳阶段，期望确认程度对有用认知和易用认知都具有明显的促进作用。

实证检验结果充分表明，用户的持续采纳意向不仅仅受到ECM模型的变量影响，同时也受到易用认知、愉悦认知这些变量的影响。新纳入的愉悦认知变量通过满意度的中介作用影响用户的持续采纳意向。对于满意度而言，愉悦认知的路径系数（$\beta=0.351, p<0.001$）最大，其次是有用认知的路径系数（$\beta=0.311, p<0.001$），最后是易用认知的路径系数（$\beta=0.226, p<0.001$）。期望确认程度对易用认知的路径系数（$\beta=0.388, p<0.001$）最大，其次是对愉悦认知的路径系数（$\beta=0.380, p<0.001$），最小是对有用认知的路径系数（$\beta=0.197, p<0.001$）。期望确认程度对满意度的影响不显著，通过有用认知、易用认知和愉悦认知的中介作用间接影响满意度，从而提高用户的持续采纳意向。

对用户体验层次维度的研究，感官层体验对易用认知的路径系数（$\beta=0.616, p<0.001$）显著，而对有用认知的假设不成立。而认知层体验对有用认知的路径系数（$\beta=0.475, p<0.001$）显著，对易用认知的路径作用不显著。反思层体验对愉悦认知的路径系数（$\beta=0.441, p<0.001$）大于对有用认知的路径系数（$\beta=0.364, p<0.001$）。

（3）模型的对比分析

本研究涉及两个模型的假设验证，因此本节将两个模型的验证结果进行比较分析。

第一，感官层体验与有用认知、易用认知的关系。

在模型M1和模型M2中，感官层体验对有用认知均不存在显著影响；而感官层体验与易用认知的路径系数分别为0.680和0.616，说明移动数字阅读服务产品的感官层体验对用户易用认知存在明显的促进作用。

第二，认知层体验与有用认知、易用认知的关系。

在模型M1和模型M2中，认知层体验与有用认知的路径系数分别为0.514和0.475，说明移动数字阅读服务产品的认知层体验对用户有用认知存在明显的促进作用。在模型M1中，认知层体验对易用认知的路径系数为0.272；而在模型M2中，认知层体验对易用认知的路径系数不显著。

第三，反思层体验与有用认知、愉悦认知的关系。

在模型M1和模型M2中，反思层体验与有用认知的路径系数分别为0.482和0.364，反思层体验与愉悦认知的路径系数分别为0.740和0.441，说明无论在用户的初始采纳阶段还是持续采纳阶段，反思层体验中的价值、情感和品牌要素都会对用户的有用认知和愉悦认知产生重要的影响。

4.6.5 变量之间的效应关系

在结构方程模型中，若变量之间的路径系数显著，则存在直接影响，但变量之间也可以通过一个或多个中介变量带来间接影响。从图4-1和图4-2可以看出，模型中变量之间不仅有直接效应，还存在着间接效应，根据变量之间的显著路径系数，进一步计算出模型中M1潜变量之间的总效应，如表4-38所示。

表4-38　修正模型M1变量之间的总效应

潜变量	GUE	CUE	RUE
PU	—	0.514	0.482
PEOU	0.680	0.272	—
PP	—	—	0.740
AT	0.129	0.233	0.448
BI	0.122	0.221	0.425
BH	0.118	0.213	0.409

在移动数字阅读的初始采纳的修正模型M1中，用户体验的三个维度对认知、情感和行为等内生潜变量都存在直接或间接的影响。从表4-38可以看出，用户体验的三个维度中，感官层体验对有用认知不存在影响，而认知层体验和

反思层体验两个维度对于有用认知的影响效应依次为0.514和0.482，认知层体验的影响较大。对于易用认知，用户体验的三个维度中，反思层体验不存在影响，而感官层体验和认知层体验对于易用认知的影响效应为0.680和0.272，感官层体验的影响较大。对于愉悦认知，用户体验的三个维度中仅有反思层体验对于愉悦认知有影响，总效应为0.740。用户体验的感官层体验、认知层体验和反思层体验三个维度对用户采纳行为的影响效应依次为0.118、0.213和0.409，说明在移动数字阅读的初始采纳行为中，反思层体验的影响最大，其次是认知层体验，而感官层体验的影响最小。

在移动数字阅读的持续采纳行为模型M2中，虽然愉悦认知、有用认知对持续采纳意向的作用研究假设在模型中未得到证实，但通过中间变量满意度，仍然对持续采纳意向存在间接的影响；而用户体验的三个维度虽然在模型中对持续采纳意向没有直接影响，但通过中间变量易用认知、有用认知和满意度，依然对持续采纳意向产生间接的影响作用。通过结构方程模型的检验结果，可以得出模型中潜变量之间存在的总效应，如表4-39所示。

表4-39　模型M2中潜变量之间的总效应

潜变量	GUE	CUE	RUE	EC
PU	—	0.475	0.364	0.197
PEOU	0.616	—		0.388
PP	—	—	0.441	0.380
SA	0.139	0.148	0.268	0.282
CBI	0.127	0.135	0.244	0.258

在移动数字阅读持续采纳行为的修正模型M2中，用户体验的三个维度和期望确认程度对于内生潜在变量都存在直接或间接的影响。从表4-39可以看出，感官层体验对于易用认知的影响效应为0.616；认知层体验和反思层体验对于易用认知和有用认知的影响效应为0.475和0.364，认知层体验的影响最大；期望确认程度对于有用认知、易用认知和愉悦认知的影响效应为0.197、0.388和0.380；而感官层体验、认知层体验、反思层体验和期望确认程度对持续采纳意向的影响效应依次为0.127、0.135、0.244和0.258，期望确认程度的影响最大，其次是反思层体验、认知层体验，最后是感官层体验。

4.6.6 模型解释能力

可以通过计算路径系数和 R^2 的值来对结构方程模型进行检验，其中路径系数说明了结构变量之间的作用路径方向和作用的大小，而 R^2 的值则表示作为因变量的潜在变量能够被其前面作为自变量的潜在变量解释的程度，也被称作模型的解释能力。结构方程模型的路径系数估计在前面章节已经给出，而模型的预测能力 R^2 如表4-40所示。从表4-40中可以看出，对于初始采纳行为模型M1，最后的内生潜在变量——行为，被其前面的潜在变量解释的能力达到92.7%；对于持续采纳行为模型M2，最后的内生潜在变量——持续采纳意向，被其前面的潜在变量解释的能力达到83.3%，充分说明本研究中所引入的变量是合理的，能够用来解释用户对移动数字阅读产品的采纳行为。

表4-40 模型解释能力的比较

模型	潜在变量					
M1	PU	PEOU	PP	AT	BI	BH
	0.851	0.762	0.548	0.648	0.899	0.927
M2	PU	PEOU	PP	SA	CBI	
	0.862	0.789	0.593	0.620	0.833	

4.7 研究结论及启示

4.7.1 结果讨论

本节从用户体验角度，分析了移动数字阅读用户体验维度与用户采纳行为意向之间的关系。将用户体验有机地整合到TAM和ECM-ISC模型中，有效提高了该模型的解释力。[①]研究发现各潜变量能够很好地预测用户采纳行为，对于初始采纳行为模型，共同解释了92.7%的采纳行为的方差变异量；而对于持续采纳行为模型，共同解释了83.3%的持续采纳意向的方差变异量。

（1）用户认知对于采纳行为的影响：在初始采纳行为阶段，有用认知、易用认知和愉悦认知对于采纳行为均有不同程度的作用，且均通过态度来间接影响意向和采纳行为，其中愉悦认知的作用路径系数最大。而在持续采纳行为阶

---

① 李君君，叶凤云，曹园园.移动数字阅读用户体验动态行为模型及实证研究[J].现代情报，2019，39（3）：25-34，149.

段，有用认知、易用认知和愉悦认知对于满意度均有不同程度的影响，间接地促进持续采纳意向，同样是愉悦认知的作用路径系数最大。在ECM-ISC模型中，仅有有用认知这一认知变量，为了更完整地考虑用户的认知和情感，在本研究的模型中引入了易用认知和愉悦认知两个变量。通过实证发现，期望确认程度对于有用认知、易用认知和愉悦认知也存在显著的影响，且在持续采纳行为阶段，用户的期望确认程度对于持续采纳意向的总效应为最高，说明用户在使用移动数字阅读的过程中，除了重视阅读内容的有用性，也会关注阅读产品的易用性设计以及娱乐功能的开发。

（2）用户体验对于用户认知的影响：对于用户体验的三个维度，无论在初始采纳行为模型还是持续采纳行为模型中，对用户认知都产生了显著的作用。在初始采纳行为阶段和持续采纳行为阶段，感官层体验对易用认知的作用都较明显；在初始采纳行为阶段，认知层体验明显作用于有用认知，而在持续采纳行为阶段，认知层体验也明显作用于有用认知。反思层体验无论在初始采纳行为模型还是持续采纳行为模型中，都明显作用于用户的愉悦认知。从变量之间的效应关系可以看出，无论对于初始采纳行为还是持续采纳行为，反思层体验的效应最大，其次是认知层体验，最后是感官层体验。因此，移动数字阅读产品的设计不能只关注产品阅读功能的层面，良好的用户体验需要兼顾产品功能，同时将用户的需求以视觉化的方式呈现，给用户的阅读带来轻松愉悦的体验。

4.7.2　实践启示

随着移动互联网的发展和深入，用户的移动数字阅读更加需要社交化、个性化，从本章对于移动数字阅读用户初始采纳行为和持续采纳行为两方面的实证分析得出，用户体验的三个维度对于用户的采纳行为均产生了重要的影响。移动数字阅读产品在设计的过程中一定要从用户的需求角度出发，为用户带来愉悦、满足的整体体验。

4.7.2.1　提高期望确认程度

对于移动数字阅读用户的持续采纳行为模型，期望确认程度对于易用认知的影响最大（β=0.388，$p<0.001$），愉悦认知次之（β=0.380，$p<0.001$），有用认知最小（β=0.197，$p<0.001$）。

期望确认程度通过易用认知、有用认知、愉悦认知等因素影响满意度，进而影响持续采纳意向，对于持续采纳行为的总效应为最大（0.258）。移动数字阅读用户的使用期望是确定的，而有用认知、易用认知、愉悦认知和满意度在采纳的过程中会随着时间的推移发生改变，这就要求移动数字阅读服务提供商以用户为中心，高度关注用户体验，努力改善产品的服务质量，缩小用户的期望和实际的差距，提高用户的期望确认程度，进而影响用户的持续采纳意向。

4.7.2.2　重视反思层体验，增强愉悦认知

实证检验结果表明，在初始采纳行为模型中，反思层体验对于愉悦认知有显著影响（$\beta=0.740$，$p<0.001$），大于对有用认知的影响（$\beta=0.482$，$p<0.001$）；在持续采纳行为模型中，反思层体验对于愉悦认知也同样存在显著影响（$\beta=0.441$，$p<0.001$），大于对有用认知的影响（$\beta=0.364$，$p<0.001$）。因此，通过愉悦认知和有用认知的中介作用，反思层体验对于用户的采纳行为和持续采纳意向均产生了显著影响。在持续采纳行为模型中对于持续采纳意向的总效应为0.244，位居第二；而在初始采纳行为模型中，对于采纳行为的总效应最大，为0.409。因此，本部分将从价值体验、品牌体验和情感体验等方面提出解决策略，以提升用户的反思层体验，增强用户的有用认知和愉悦认知。

在移动数字阅读的交互体验方面，可以让用户进行更多的互动和分享行为。用户在使用移动数字阅读的过程中，可以随时添加注释、撰写评论、分享观点、参与讨论、抒发内心感受，使情感需求得到满足。这些元素不仅能发挥阅读产品的功能，还能够成为维系社交的纽带，营造愉悦的社交体验。移动数字阅读产品要通过大数据和个性化定制，来获取用户感兴趣或所需的信息；在充分收集分析用户行为数据的基础上，为用户推荐有针对性的内容。因此需要提供商建立用户数据库，存储记录用户的浏览习惯、阅读爱好等信息，通过有针对性的服务促进用户的持续使用行为。在使用过程中，充分考虑人性化的设置，如字体大小、行距、横竖版面转换等。

4.7.2.3　完善产品内容，提升认知层体验

实证检验结果表明，在初始采纳行为模型中，认知层体验对有用认知有显著影响（$\beta=0.514$，$p<0.001$），大于对易用认知的影响（$\beta=0.272$，$p<0.001$），在持续采纳行为模型中，认知层体验对有用认知存在显著影响（$\beta=0.475$，$p<0.001$）。因此通过有用认知和易用认知的中介作用，认知层体验对于用户的采纳行为和持续采纳意向均产生了显著影响。在初始采纳行为模型中，对于采

纳行为的总效应为第二（0.213）；而在持续采纳行为模型中对于持续采纳意向的总效应为0.135，位居第三。本部分将从系统体验、内容体验和功能体验等方面提出解决策略，以提升用户的认知层体验，促进用户的有用认知和易用认知。

根据移动阅读终端的特点，服务提供商应从系统设置、阅读操作等方面提升产品的易用程度，进而促进用户的采纳行为。因此，在设计的过程中必须满足用户的心智模型，简化用户的注册、订阅等操作流程，增加用户的操作舒适度，提高产品的翻页速度和运行效率。数字阅读产品的提供商应越来越重视数字资源内容的建设和整合，进一步拓展作品的种类，提升阅读内容的质量和丰富程度。随着用户的不断细分，能针对不同的用户群体提供有针对性的资源。用户在使用移动数字阅读时，可以获取内容丰富的图书、期刊、报纸、资讯和自媒体的资源。除此之外，可以拓展听书、游戏、实体出版、短视频等形式的业务内容，增强内容的精彩性，提升对用户的吸引力。在移动阅读的过程中，用户的角色从传统阅读的被动接受者变成了内容的积极创造者，为了拓展数字资源的来源，可以鼓励更多的原创作品，以丰富平台的内容资源。通过对用户创作内容的整合，可以有效提升资源的利用价值。

4.7.2.4 改善界面设计，优化感官层体验

实证检验结果表明，在初始采纳行为模型中，感官层体验对于易用认知有显著的影响（$\beta=0.680$，$p<0.001$），在持续采纳行为模型中，感官层体验对于易用认知同样存在显著影响（$\beta=0.616$，$p<0.001$）。通过易用认知的中介作用，感官层体验对于用户的采纳行为和持续采纳意向均产生了显著影响，并且在初始采纳行为模型中，对采纳行为的总效应为0.118；在持续采纳行为模型中，对持续采纳意向的总效应为0.127。因此，本部分将从视觉体验、浏览体验和信息体验等方面提出解决策略，以提升用户的感官层体验，提高用户的易用认知。

用户对于产品的首要体验来源于界面，人性化的界面设计能提高用户对于移动数字阅读的易用认知。因此，界面视觉设计所突出的氛围至关重要。在数字阅读产品的使用过程中，用户可以通过感官（视觉、听觉、触觉）体验来降低人机交互中的复杂程度。移动数字阅读产品通过提供舒适的阅读界面、清晰的信息展示和丰富的信息内容，给用户带来良好的阅读体验，进而影响用户的采纳意向和行为。

因此在界面设计方面需要综合考虑多个因素，为了提升用户的感官体验，

可以为用户提供语音、文字等多种模式，以减少视觉疲劳；可以随着环境变化自动进行亮度的调节；可以随意调整页面缩放比例以及柔和的背景光线。在风格统一方面，整个产品的风格要保持一致，包括色彩、尺寸、图标、布局等元素均要保持统一。作为移动数字阅读产品，首要的功能是传达信息，要能准确清晰地将用户需求信息传递出来。需要根据用户的使用情境来选择合适的色调，选择单一色调作为产品的主色调，利用邻近色或同类色实现信息层级的区分。同时在背景颜色和文字颜色选择上，要遵循对比原则，凸显文字信息，在内容层次方面进行区分，提高内容的辨识性。

第5章　理论模型的实证二：在线旅游服务

随着互联网技术的融入，以携程、飞猪、途牛等旅游网站为代表的在线旅游服务企业发展迅速，通过为用户提供各种便捷的票务服务、住宿预定、旅游攻略和目的地推荐等服务，逐渐深入用户的日常生活，并且在盈利模式、服务管理模式、营销方式等方面实现了创新。在线旅游服务是电子商务环境下应运而生的新型旅游服务的商业模式，满足了用户多样化的需求，在提供产品和服务过程中，用户体验对于用户的采纳行为具有重要的影响。

5.1　在线旅游服务的发展现状

在线旅游服务主要指用户通过互联网、移动互联网的方式进行旅游产品或服务的信息查询、产品预订以及旅行经验的分享。从需求角度来看，用户通过在线旅游服务平台，能够进行产品（机票、酒店、门票等）的查询、预订等操作行为；从提供者的角度看，在线旅游服务提供商依据互联网信息技术，为用户提供便捷的预订服务，使得用户的选择更加多元化。大多数文献针对国内外在线旅游服务业的特征，研究了不同商业模式的特点，以及如何借鉴成功的商业模式，增强在线旅游服务企业的竞争优势，推动在线旅游服务的持续性发展。

艾瑞资讯的数据显示，2017年中国在线旅游市场交易规模为7384.1亿元，较2016年增长了25.1%。其中，PC端使用人群较为固定，全年波动幅度比较小，呈现平稳态势；而移动端的月度覆盖人数与2016年同期相比呈整体增长趋势。随着移动互联网的进一步发展，用户对于移动端的接受程度和使用频次会随之大幅度增高。

5.1.1　在线旅游服务特征

（1）交互性

随着信息技术的应用，在线旅游服务平台提供了大量关于旅游产品的信息，给用户提供了视觉、听觉的全新旅游体验。

（2）便捷性

在线旅游服务提供商利用互联网技术的优势，随时为用户提供相关的旅游服务，实现24小时服务，利用网络进行推广，实时地处理订单，带给用户更多的便利。满足旅游用户的信息查询、产品预定和服务评价的功能。

（3）服务性

在线旅游服务是为用户提供旅游产品和服务的，属于服务型行业，应以用户为中心，提供优质便捷的服务，通过提供高质量的服务来吸引更多的用户，而稳定的系统、丰富的旅游产品、优质的售后服务等都能提升网站的服务质量。

5.1.2　在线旅游服务用户决策行为

Engel，Kollat和Blackwell三位学者针对消费者行为提出了E.K.B模式，指出系统完整的消费者行为应该包括消费者购买决策过程和消费者的行动两个部分。[1]其中，购买决策过程主要是消费者的态度形成阶段，是指消费者在使用产品或服务之前所产生的心理认知和行为意向；而消费者的行动是指消费者真正实施购买的阶段。这两个部分在现实的消费者行为中是互相影响、互相渗透的，形成了对消费者行为的完整理论解释。因此，在研究消费者行为的过程中，要理解购买决策过程所发挥的关键作用，因为消费者的决策过程（包括决策与否、决策内容和决策质量）都会对购买行为的发生与否、购买方式、时间、频率等产生重要的影响。

对于在线旅游服务的用户而言，享受旅游平台提供的各类产品和服务即根据所获取信息进行购物决策的过程。在此决策过程中，用户的决策行为可以分为需求认知、信息搜集、比较评价、购买决策和购后评价五个阶段，每个阶段都会围绕特定目标解决问题。

阶段一：需求认知。在此阶段，用户并不清楚自己需要什么，而网站作为

---

[1]　Engel J F，Kollat D T，Blackwell，R D. Consumer Behavior[M]. Chicago Dryden，1993.

外部的促进因素，可以帮助用户明确需求。因此，网站可以通过设置搜索引擎、网络广告、体验服务等吸引用户，使用户产生购买兴趣。

　　阶段二：信息搜集。在线旅游服务的优势在于可以为用户提供更多的旅游产品信息，而通过快捷的信息检索功能可以使用户获取更多有用的信息，可以最大限度发挥用户的积极主动性。用户一方面可以根据自己掌握的信息进行查询；另一方面，可以在网站上发布自己对某类产品的需求信息，以得到其他用户的帮助。

　　阶段三：比较评价。在服务平台上，用户对机票、住宿等产品的相关信息，进行比较评价。

　　阶段四：购买决策。由于旅游消费过程不涉及物流环节，用户可以同服务提供商及时地进行沟通与交流，以进行购买决策。

　　阶段五：购后评价。这是消费者行为的最后一个阶段，是消费者对于整个决策过程中使用体验进行的反馈。如果消费者是满意的，通过平台发布好评可以吸引更多的消费者，无形中帮助企业产品做推广。而如果消费者是不满意的，则提供商要与消费者保持良好有效的沟通，对产品和服务进行补充和完善。同时收集更多的用户评价，可以获取用户的潜在需求，挖掘出更多的新产品和新市场，保持产品服务的竞争优势。

5.1.3　在线旅游服务用户交互行为

　　用户使用在线旅游服务平台进行交易时，会依据平台操作过程中心理、认知和行为的变化产生不同的交互行为，主要可以分成感官交互、信息认知交互和操作行为交互。

　　感官交互是初次使用在线旅游服务平台的用户对于网站形成的直观感觉，这种感觉来源于网站的界面设计、视觉风格等方面的直观印象，属于用户的本能反应，会影响用户视觉效果和浏览体验。信息认知交互是用户在网站使用过程中，随着使用次数的增多和经验的丰富，对平台的心理认知产生改变，与用户的个人特征，如性别、年龄、受教育程度等因素有关系。操作行为交互是用户使用平台功能完成交易任务的过程，在具体过程中可以分为两种交互行为。一种是漫游性交互行为，即用户的初衷只是进行产品或服务的浏览，或是产品的收藏，这些都不属于购物相关的行为；另一种是目的性交互，用户有明确的购物意向，有目的地进行旅游相关产品和服务的检索、价格的比较、与商家的互动交流、在线下单和支付等相关的购物行为。

5.2　在线旅游服务的相关研究主题

5.2.1　在线旅游服务的用户体验

Pucillo和Cascini提出移动商务用户众多但转化率不高的重要原因就是用户体验较差。[①]因此，在线旅游服务行业中越来越多的学者重视从用户体验的角度来研究在线旅游服务。现有文献对于在线旅游服务平台的用户体验研究，主要是针对在线旅游服务的特点和用户行为，以提取用户体验的要素。

马朋提出了基于用户体验的在线旅游服务质量评价模型，并利用验证性因子分析得出内容性体验、交互性体验、感受性体验、个性化体验和安全性体验5个一级指标。[②]

张永娜从用户体验角度，提取出在线旅游服务质量的4个公因子，分别是交互性体验、内容性体验、个体感受性体验和安全体验，并对国内10家在线旅游平台进行服务质量的调查和分析。[③]

毛海燕将用户体验划分为感官体验、服务性体验、交互性体验、安全性体验和便利性体验，探讨用户体验、感知价值和用户满意度之间的关系，通过文献调研、问卷调查、结构方程模型检验，证实除交互性体验外，其他4个维度都正向影响感知价值，并通过感知价值的中介作用影响用户满意度。[④]

关海燕将在线旅游网站用户的消费过程分为用户注册/登录、产品搜寻、产品预订和社区互动4个阶段，对每个阶段用户体验的影响因素通过多元回归分析进行实证检验，发现产品预订阶段对于用户体验的影响最大，且每个阶段的重要影响因素也不尽相同。在产品预订阶段，用户关注的是产品的多样性和实用性；在信息搜寻阶段，用户关注信息的丰富性和生动性；在注册/登录阶段，主

---

① Pucillo F，Cascini G.A framework for user experience，needs and affordances[J].Design Studies，2014，35（2）：160–179.

② 马朋.基于用户体验的移动互联网在线旅游服务质量影响因素研究[D].湘潭：湘潭大学，2014.

③ 张永娜.我国在线旅游平台服务质量评价与提升研究[D].桂林：广西师范大学，2017.

④ 毛海燕.旅游APP用户体验对用户满意度的影响研究[D].西安：长安大学，2018.

要关注便捷性；在社区互动阶段，主要关注他人的消费评价。[①]

张洁等人指出，用户体验的提升可以提高在线旅游服务企业的竞争优势，使得网站能够长期稳定地运营，构建了电子商务网站用户体验评价模型，通过问卷调查和数据分析，确定了评价维度及其指标。[②]Sun等学者从用户体验的角度研究影响旅游网站质量的关键要素，利用决策树算法发现易用性、信息质量、个性化、灵活性等要素是用户评价旅游网站的重要变量。[③]刘伟伟针对旅游网站服务质量研究，提出了包括交互体验、信任体验、情感体验、感官体验和浏览体验5个维度的质量评价指标体系。[④]

5.2.2 在线旅游服务的用户采纳行为研究

在线旅游服务中的用户采纳行为主要指消费者的购物行为，因此，很多学者从影响用户购买意愿的角度进行分析，期望探讨出影响用户购买意愿的因素。

Ayeh等学者对技术接受模型进行修正，加入了可信性、感知相似性和感知娱乐性，构建出在线旅游消费者的行为模型，并通过实证检验表明UGC（user generated content，用户生成内容）对于用户的行为具有显著的影响。[⑤]Agag 和 El-Masry基于创新扩散理论和技术接受模型，通过实证分析的方法对在线旅游服务的消费动机进行研究，结果证明宗教信仰是影响消费者动机的关键要素。[⑥]Silva等学者通过对线上用户和线下用户的调查结果，分析用户信任度、满意度和忠诚度之间的关系，研究发现，在线旅游服务中，必须综合考虑感知

① 关海燕.在线旅游网站用户体验的影响因素研究[J].经济研究导刊，2018（8）：108-113.

② 张洁，赵英，余红.B2C电子商务网站用户体验评价研究[J].情报科学，2013，31（12）：84-89，94.

③ Sun P，Cardenas D A，Harrill R.Chinese customers' evaluation of travel website quality：A decision-tree analysis[J].Journal of Hospitality Marketing & Management，2016，25（4）：476-497.

④ 刘伟伟.基于用户体验的B2C旅游电子商务网站服务质量评价研究[D].大连：大连理工大学，2017.

⑤ Ayeh J K，Au N，Law R.Predicting the intention to use consumer-generated media for travel planning[J].Tourism Management，2013（35）：132-143.

⑥ Agag G，El-Masry A A.Understanding consumer intention to participate in online travel community and effects on consumer intention to purchase travel online and WOM：An integration of innovation diffusion theory and TAM with trust[J].Computers in Human Behavior，2016（60）：97-111.

价值和信任度，才能提高用户的忠诚度。①Mallat和Rossi基于技术接受模型研究使用情境对移动订票服务的影响，研究证明感知有用性和移动性会通过使用情境的中介作用显著影响用户，而使用情境对于匹配程度和感知易用性没有显著作用。②Eriksson和Strandvik结合技术接受模型和创新扩散理论等理论，指出影响旅游者接受移动旅游服务意向的因素包括个性特征、感知易用性、感知风险、感知价值和社会影响，实证检验结果证实影响旅游者接受意向的关键因素是感知价值，其次是感知易用性。③

在研究在线旅游预订意向时，江金波等学者主要研究了旅游电子商务成熟度的影响，并利用结构方程模型和因子分析，验证出影响客户信任的最关键因素是交易机制，其次是信息质量。④

李东和等人基于技术接受模型，根据旅游APP的特征，分析出影响旅游APP下载使用行为的影响因素包括感知有用、感知易用和感知风险。张凤玲将网络外部性理论和技术接受模型进行整合，引入了成本费用和网络外部性，构建旅游电子商务用户行为模型。⑤关于在线旅游服务采纳行为过程中的影响因素，国内学者主要以技术接受模型为基础进行实证检验，具体如表5-1所示。

表5-1 在线旅游服务采纳行为的实证研究

作者/年份	研究主题	理论基础	样本数	分析工具、分析方法	研究结论
宋丽君（2010）	网上旅游预订意向	TAM、TRA、TPB	190	因子分析、聚类分析、相关分析	感知易用是影响用户旅游预订态度的关键因素，而感知有用是影响用户态度的重要因素，感知风险中的商家风险会阻碍用户的使用态度

① Silva G M，Goncalves H M.Causal recipes for customer loyalty agencies: Differences between online and offline customers[J].Journal Research，2016，69（11）：5512-5518.
② Mallat N，Rossi M，Tuunainen V K.The impact of use context on mobile services acceptance: The case of mobile ticketing[J].Information & Management，2009，46（3）：190-195.
③ Eriksson N，Strandvik P.Possible determinants affecting the use of mobile tourism services[C]// Filipe J，Obaidat M S.E-Business and telecommunications.Springer Berlin Heidelberg，2009：61-73.
④ 江金波，梁方方.旅游电子商务成熟度对在线旅游预订意向的影响——以携程旅行网为例[J].旅游学刊，2014，29（2）：75-83.
⑤ 李东和，张鹭旭.基于TAM的旅游App下载使用行为影响因素研究[J].旅游学刊，2015，30（8）：26-34.

续表

作者 / 年份	研究 主题	理论 基础	样本数	分析工具、 分析方法	研究结论
宋之杰 （2013）	旅游产品购买意愿影响因素	TRA、 TPB、 TAM、 IDT	532	SPSS/ AMOS 信度、效度 / 模型检验	感知有用性、感知易用性、感知风险、创新特性以及主观规范均是影响消费者购买网上旅游产品意愿的重要因素，并且具有显著影响
李琳琳 （2014）	移动终端预订意向研究	TAM	405	因子分析、 相关分析、 回归分析	影响旅游者态度的关键因素是感知有用性，其次是感知易用性、感知移动性和感知娱乐性；个体创新性和信任具有调节作用
李东和等 （2015）	旅游 APP 下载使用行为影响因素	TAM	283	SPSS/ AMOS 信度、效度 / 模型检验	感知有用和感知易用显著影响行为；感知风险对态度和行为不具有显著作用；感知易用显著影响感知有用
孙天月 （2015）	移动旅游用户接受行为	UTAUT	252	SPSS/ AMOS	绩效期望、社会影响、享乐动机显著正向影响行为意愿；易用期望和低价权衡的作用不显著
张坤等 （2016）	旅游 APP 用户使用影响因素	UTAUT、 TTF	263	信度、效度检验 路径分析， 模型修正	努力期望、绩效期望、信任感知和社会影响对使用意愿具有显著作用；任务技术匹配度和努力期望对绩效期望有显著作用；便利条件对使用行为的作用不显著
黄丽英等 （2017）	使用意愿影响因素	UTAUT	388	因子分析、 结构方程 模型	促成因素、社群影响、绩效期望和努力期望都正向影响使用意愿，且影响程度依次降低
钟夏娇 （2017）	旅游 APP 用户接受行为	DTPB	344	信度、效度检验 路径分析	感知愉悦和感知效用显著影响态度；感知风险对态度的作用不显著；同伴影响和外界影响对于主观规范具有显著作用；便利条件和自我效能对于感知行为控制具有显著作用
杨彩霞 （2018）	预订类 APP 用户持续使用行为	ECM、 ACSI	247	相关分析、 结构方程 模型	期望确认显著影响感知有用性；感知有用性、信任、满意度显著正向影响持续使用意愿；确认程度、转换成本、感知质量显著作用于满意度

5.2.3　在线旅游服务的质量评价研究

国外学者对于在线旅游服务网站服务质量的研究进行得比较早，也从不同的角度进行了服务质量的维度探索。

Kaynama和Black对SERVQUAL模型进行改进，充分考虑在线旅游服务的特点，将导航、内容、设计、响应性、可进入性、个性化、背景信息7个维度视为衡量在线旅行服务网站服务质量的重要因素。[①]其中个性化代替SERVQUAL量表中的移情性；导航、设计、可进入性代替SERVQUAL量表中的有形性；背景信息代替SERVQUAL量表中的保证性。

Ho和Lee等学者提出了电子旅行在线服务质量的测量需要从信息质量、安全性、网站功能、客户关系和响应性5个要素进行考虑，并通过实证检验给出5个要素的二级指标，研究发现网站功能和客户关系是提升服务质量的最关键因素，而且服务质量能够提高用户的满意度和忠诚度。[②]

Conyette在理性行为理论的基础上进行研究，发现群体态度、价格优惠、安全性、便利性都会影响用户的在线旅游预订意向。[③]Wei等人从可用性特征出发，提出了包含36项指标的在线移动订票系统模型W-MAT（web-based mobile airline ticketing）的可用性评价体系。[④]Madlberger引入信息系统成功模型中的信息质量、系统质量和服务质量，对技术接受模型和用户满意度进行整合，研究在线旅游服务行为的驱动因素。[⑤]

随着在线旅游服务的应用，国内学者开始对服务质量问题进行研究。对于在线旅游服务满意度的影响，秦保立以顾客价值理论为基础，通过因子分析确定交互价值、社会价值、功能价值、情感价值和体验价值是在线旅游用户价值

① Kaynama S A，Black C I. A proposal to assess the service quality of online travel agencies：An exploratory study[J]. Journal of professional services marketing，2000，21（1）：63-88.

② Ho C I，Lee Y L.The development of an e-travel service quality scale[J].Tourism Management，2007，28（6）：1434-1449.

③ Conyette M.Modeling factors that influence online travel booking[C].Proceedings of the International Conference on E-Business，New York：IEEE，2011：205-210.

④ Wei J，Ozok A.Development of a web-based mobile airline ticketing model with usability features[J].Industrial Management & Data Systems，2005，105（9）：1261-1277.

⑤ Madlberger M.Integrating the technology acceptance model and satisfaction to understand drivers of online travel booking behavior[C]//Web information systems and technologies.Berlin：Springer International Publishing，2014：8-13.

的5个维度。①罗昭君指出在影响在线旅游服务质量的因素中,用户的易用性认知、安全性认知、价格优势认知和社群影响对于用户的购买意向存在显著正向作用;平台支持能力显著影响网站的易用性;网站品牌显著影响用户的社群影响。②张广宇等通过结构方程模型进行实证检验,指出在线旅行网站服务质量的评价模型包括功能性、履行性、经济性、保障机制和信息质量5个维度。③张科则以SERVQUAL模型为基础,提出在线旅游服务质量的提升需要关注信息质量的传递、网站的易用性、个性化服务体系、交易安全性和多样性以及服务反馈的效率和态度等因素。④除此之外,众多国内的学者以各种服务质量模型为基础构建出了在线旅游服务的各种质量评价维度,如表5-2所示。

表5-2 在线旅游服务的质量评价维度研究

作者/年份	研究主题	模型基础	研究方法	质量评价维度
孙灵（2006）	旅行社网站质量	SERVQUAL	相关分析、回归分析	系统质量（可进入性、导航功能、网站外观），信息质量（信息准确性、适当性、易懂性），服务互动（信任、服务互动、在线交易）
张卫卫（2010）	电子旅游服务质量	E-S-QUAL	因子分析、相关分析	响应性、易用性、有形性、信息质量、安全性、可靠性和移情性
许展晶（2012）	旅游景区网站服务质量	SERVQUAL E-SERVQUAL	因子分析、结构方程模型	信息内容、有形性、可靠性、安全性、易用性、响应性、关怀性
张广宇（2012）	在线旅行社服务质量	E-SERVQUAL	结构方程检验	信息质量、经济性、功能性、履行性、保障机制
印倩（2013）	移动旅游APP	SERVQUAL	因子分析	有形性、安全性、响应性、可靠性和移情性5个维度和18个细分指标
丁娟（2014）	在线旅行社服务质量	WEBQUAL	熵权法	可用性、信息质量和交互服务质量3个一级指标
范珑（2016）	在线旅游网站服务质量	SERVQUAL	因子分析、回归分析	网站界面、易用性、信息质量、响应性、经济性、安全性

① 秦保立.在线旅游预订服务的顾客价值、涉入与忠诚研究[D].广州:华南理工大学,2011.
② 罗昭君.消费者在线订购旅游产品的影响因素分析[D].广州:华东理工大学,2014.
③ 张广宇,张梦.基于OTA的在线旅行预订服务质量研究[J].旅游研究,2012（4）:66-71.
④ 张科. 基于SERVQUAL模型的在线旅游服务质量提升途径研究[J]. 当代旅游旬刊,2013:6-8.

续表

作者 / 年份	研究主题	模型基础	研究方法	质量评价维度
吴婷婷（2016）	在线旅游服务质量评价	感知质量	因子分析	用户界面、信息质量、安全性、互动性、易用性、出游体验和售后跟踪 7 个评价维度和 26 个评价因子
牛钟磊（2016）	移动旅游服务质量评价	SERVQUAL	因子分析、模糊综合评价法	价值性、适用性、可用性、易查找性、可靠性、易寻性、合意性 7 个维度和 28 个二级指标
赖玲玲，彭丽芳（2017）	在线旅游电子服务质量	SERVQUAL	因子分析、模糊综合评价法	在线交易服务质量、信息系统服务质量、客户服务质量、服务内容质量 4 个一级指标 22 个二级指标
魏佳（2018）	在线旅游网站服务质量	SERVQUAL	回归分析	信息质量、有形性、响应性、可靠性、易用性、关怀性、经济性、安全性

通过对国内外相关研究文献的总结，可以看出学者们从用户体验视角、采纳行为和质量评价等角度对在线旅游服务进行了探讨，而对于如何结合用户体验去研究采纳行为的则较少，对于采纳行为的研究也是从初始采纳行为和持续采纳行为的单方面进行实证，没有分别考虑用户两种采纳行为的不同。在日趋激烈的市场竞争中，为了保持在线旅游服务企业的竞争优势，本研究将对用户体验在用户初始采纳行为和持续采纳行为中的作用路径进行实证分析。

5.3　问卷设计与预调研

5.3.1　调查问卷设计

调查问卷的设计是收集研究数据、进行数据分析的基础。问卷的设计主要包括三个部分。第一，明确问卷的目的。问卷设计的目的就是问卷设计出来是为了做什么。因为本章节研究的是在线旅游服务产品的用户采纳行为的影响路径和作用机理，所以本问卷的目的即探讨影响在线旅游服务产品用户采纳行为的影响因素。第二，确定调查的对象。为了使研究更具有普遍性，本章对调查对象的选择上没有限制区域、年龄及学历背景，且调查对象需要有真实的在线旅游服务产品使用经验，否则将终止问答。第三，设计问卷的量表。本章在量表的选择上主要依据已有的比较完善的量表，与大多数研究学者一样采用5级李克特量表对所有问题进行评分。

5.3.2 具体测量指标

在线旅游服务中的用户体验是用户与网站进行交互时产生的整体认知和反应。用户体验与在线旅游服务平台的发展有着密不可分的关系，它的概念延伸到电子商务平台的时候也被称作"顾客体验"（customer experience）。它是指用户访问一个网络购物平台或者使用一个产品时的全部感受过程。如何满足用户对于在线旅游服务平台各方面的需求，提高用户体验是平台提供商努力的目标。

为了检验理论模型中的研究假设，需要对各个潜在变量进行具体测量题项的设计，根据在线旅游服务的特点，通过国内外相关研究以及专家、用户的深度访谈，将用户体验的3个维度进行详细的划分，其感官层体验包括视觉体验、浏览体验和信息体验3个维度；认知层包括系统体验、过程体验、交互体验、功能体验4个维度；反思层包括情感体验、信任体验和品牌体验3个维度。

（1）感官层体验

感官层体验是用户使用服务产品过程中所引起的视觉、听觉、触觉等方面的心理认知。好的感官层体验强调的是用户使用网站时感受到的愉悦和舒适度，可以增进用户的交互行为，是影响用户在线旅游服务平台采纳行为的重要因素，主要体现在视觉体验、浏览体验和信息体验等方面。感官层方面的体验是直接影响用户的，可以说最重要、最初步的用户体验就应该从这里做起，它也是影响用户对网站第一印象的重要因素。

感官层体验是用户对于产品最直观的认知，直观体验会影响用户体验。感官层的体验设计包括网站的标志具体并形象鲜明，令人印象深刻；页面布局合理，分类清晰，色彩简洁，设计风格与产品协调。视觉体验主要指产品展示形式，包括页面布局、色彩搭配等。产品所呈现的美观性、舒适性、友好性和清晰度都会影响用户的视觉体验。浏览体验是从信息构建要素的角度出发来进行分析。在线旅游服务产品种类繁多，设计时应充分考虑信息的全面、丰富。

（2）认知层体验

认知层体验是在线旅游服务平台使用过程中用户的心理认知，是用户与系统平台功能交互过程的各种体验，包括系统体验、功能体验、过程体验和交互体验。

系统体验强调用户在使用过程中，系统的加载速度和稳定性可以很好地保障用户进行操作。在线旅游服务平台的主要功能是支持消费者进行购物操作，引导用户直接参与到这一购物流程中。因此所有的功能体验都应该跟购物流程相一致，协助用户注册、搜寻、选购、下订单、支付等操作。而这些模块功能的完整、便捷和准确会带给用户好的体验。由于在线旅游服务的无形性，用户无法看到实物产品，这就给用户进一步了解产品带来了障碍，所以需要平台提供交互的渠道，方便用户获取产品的信息，通过与商家的交流促使用户更快地进行订单的预订。

（3）反思层体验

反思层体验是指用户使用在线旅游服务平台后的心理认知，是对平台价值的深层次思考，主要包括平台的情感体验、信任体验和品牌体验。

在网络信息服务环境下，服务的关键是给用户提供个性化服务，因为不同用户有着不同的需求，平台针对不同的群体提供不同的服务。在线旅游服务中，主要是根据用户的个人信息、订单历史来确定用户的需求偏好，根据用户偏好进行产品的推送，而推送的准确度、多样化都会影响用户的情感体验。

在线旅游服务平台需要提供良好的安全保障机制，才能确保用户有足够的信任体验，安全保障是电子商务的基础，保障支付安全性、交易有效性、权益保障性会给用户带来安全可靠的体验，增强用户对平台的信任。

品牌体验是消费者心中对产品形成的品牌形象，可以通过品牌的认可度、知名度和吸引力方面进行测量，是平台的无形资产。在线旅游服务平台的口碑、品牌形象会影响用户的感知，平台要能利用各种方式传递品牌形象，树立品牌意识，提升用户的满意度。

本章所探讨的是在线旅游服务产品的用户采纳行为模型，为了保证调查问卷的有效性和科学性，根据研究目的和研究的理论框架，本章在设计调查问卷的过程中，参考国内外的相关文献，尽可能借鉴研究文献中已有的测量指标设计调查题项。在完成初始调查问卷设计后，先后咨询了在线旅游、采纳行为和用户体验方面的专家，并根据专家意见对问卷的部分格式和内容进行了修改，结合在线旅游服务用户采纳行为的特点予以适当调整、修改和补充，最终形成本章所需要的正式调查问卷。本章的调查问卷包括个人基本信息和用户的采纳行为影响因素两部分，要求使用过在线旅游服务产品的用户填写问卷。在问卷的设计上，第一部分是选择题，其余部分均采用5级李克特量表，从"非常同意""同意""一般""不同意"到"非常不同意"分别给予5、4、3、2、1的分数，请用户根据自己的主观感受进行打分，从而对变量进行测量。

在理论模型构建中主要包括12个变量：感官层体验、认知层体验、反思层体验、有用认知、易用认知、愉悦认知、态度、意向、行为、期望确认程度、满意度和持续采纳意向。根据对用户体验的概念研究，视觉体验、浏览体验、信息体验是感官层体验的影响因素；系统体验、功能体验、过程体验、交互体验是认知层体验的影响因素；信任体验、情感体验和品牌体验是反思层体验的影响因素。模型中的各个变量，已经在上文进行了概念的解释，结合在线旅游服务用户采纳行为的具体情况和特征，借鉴国内外学者们对于变量所提出的指标体系结构，对各个变量设置了相应的测量指标，具体信息如表5-3所示。

表5-3 在线旅游服务测量指标及其来源

变量	测量维度		具体指标	参考来源
感官层体验	视觉体验（VUE）	VUE1	网站设计美观，具有较强的设计感	Ho 和 Lee（2007），Wells 和 Sarker（2003），Ahn 和 Seewon（2004），Stuart 和 Richard（2001）
		VUE2	网站的界面设计友好，操作简便	
		VUE3	网站的色彩搭配协调，风格适宜、舒服	
	浏览体验（BUE）	BUE1	网站的版面布局清晰、合理、有序	
		BUE2	网站的板块设计具有层次性	
		BUE3	网站的商品类目、栏目设计清晰	
	信息体验（IUE）	IUE1	网站提供的产品信息准确、可靠、真实	Ho 和 Lee（2007），Wells 和 Sarker（2003），Ahn 和 Seewon（2004），Stuart 和 Richard（2001）
		IUE2	网站提供的旅游产品信息能够及时更新	
		IUE3	网站提供的产品信息全面、详细、完整	
		IUE4	商品信息的多媒体展示丰富（文本、图像、声音、动画等表达方式）	
认知层体验	系统体验（SUE）	SUE1	网站页面加载的速度快	Lin 和 Lu（2000），Klopping 和 McKinney（2004），张永娜（2017）
		SUE2	网站的服务具备快速响应处理的能力	
		SUE3	网站运行具有稳定性、流畅性	
	功能体验（FUE）	FUE1	网站提供了丰富、便捷的信息获取途径（分类检索、主题检索等）	
		FUE2	网站提供了类目清晰的导航系统，方便浏览	
		FUE3	网站提供的预订功能方便易用	
		FUE4	网站提供了完备的交易功能模块	

续表

变量	测量维度		具体指标	参考来源
认知层 体验	过程 体验 （PUE）	PUE1	网上交易流程的设计简捷、清晰，方便 用户进行操作	Lin 和 Lu（2000）， Klopping 和 McKinney（2004）， 张永娜（2017）
		PUE2	在交易过程中，网站能够随时向顾客提 供帮助功能、订单查询、修改、取消等 功能	
		PUE3	投诉或反馈能够得到快速有效的解决	
	交互 体验 （NUE）	NUE1	网站提供自由与其他客户进行交流的空 间	
		NUE2	网站能及时对客户提出的问题、意见做 出快速响应	
		NUE3	网站提供买卖双方的交互沟通功能	
反思层 体验	信任 体验 （TUE）	TUE1	网站能够保证用户个人信息、个人账户 的安全性	Genfen（2003）， Pavlou（2003）， Dahlberg 等（2003）， 马朋（2014）
		TUE2	网站能够保证系统交易的安全可靠性	
		TUE3	网站具有良好的信誉性和安全认证	
	情感 体验 （EUE）	EUE1	网站针对不同用户提供个性化定制服务 的功能	
		EUE2	网站对用户提供了人性化服务、政策	
		EUE3	网站提供了合理的售后评价体系	
	品牌体验 （AUE）	AUE1	网站具有一定知名度	
		AUE2	该网站的品牌信誉度高	
有用 认知	PU1		网站提供的商品种类比较齐全	Davis（1989）
	PU2		在网站购物节省时间和精力，提高购物 效率	
	PU3		可以 24 小时随时购物，不受时间、空 间的限制	
	PU4		我觉得网站是有用的	
易用 认知	PEOU1		很容易就能掌握网站购物所需的知识和 技术	Davis（1989）， Hsu 和 lu（2003）， Kaynama 和 Black （2000）
	PEOU2		网站提供的各种购物操作很清晰、方便	
	PEOU3		我能够熟练使用网站的查询、订单、支 付等各种功能	
	PEOU4		我认为使用网站是容易的	
愉悦 认知	PP1		使用电子商务网站进行网上购物很新 鲜、时髦	Childers 和 Carr 等 （2001）， Lin（2005）
	PP2		网上购物可以带给我很多快乐的体验	
	PP3		我感觉网上购物是一种很重要的休闲娱 乐活动	

续表

变量	测量维度	具体指标	参考来源
态度	AT1	我认为网上购物是一个好主意	Davis（1989），Taylor 和 Todd（1995）
	AT2	我希望在这个电子商务网站上进行购物	
	AT3	我喜欢（赞成）使用电子商务网站进行网上购物	
意向	BI1	我会考虑从电子商务网站购买商品	
	BI2	我打算在未来频繁使用电子商务网站进行购物	
	BI3	我会向亲戚、朋友推荐网上购物	
行为	BH1	我经常使用该网站进行网上购物	Davis（1989）
	BH2	我使用该网站进行购物的频率很高	
	BH3	只要网上购物，我就使用该网站进行购物	
期望确认程度	EC1	我在使用该网站过程中所获得的体验超过我的预期	Bhattacherjee（2001）
	EC2	该网站的服务质量超过我的预期	
	EC3	我对该网站的期望在使用过程中都能得到满足	
满意度	SA1	网站提供的购物服务令人满意	Kim 和 Lee（2004）
	SA2	网站提供的产品令人满意	
	SA3	总体来说，我对该网站感到满意	
持续采纳意向	CBI1	我打算继续使用该网站进行网上购物	Hsu（2004）
	CBI2	只要网上购物，我会首先考虑使用该网站	
	CBI3	我以后会经常使用该网站进行购物	

5.3.3 预调研与探索性因子分析

为了更好地提高问卷的信度和效度，本研究在正式调研之前对有使用过在线旅游服务产品经验的107位用户进行了问卷前测。采用SPSS19.0软件，将主成分分析法作为提取因子的方法，并用方差最大法对因子进行正交旋转，对问卷中的测量题项进行探索性因子分析，以特征值大于1为评判标准，得到因子结构。本研究在做因子分析前，使用KMO（Kaiser-Meyer-Olkin）值对样本数据进行因子分析适合性检验。根据Kaiser的观点，KMO值大于0.5，表示变量之间的公共因子越多，适合进行因子分析；KMO值小于0.5，则表示变量之间的公共因子越少，不适合因子分析。本节将对调查问卷中所有采纳行为影响因素进行探索性因子分析，得出与理论模型中相一致的因子结构。

5.3.3.1 用户体验的探索性因子分析

由于用户体验的三个层次都存在不同的维度，因此可以通过探索性因子分析来研究问卷设计是否合理。

（1）感官层体验

在对感官层体验进行探索性因子分析时，其中浏览体验的测量指标BUE3因所在因子负荷小于0.5，所以删除BUE3，重新进行因子分析。

在感官层体验方面，样本的KMO值为0.787，大于0.5，表示适合进行因子分析，如表5-4所示。Bartlett球形检验的卡方值为476.010，显著性水平为0.000，说明各测量指标间并非对立，而是相互联系的，适合对样本数据进行因子分析。

表5-4 感官层体验的KMO及Bartlett球形检验

KMO 检验		0.787
Bartlett 球形检验	卡方值	476.010
	自由度	36
	显著性	0.000

感官层体验的探索性因子分析结果如表5-5所示。本研究提取出了特征值大于1的信息体验、视觉体验和浏览体验3个因子，同问卷预期的相同，并累计解释了72.903%的方差，各个项目在其相关联的变量上的因子负荷都大于0.5，交叉变量的因子负荷没有超过0.5，表明本部分问卷具有较好的结构效度。

表5-5 感官层体验的探索性因子分析

测量指标	因子负荷			特征值（解释方差）
	信息体验	视觉体验	浏览体验	
VUE1	0.103	0.846	0.036	1.557（23.529%）
VUE2	0.192	0.758	0.119	
VUE3	0.161	0.839	0.073	
BUE1	0.315	0.153	0.769	1.024（18.077%）
BUE2	0.112	0.041	0.877	
IUE1	0.857	0.163	0.308	3.980（31.297%）
IUE2	0.842	0.131	0.338	
IUE3	0.789	0.148	−0.046	
IUE4	0.753	0.180	0.187	
累计解释方差为 72.903%				

（2）认知层体验

在认知层体验方面，样本的KMO值为0.809，大于0.5，表示适合进行因子分析，如表5-6所示。Bartlett球形检验的卡方值为556.108，显著性水平为0.000，说明各指标间并非对立，而是相互联系的，可以对样本数据进行因子分析。

表5-6　认知层体验的KMO及Bartlett球形检验

KMO 检验		0.809
Bartlett 球形检验	卡方值	556.108
	自由度	78
	显著性	0.000

认知层体验的探索性因子分析结果如表5-7所示。本研究提取出了特征值大于1的功能体验、过程体验、交互体验和系统体验4个因子，同问卷预期的相同，并累计解释了68.721%的方差，各个项目在其相关联的变量上的因子负荷都大于0.5，交叉变量的因子负荷没有超过0.5，表明问卷具有较好的结构效度。

表5-7　认知层体验的探索性因子分析

测量指标	因子负荷				特征值（解释方差）
	功能体验	过程体验	交互体验	系统体验	
SUE1	0.328	0.167	0.227	0.669	1.059（14.140%）
SUE2	−0.055	−0.009	0.140	0.786	
SUE3	0.317	0.300	0.080	0.639	
FUE1	0.762	0.054	0.292	0.209	4.798（20.232%）
FUE2	0.787	0.078	0.100	0.037	
FUE3	0.615	−0.014	0.234	0.423	
FUE4	0.833	0.059	0.122	0.053	
PUE1	−0.060	0.855	0.120	0.174	1.947（17.968%）
PUE2	0.190	0.780	0.179	0.143	
PUE3	0.047	0.876	0.190	−0.019	
NUE1	0.186	0.233	0.827	0.056	1.130（16.381%）
NUE2	0.168	0.143	0.712	0.169	
NUE3	0.204	0.153	0.782	0.234	
累计解释方差为 68.721%					

（3）反思层体验

在反思层体验方面，样本的KMO值为0.777，大于0.5，表示适合进行因子分析，如表5-8所示。Bartlett球形检验的卡方值为314.484，显著性水平为0.000，说明各指标间并非对立，而是相互联系的，可以对样本数据进行因子分析。

表5-8　反思层体验的KMO及Bartlett球形检验

KMO 检验		0.777
Bartlett 球形检验	卡方值	314.484
	自由度	28
	显著性	0.000

反思层体验的探索性因子分析结果如表5-9所示。本研究提取出了特征值大于1的信任体验、情感体验和品牌体验3个因子，同问卷预期的相同，并累计解释了75.435%的方差，各个项目在其相关联的变量上的因子负荷都大于0.5，交叉变量的因子负荷没有超过0.5，表明问卷具有较好的结构效度。

表5-9　反思层体验的探索性因子分析

测量指标	因子负荷			特征值（解释方差）
	信任体验	情感体验	品牌体验	
TUE1	0.863	0.140	0.041	3.465（43.313%）
TUE2	0.812	0.050	0.193	
TUE3	0.844	0.148	0.193	
EUE1	0.116	0.855	0.044	1.551（19.387%）
EUE2	0.151	0.706	0.315	
EUE3	0.076	0.862	0.177	
AUE1	0.093	0.204	0.891	1.019（12.735%）
AUE2	0.279	0.191	0.832	
累计解释方差为75.435%				

在对用户体验的探索性因子分析中，可以看出其中感官层体验包括信息、视觉和浏览3个特征值大于1的因子，累计解释方差为72.903%；认知层体验包括功能、过程、交互和系统4个特征值大于1的因子，累计解释方差为68.721%；反思层体验包括信任、情感和品牌3个特征值大于1的因子，累计解释方差为75.435%。说明本研究中各因子对所测变量具有较好的解释能力。

5.3.3.2 采纳行为变量的探索性因子分析

本节对采纳行为理论模型中除用户体验3个变量之外的9个变量利用
SPSS19.0进行探索性因子分析，分别删除了有用认知中的PU4，易用认知中的
PEOU4，因为这些题项在各自因子上的负荷值未达到最低要求值0.5。删除后的
所有9个变量的KMO和Bartlett球形检验均符合因子分析的条件，因此研究各变
量的探索因子分析结果如表5-10所示。所有变量测量指标通过因子旋转方法提
取出的因子负荷都大于0.5，累计解释的总方差均超过50%，说明本研究中各测
量题项对于所研究的变量具有很好的解释能力，正式的调查问卷见附录6。

表5-10　采纳行为变量的探索性因子分析

变量	测量指标	因子负荷	特征值	解释总方差/%	变量	测量指标	因子负荷	特征值	解释总方差/%
PU	PU1	0.865	2.154	71.794	BH	BH1	0.892	2.282	76.061
	PU2	0.832				BH2	0.820		
	PU3	0.844				BH3	0.902		
PEOU	PEOU1	0.839	2.121	70.702	EC	EC1	0.883	1.972	65.718
	PEOU2	0.818				EC2	0.829		
	PEOU3	0.865				EC3	0.710		
PP	PP1	0.798	1.932	64.391	SA	SA1	0.888	2.201	73.378
	PP2	0.853				SA2	0.845		
	PP3	0.753				SA3	0.836		
AT	AT1	0.852	2.225	74.179	CBI	CBI1	0.887	2.132	71.075
	AT2	0.837				CBI2	0.789		
	AT3	0.893				CBI3	0.850		
BI	BI1	0.851	2.256	75.191					
	BI2	0.837							
	BI3	0.911							

5.4 样本收集和整理

5.4.1 样本统计

本研究探讨的是在线旅游服务产品用户采纳行为的影响因素，为了确保样
本的覆盖面以及调查结果的质量，以学生和上班族为主要调查对象。之所以选
择这两个群体，一方面是因为在线旅游服务市场中，这两个群体是主要用户，

并且拥有一定的网络使用经验，有条件进行在线旅游产品和服务的交易。本研究的正式问卷调查从2017年12月至2018年3月，发放350份纸质问卷，回收问卷336份，其中有效问卷269份，回收问卷有效率80%；通过微信、QQ、E-mail等方式获得在线问卷127份，有效问卷103份，回收问卷有效率为81%。本次调查共获得372份有效问卷。

针对收集到的所有有效样本，利用SPSS19.0从样本对象的性别、年龄、受教育程度、使用时长、每年使用次数和平均每次花费等几个方面进行描述性统计分析，具体分布数据见表5-11。在样本中，女性占比59%，略多于男性（41%），年龄分布主要集中在25～35岁（80.6%），教育程度主要是本科和硕士（85.2%），平均每次花费多居于2000元以内（70.9%）。对于被调查者的产品使用时长，大部分都在3～9年（79%）。说明本次调查对象普遍具有足够的经历，是利用在线旅游产品的真正用户。

表5-11 样本的人口统计特征分布情况

特征变量	类型	样本数目	百分比/%	特征变量	类型	样本数目	百分比/%
性别	男	151	41	受教育程度	高中及以下	23	6.2
					本科	192	51.6
	女	221	59		硕士	125	33.6
					博士	32	8.6
年龄	18～24岁	26	7	平均每次花费	1000元以下	102	27.4
	25～30岁	173	46.5		1000～2000元	162	43.5
	31～35岁	127	34.1		2000～3000元	85	22.8
	35岁以上	46	12.4		3000元以上	23	6.2
使用时长	3年以下	26	7	每年使用次数	1～2次	74	20
	3年到6年	156	42		3～5次	134	36
	6年到9年	137	37		6～10次	140	38
	9年以上	53	14		10次以上	24	6

5.4.2 信度检验

在检验问卷一致性时，常用Cronbach's α系数衡量，信度越高，说明数据

的测量误差越小，数据就会越稳定。在本节中，将使用SPSS19.0来检验潜变量
的Cronbach's α，以检验问卷设计的信度。通常，Cronbach's α系数大于0.7，
即表明因子具有较好的信度。从表5-12中可以看出所有潜变量的Cronbach's α
系数在0.715～0.860，信度均大于0.7，问卷存在良好的信度，表明量表的内部
一致性较好。同时发现题目删除后对总体Cronbach'α值没有产生影响，因此认
为题项的设置是较为合理的，不需要再进行修改或删除。

表5-12　各变量的指标均值、标准差与Cronbach's α值

变量	测量项目数	测量指标	均值	标准差	项已删除的Cronbach's α值	Cronbach's α
PU	3	PU1	3.52	0.772	0.798	0.860
		PU2	3.61	0.841	0.802	
		PU3	3.36	0.834	0.809	
PEOU	3	PEOU1	3.48	0.822	0.709	0.819
		PEOU2	3.47	0.863	0.800	
		PEOU3	3.41	0.727	0.744	
PP	3	PP1	3.08	0.777	0.763	0.804
		PP2	3.01	0.814	0.702	
		PP3	2.97	0.800	0.729	
AT	3	AT1	3.28	0.790	0.776	0.839
		AT2	3.25	0.811	0.808	
		AT3	3.24	0.857	0.741	
BI	3	BI1	3.01	0.796	0.684	0.818
		BI2	3.24	0.805	0.771	
		BI3	3.12	0.807	0.789	
BH	3	BH1	3.45	0.838	0.777	0.840
		BH2	3.43	0.813	0.813	
		BH3	3.42	0.909	0.735	
EC	3	EC1	3.12	0.805	0.646	0.762
		EC2	3.12	0.744	0.767	
		EC3	3.01	0.777	0.613	
SA	3	SA1	3.07	0.681	0.578	0.715
		SA2	3.11	0.647	0.662	
		SA3	2.93	0.732	0.634	

续表

变量	测量项目数	测量指标	均值	标准差	项已删除的 Cronbach's α 值	Cronbach's α
CBI	3	CBI1	3.51	0.768	0.659	0.825
		CBI2	3.58	0.771	0.791	
		CBI3	3.31	0.788	0.816	
GUE	3	VUE	3.31	0.870	0.708	0.829
		BUE	3.22	0.830	0.832	
		IUE	3.22	0.920	0.739	
CUE	4	SUE	3.09	0.837	0.752	0.813
		FUE	3.06	0.827	0.755	
		PUE	3.02	0.811	0.740	
		NUE	2.90	0.826	0.810	
RUE	3	TUE	3.12	0.821	0.721	0.827
		EUE	3.16	0.816	0.765	
		AUE	3.01	0.777	0.793	

5.4.3 效度检验

5.4.3.1 内容效度

内容效度是对测量题项是否优劣的主观评价，反映潜在变量和测量指标之间的适合程度和逻辑相符合程度，难以量化度量。本研究在前期建立了严谨的理论研究框架，问卷中的测量题项都是源于已有文献的研究，具体的测量题项主要来源于相关研究的成熟量表。本研究的调查问卷设计完成后，首先邀请部分有在线旅游服务产品使用经验的用户和采纳行为研究方面的专家预览后对量表进行反复评价，提出修改意见。然后，综合他人所提的合理建议和前测所得到的反馈信息，对问卷进行修改完善，形成最终的问卷。

5.4.3.2 结构效度

本研究利用LISREL8.70进行验证性因子分析，对所提出的测量指标设置的合理性进行初步验证，确保所有测量指标能够反映出变量的内涵，检验问卷结构、理论模型的合理性和有效性，提高实证检验的质量。

为了对结构方程模型的研究假设进行检验，需要对本模型中所有潜在变量的结构进行探索，以便验证潜在变量和测量指标之间关系是否合理。Fornell和

Larcker[①]研究评估收敛效度的标准有三项：（1）所有完全标准化的因子负荷要大于0.5且达到显著水平（$p<0.05$或$p<0.1$）；（2）组合信度（CR）要大于0.7；（3）平均变异萃取量（AVE）要大于0.5。利用LISREL8.70对样本数据进行验证性因子分析，参数估计方法为极大似然估计法。

（1）用户体验维度的验证性因子分析

为进一步精简量表，验证维度提取的合理性，本研究使用LISREL8.70对整体用户体验的30个变量进行二阶验证性因子分析，以保证用户体验维度提取的合理性。分析结果显示，验证性因子分析的模型与数据的拟合程度比较高，$\frac{x^2}{df}$=2.136，大于2小于5，绝对拟合指标GFI=0.866，AGFI=0.845，大于标准值0.8，RMSEA=0.055小于标准值0.08，相对拟合指标CFI、NFI、IFI均大于或接近标准值0.9，结果显示验证性因子分析模型与数据拟合良好，如表5-13所示。此外，10个一阶因子对二阶因子的标准化负荷均超过理想值0.7，因此10个一阶因子可以作为3个二阶因子的观测变量。根据Doll等的观点，利用潜在变量取代测量变量，可以达到测量变量个数的减少的目的，方便后续的结构方程模型分析。将视觉体验、浏览体验和信息体验3个潜在变量作为感官层体验的观测变量，系统体验、功能体验、过程体验和交互体验4个潜在变量作为认知层体验的观测变量，信任体验、情感体验和品牌体验作为反思层体验的观测变量，原有观测变量以算术平均数加权计算，使原有测量变量数据形成潜在变量的观测值。

表5-13 用户体验的二阶验证性因子负荷

二阶因子	二阶因子负荷	一阶因子	测量指标	因子负荷 λ	测量误差 ε
GUE	0.84	视觉体验（VUE）	VUE1	0.80	0.36
			VUE2	0.75	0.43
			VUE3	0.02	0.33
		浏览体验（BUE）	BUE1	0.81	0.35
			BUE2	0.77	0.41
		信息体验（IUE）	IUE1	0.76	0.42
			IUE2	0.77	0.40
			IUE3	0.78	0.39
			IUE4	0.81	0.34

① Fornell C，Larcker D F.Evaluating structural equation model with unobservable variables and measurement error：Algebra and statistics[J].Journal of Marketing Research，1981，18（3）：382-389.

续表

二阶因子	二阶因子负荷	一阶因子	测量指标	因子负荷 λ	测量误差 ε
CUE	0.73	系统体验（SUE）	SUE1	0.80	0.37
			SUE2	0.78	0.38
			SUE3	0.77	0.41
		功能体验（FUE）	FUE1	0.72	0.49
			FUE2	0.76	0.42
			FUE3	0.79	0.38
			FUE4	0.76	0.43
		过程体验（PUE）	PUE1	0.82	0.33
			PUE2	0.72	0.48
			PUE3	0.72	0.49
		交互体验（NUE）	NUE1	0.71	0.50
			NUE2	0.71	0.50
			NUE3	0.71	0.50
RUE	0.69	信任体验（TUE）	TUE1	0.78	0.39
			TUE2	0.82	0.33
			TUE3	0.78	0.40
		情感体验（EUE）	EUE1	0.77	0.41
			EUE2	0.80	0.36
			EUE3	0.72	0.48
		品牌体验（AUE）	AUE1	0.75	0.44
			AUE2	0.76	0.42

（2）概念模型的验证性因子分析

对概念模型中的12个潜变量进行验证性因子分析，结果表明 $\frac{x^2}{\mathrm{d}f}$ =2.044，小于标准3，RMSEA=0.053，小于标准值0.08，GFI=0.856，AGFI=0.821，CFI=0.985，NFI=0.972，IFI=0.985均大于或接近标准值0.9。总体来看，验证性因子分析模型与数据拟合度较好，如表5-14所示。

表5-14　因子负荷、组合信度与平均变异萃取量

因子	测量指标	因子负荷 λ	测量误差 ε	组合信度（CR）	平均变异萃取量（AVE）
PU	PU1	0.82	0.33	0.86	0.86
	PU2	0.82	0.33		
	PU3	0.82	0.32		

续表

因子	测量指标	因子负荷 λ	测量误差 ε	组合信度(CR)	平均变异萃取量 (AVE)
PEOU	PEOU1	0.80	0.36	0.82	0.80
	PEOU2	0.78	0.39		
	PEOU3	0.76	0.42		
PP	PP1	0.73	0.47	0.80	0.77
	PP2	0.81	0.35		
	PP3	0.75	0.44		
AT	AT1	0.82	0.33	0.84	0.83
	AT2	0.77	0.40		
	AT3	0.80	0.36		
BI	BI1	0.84	0.30	0.82	0.79
	BI2	0.78	0.40		
	BI3	0.72	0.49		
BH	BH1	0.83	0.32	0.84	0.83
	BH2	0.76	0.43		
	BH3	0.82	0.33		
EC	EC1	0.76	0.42	0.77	0.70
	EC2	0.64	0.59		
	EC3	0.77	0.41		
SA	SA1	0.70	0.50	0.72	0.61
	SA2	0.61	0.63		
	SA3	0.72	0.48		
CBI	CBI1	0.81	0.35	0.83	0.80
	CBI2	0.82	0.32		
	CBI3	0.72	0.48		
GUE	VUE	0.86	0.26	0.83	0.81
	BUE	0.70	0.52		
	IUE	0.81	0.34		
CUE	SUE	0.76	0.42	0.82	0.70
	FUE	0.74	0.45		
	PUE	0.76	0.43		
	NUE	0.65	0.58		
RUE	TUE	0.86	0.26	0.83	0.80
	EUE	0.77	0.41		
	AUE	0.72	0.48		

续表

因子	测量指标	因子负荷 λ	测量误差 ε	组合信度(CR)	平均变异萃取量（ AVE ）

拟合优度指标 $\dfrac{x^2}{\mathrm{d}f}$ =2.044，RMSEA=0.053，GFI=0.856，AGFI=0.821，CFI=0.985，NFI=0.972，IFI=0.985

根据表5-14的数据，本研究的测量指标在对应潜变量上的因子负荷均大于0.6，且在$p<0.001$的条件下达到显著水平；各个潜变量的组合信度（CR）均大于0.7；各个潜变量的平均变异萃取量（AVE）也超出0.5的可接受水平。所以，本理论模型中的12个潜变量具有较高的收敛效度。

根据Fornell和Larcker的研究结论，如果各结构变量之间相关系数的平方低于结构变量的AVE，则说明该测量模型具有很好的区分效度。如表5-15所示，相关系数的平方均小于对角线上的AVE值，说明本研究模型量表具有较好的区分效度。

表5-15　结构变量的区分效度

潜变量	PU	PEOU	PP	AT	BI	BH	EC	SA	CBI	GUE	CUE	RUE
PU	0.86											
PEOU	0.52	0.80										
PP	0.38	0.34	0.77									
AT	0.52	0.61	0.58	0.83								
BI	0.25	0.24	0.44	0.50	0.79							
BH	0.50	0.58	0.44	0.79	0.46	0.83						
EC	0.67	0.57	0.29	0.49	0.17	0.50	0.70					
SA	0.36	0.49	0.31	0.54	0.35	0.58	0.36	0.61				
CBI	0.36	0.49	0.38	0.76	0.54	0.78	0.36	0.74	0.80			
GUE	0.76	0.46	0.29	0.46	0.16	0.46	0.66	0.33	0.36	0.81		
CUE	0.59	0.65	0.34	0.49	0.24	0.44	0.46	0.37	0.37	0.44	0.70	
RUE	0.38	0.40	0.15	0.27	0.08	0.29	0.59	0.20	0.21	0.29	0.37	0.80

5.5　个人特征的影响分析

本节将引入用户个人特征作为模型中的调节变量。个人特征因素包括人口统计特征和产品使用情况。为了研究用户个人特征对用户认知是否存在影响，本节利用单因素方差分析来判断不同的用户个人特征下，关于认知的结构变量均值是否存在显著差异，以便分析哪些个体特征会对认知结构变量产生显著影响。本节中，所有关于认知的结构变量的描述性统计分析如表5-16所示。

表5-16 用户认知变量的描述性统计分析

认知变量	样本数量	均值	标准差	方差
PU	372	3.496	0.721	0.520
PEOU	372	3.454	0.691	0.477
PP	372	3.018	0.676	0.457
AT	372	3.258	0.712	0.508
BI	372	3.125	0.687	0.472
BH	372	3.435	0.743	0.553
EC	372	3.085	0.638	0.408
SA	372	3.037	0.549	0.301
CBI	372	3.468	0.667	0.445

在用户认知变量的均值中，有用认知和易用认知的均值比较高，而愉悦认知变量的均值最低，说明用户使用在线旅游服务产品过程中，对于技术方面的体验认知比较满意，而产品带给用户的情感体验并不是太高。在采纳行为相关的变量中，用户的采纳行为和持续采纳意向都比较高，说明用户对于产品的接受程度比较高。

本节利用SPSS19.0，以性别、年龄、受教育程度、使用时长、平均每次花费、每年使用次数等6个个人特征为控制变量进行单因素方差分析，用以判断不同的个人特征对这些变量是否存在显著影响（显著性水平设定为0.05）。

5.5.1 性别的影响分析

将性别作为控制变量，以用户的易用认知、有用认知、愉悦认知、态度、意向、采纳行为、期望确认程度、满意度及持续采纳意向等相关变量为因变量，利用SPSS19.0进行单因素方差分析，检验不同性别的用户对这些认知变量是否存在显著差异，结果如表5-17所示。

表5-17　性别与采纳行为相关变量的单因素方差分析

因变量	性别	N	均值	标准差	单因素方差分析	
					F 值	显著性 Sig.
PU	男	151	3.614	0.734	6.932	0.009
	女	221	3.415	0.702		
PEOU	男	151	3.563	0.704	6.372	0.012
	女	221	3.380	0.674		
PP	男	151	2.965	0.714	1.580	0.210
	女	221	3.054	0.648		
AT	男	151	3.364	0.715	5.716	0.017
	女	221	3.186	0.703		
BI	男	151	3.168	0.683	.965	0.327
	女	221	3.097	0.690		
BH	男	151	3.541	0.738	5.163	0.024
	女	221	3.363	0.740		
EC	男	151	3.150	0.615	2.646	0.105
	女	221	3.041	0.651		
SA	男	151	3.115	0.567	5.195	0.023
	女	221	2.983	0.531		
CBI	男	151	3.585	0.638	7.991	0.005
	女	221	3.388	0.676		

如表5-17所示，不同性别的用户在有用认知、易用认知、态度、采纳行为、满意度和持续采纳意向方面均存在显著差异，而且男性用户在这些认知变量上的均值均高于女性用户。而性别对认知愉悦、意向、期望确认三个因变量不存在显著影响。

5.5.2　年龄的影响分析

将年龄作为控制变量，以用户的易用认知、有用认知、愉悦认知、态度、意向、采纳行为、期望确认程度、满意度及持续采纳意向等相关变量为因变量，利用SPSS19.0进行单因素方差分析，检验不同年龄阶段的用户对这些认知变量是否存在显著差异，结果如表5-18所示。

如表5-18所示，不同年龄阶段的用户在有用认知、采纳行为、期望确认程度和满意度方面均存在显著差异。在有用认知变量方面，年龄阶段在18～24岁的用户均值明显高于其他3个年龄阶段的用户，年龄在25～30岁的用户的有用认知是最低的。而在采纳行为、期望确认程度和满意度3个变量方面，年龄阶段在35岁以上的用户均值明显高于其他3个年龄阶段的用户。

表5-18 年龄与采纳行为相关变量的单因素方差分析

因变量	年龄	N	均值	标准差	单因素方差分析	
					F 值	显著性 Sig.
PU	18 ～ 24 岁	26	3.731	0.389	2.755	0.042
	25 ～ 30 岁	173	3.405	0.766		
	31 ～ 35 岁	127	3.509	0.705		
	35 岁以上	46	3.667	0.689		
PEOU	18 ～ 24 岁	26	3.500	0.510	1.502	0.214
	25 ～ 30 岁	173	3.380	0.739		
	31 ～ 35 岁	127	3.496	0.610		
	35 岁以上	46	3.594	0.785		
PP	18 ～ 24 岁	26	3.256	0.584	2.547	0.056
	25 ～ 30 岁	173	2.940	0.673		
	31 ～ 35 岁	127	3.024	0.705		
	35 岁以上	46	3.159	0.612		
AT	18 ～ 24 岁	26	3.321	0.546	0.635	0.593
	25 ～ 30 岁	173	3.208	0.746		
	31 ～ 35 岁	127	3.281	0.692		
	35 岁以上	46	3.348	0.730		
BI	18 ～ 24 岁	26	3.192	0.700	0.414	0.743
	25 ～ 30 岁	173	3.096	0.681		
	31 ～ 35 岁	127	3.168	0.716		
	35 岁以上	46	3.080	0.629		
BH	18 ～ 24 岁	26	3.679	0.577	4.232	0.006
	25 ～ 30 岁	173	3.333	0.730		
	31 ～ 35 岁	127	3.425	0.775		
	35 岁以上	46	3.710	0.708		

续表

因变量	年龄	N	均值	标准差	单因素方差分析	
					F 值	显著性 Sig.
EC	18～24 岁	26	3.205	0.453	3.859	0.010
	25～30 岁	173	3.008	0.634		
	31～35 岁	127	3.071	0.669		
	35 岁以上	46	3.348	0.596		
SA	18～24 岁	26	3.192	0.567	3.602	0.014
	25～30 岁	173	2.940	0.552		
	31～35 岁	127	3.102	0.535		
	35 岁以上	46	3.130	0.519		
CBI	18～24 岁	26	3.538	0.667	1.513	0.211
	25～30 岁	173	3.403	0.673		
	31～35 岁	127	3.486	0.672		
	35 岁以上	46	3.623	0.623		

5.5.3　受教育程度的影响分析

以受教育程度为控制变量，以用户的易用认知、有用认知、愉悦认知、态度、意向、采纳行为、期望确认程度、满意度及持续采纳意向等相关变量为因变量，利用SPSS19.0进行单因素方差分析，检验不同受教育程度的用户对这些认知变量是否存在显著差异，结果如表5-19所示。

表5-19　受教育程度与采纳行为相关变量的单因素方差分析

因变量	受教育程度	N	均值	标准差	单因素方差分析	
					F 值	显著性 Sig.
PU	高中及以下	23	3.522	0.784	1.034	0.378
	本科	192	3.446	0.718		
	硕士	125	3.520	0.705		
	博士	32	3.677	0.760		
PEOU	高中及以下	23	3.449	0.445	2.261	0.081
	本科	192	3.368	0.730		
	硕士	125	3.557	0.635		
	博士	32	3.573	0.758		

续表

因变量	受教育程度	N	均值	标准差	单因素方差分析	
					F 值	显著性 Sig.
PP	高中及以下	23	3.261	0.586	1.745	0.157
	本科	192	2.957	0.696		
	硕士	125	3.048	0.612		
	博士	32	3.094	0.813		
AT	高中及以下	23	3.319	0.639	4.507	0.004
	本科	192	3.130	0.740		
	硕士	125	3.413	0.652		
	博士	32	3.375	0.702		
BI	高中及以下	23	3.072	0.651	3.081	0.027
	本科	192	3.030	0.700		
	硕士	125	3.251	0.635		
	博士	32	3.250	0.757		
BH	高中及以下	23	3.493	0.751	1.498	0.215
	本科	192	3.359	0.757		
	硕士	125	3.504	0.685		
	博士	32	3.583	0.851		
EC	高中及以下	23	2.986	0.615	1.087	0.355
	本科	192	3.043	0.629		
	硕士	125	3.139	0.649		
	博士	32	3.198	0.666		
SA	高中及以下	23	3.000	0.586	0.768	0.513
	本科	192	3.005	0.561		
	硕士	125	3.064	0.538		
	博士	32	3.146	0.493		
CBI	高中及以下	23	3.377	0.597	2.422	0.066
	本科	192	3.394	0.695		
	硕士	125	3.549	0.582		
	博士	32	3.656	0.801		

如表5-19所示,不同受教育程度的用户仅仅在态度和行为意向2个认知变量上存在显著差异,而且硕士用户的均值明显高于其他类别受教育程度的用户。而在用户的易用认知、有用认知、愉悦认知、采纳行为、期望确认、满意度及

持续采纳意向方面，用户的不同受教育程度不存在显著差异。

5.5.4 产品使用时长的影响分析

以用户的产品使用时长为控制变量，以用户的易用认知、有用认知、愉悦认知、态度、意向、采纳行为、期望确认、满意度及持续采纳意向等相关变量为因变量，利用SPSS19.0进行单因素方差分析，检验不同产品使用时长的用户对这些认知变量是否存在显著差异，结果如表5-20所示。

表5-20 产品使用时长与采纳行为相关变量的单因素方差分析

因变量	产品使用时长	N	均值	标准差	单因素方差分析	
					F 值	显著性 Sig.
PU	3 年以下	26	3.615	0.684	0.985	0.400
	3 ~ 6 年	156	3.519	0.658		
	6 ~ 9 年	137	3.418	0.766		
	9 年以上	53	3.566	0.794		
PEOU	3 年以下	26	3.474	0.482	1.905	0.128
	3 ~ 6 年	156	3.487	0.730		
	6 ~ 9 年	137	3.355	0.662		
	9 年以上	53	3.604	0.713		
PP	3 年以下	26	3.103	0.540	0.275	0.843
	3 ~ 6 年	156	2.996	0.613		
	6 ~ 9 年	137	3.010	0.644		
	9 年以上	53	3.063	0.952		
AT	3 年以下	26	3.372	0.621	1.314	0.269
	3 ~ 6 年	156	3.269	0.665		
	6 ~ 9 年	137	3.178	0.755		
	9 年以上	53	3.377	0.768		
BI	3 年以下	26	3.256	0.738	0.822	0.482
	3 ~ 6 年	156	3.094	0.616		
	6 ~ 9 年	137	3.100	0.686		
	9 年以上	53	3.220	0.847		

续表

因变量	产品使用时长	N	均值	标准差	单因素方差分析	
					F 值	显著性 Sig.
BH	3 年以下	26	3.538	0.693	2.021	0.111
	3 ~ 6 年	156	3.453	0.671		
	6 ~ 9 年	137	3.331	0.826		
	9 年以上	53	3.604	0.722		
EC	3 年以下	26	3.115	0.596	1.224	0.301
	3 ~ 6 年	156	3.137	0.627		
	6 ~ 9 年	137	3.002	0.681		
	9 年以上	53	3.132	0.571		
SA	3 年以下	26	3.192	0.559	2.701	0.045
	3 ~ 6 年	156	3.009	0.568		
	6 ~ 9 年	137	2.981	0.568		
	9 年以上	53	3.189	0.384		
CBI	3 年以下	26	3.538	0.654	2.006	0.113
	3 ~ 6 年	156	3.412	0.656		
	6 ~ 9 年	137	3.443	0.716		
	9 年以上	53	3.660	0.545		

如表5-20所示，产品的使用时长对于所有认知变量的影响中，仅仅对满意度方面存在显著差异。使用时长在3年以下的用户满意度均值高于其他用户，其次是使用时长9年以上的用户。

5.5.5 平均每次花费的影响分析

以用户的平均每次花费为控制变量，以用户的易用认知、有用认知、愉悦认知、态度、意向、采纳行为、期望确认、满意度及持续采纳意向等相关变量为因变量，利用SPSS19.0进行单因素方差分析，检验不同花费的用户对这些认知变量是否存在显著差异，结果如表5-21所示。

表5-21　平均每次花费与采纳行为相关变量的单因素方差分析

因变量	平均每次花费	N	均值	标准差	单因素方差分析	
					F 值	显著性 Sig.
PU	1000 元以下	102	3.405	0.791	5.933	0.001
	1000 ～ 2000 元	162	3.393	0.690		
	2000 ～ 3000 元	85	3.757	0.618		
	3000 元以上	23	3.652	0.742		
PEOU	1000 元以下	102	3.467	0.763	1.440	0.231
	1000 ～ 2000 元	162	3.379	0.643		
	2000 ～ 3000 元	85	3.553	0.662		
	3000 元以上	23	3.565	0.768		
PP	1000 元以下	102	2.967	0.701	1.219	0.303
	1000 ～ 2000 元	162	2.984	0.676		
	2000 ～ 3000 元	85	3.098	0.615		
	3000 元以上	23	3.188	0.764		
AT	1000 元以下	102	3.239	0.753	1.264	0.287
	1000 ～ 2000 元	162	3.220	0.702		
	2000 ～ 3000 元	85	3.384	0.643		
	3000 元以上	23	3.145	0.828		
BI	1000 元以下	102	3.062	0.711	0.482	0.695
	1000 ～ 2000 元	162	3.140	0.721		
	2000 ～ 3000 元	85	3.149	0.590		
	3000 元以上	23	3.217	0.686		
BH	1000 元以下	102	3.444	0.699	2.676	0.047
	1000 ～ 2000 元	162	3.348	0.787		
	2000 ～ 3000 元	85	3.620	0.653		
	3000 元以上	23	3.333	0.847		
EC	1000 元以下	102	3.095	0.642	5.299	0.001
	1000 ～ 2000 元	162	2.979	0.653		
	2000 ～ 3000 元	85	3.306	0.538		
	3000 元以上	23	2.971	0.688		

续表

因变量	平均每次花费	N	均值	标准差	单因素方差分析	
					F 值	显著性 Sig.
SA	1000 元以下	102	3.000	0.553	0.639	0.590
	1000 ~ 2000 元	162	3.058	0.563		
	2000 ~ 3000 元	85	3.071	0.507		
	3000 元以上	23	2.928	0.594		
CBI	1000 元以下	102	3.467	0.638	0.293	0.830
	1000 ~ 2000 元	162	3.449	0.673		
	2000 ~ 3000 元	85	3.522	0.670		
	3000 元以上	23	3.406	0.772		

如表5-21所示，平均每次花费对于用户的易用认知、愉悦认知、态度、意向、满意度及持续采纳意向这些变量均不存在显著差异，而对于有用认知、采纳行为、期望确认3个变量存在显著差异，且平均每次花费在2000 ~ 3000元的用户在这3个变量上的均值均高于其他类型的用户。

5.5.6　每年使用次数的影响分析

以用户每年使用产品的次数为控制变量，以用户的易用认知、有用认知、愉悦认知、态度、意向、采纳行为、期望确认、满意度及持续采纳意向等相关变量为因变量，利用SPSS19.0进行单因素方差分析，检验不同使用次数的用户对这些认知变量是否存在显著差异，结果如表5-22所示。

表5-22　每年使用次数与采纳行为相关变量的单因素方差分析

因变量	每年使用次数	N	均值	标准差	单因素方差分析	
					F 值	显著性 Sig.
PU	1 ~ 2 次	74	3.401	0.907	0.709	0.547
	3 ~ 5 次	134	3.488	0.650		
	6 ~ 10 次	140	3.538	0.683		
	10 次以上	24	3.583	0.690		
PEOU	1 ~ 2 次	74	3.342	0.742	1.055	0.368
	3 ~ 5 次	134	3.450	0.720		
	6 ~ 10 次	140	3.498	0.628		
	10 次以上	24	3.569	0.712		

续表

因变量	每年使用次数	N	均值	标准差	单因素方差分析	
					F 值	显著性 Sig.
PP	1～2次	74	2.874	0.789	3.302	0.020
	3～5次	134	2.978	0.668		
	6～10次	140	3.150	0.598		
	10次以上	24	2.917	0.676		
AT	1～2次	74	3.135	0.835	1.173	0.320
	3～5次	134	3.316	0.667		
	6～10次	140	3.281	0.689		
	10次以上	24	3.181	0.674		
BI	1～2次	74	3.090	0.900	0.281	0.839
	3～5次	134	3.119	0.628		
	6～10次	140	3.162	0.604		
	10次以上	24	3.056	0.727		
BH	1～2次	74	3.234	0.879	2.567	0.054
	3～5次	134	3.465	0.667		
	6～10次	140	3.521	0.717		
	10次以上	24	3.389	0.778		
EC	1～2次	74	2.991	0.643	1.206	0.307
	3～5次	134	3.127	0.614		
	6～10次	140	3.069	0.642		
	10次以上	24	3.236	0.726		
SA	1～2次	74	3.032	0.558	0.196	0.899
	3～5次	134	3.015	0.566		
	6～10次	140	3.050	0.509		
	10次以上	24	3.097	0.670		
CBI	1～2次	74	3.450	0.751	0.058	0.982
	3～5次	134	3.458	0.631		
	6～10次	140	3.483	0.639		
	10次以上	24	3.486	0.786		

如表5-22所示，每年使用次数对于用户的易用认知、有用认知、态度、意向、采纳行为、期望确认、满意度及持续采纳意向这些变量均不存在显著差异，而仅仅对于愉悦认知存在显著差异，且每年使用次数在6～10次的用户在这个

变量上的均值均高于其他类型的用户。

5.5.7 个人特征影响的总结分析

根据前面对于个人特征不同方面与网络信息服务采纳行为模型中相关变量的单因素方差分析，将影响分析结果进行汇总，如表5-23所示（"√"表示0.05水平下的显著），可以发现在本节研究的个体特征因素中，性别、年龄、平均每次花费等因素对研究的各变量有显著的影响作用。

表5-23 个人特征的影响分析汇总

个人特征	PU	PEOU	PP	AT	BI	BH	EC	SA	CBI
性别	√	√		√		√		√	√
年龄	√					√	√	√	
受教育程度				√	√				
产品使用时长								√	
平均每次花费	√					√	√		
每年使用次数			√						

5.6 模型分析与假设检验

5.6.1 结构方程模型分析

在对结构方程模型进行检验之前，首先利用LISREL8.70计算出在线旅游服务产品中的理论模型M1和M2的拟合指数，具体如表5-24和表5-25所示，可以看出理论模型M1和M2的各类拟合指数均符合建议值，达到比较理想的拟合情况。

表5-24 理论模型M1的拟合检验

拟合指数	建议值	结构模型	拟合情况
绝对指标（absolute index）			
χ^2/df	$\chi^2/df<3$	2.08	理想
近似误差平方根（RMSEA）	< 0.1	0.075	理想
平均残差平方根（SRMR）	< 0.08	0.078	理想
拟合优度（GFI）	> 0.8	0.835	理想
相对指标（relative index）			

续表

拟合指数	建议值	结构模型	拟合情况
常规拟合指标（NFI）	> 0.9	0.961	理想
非常规拟合指标（NNFI）	> 0.9	0.970	理想
比较拟合指数（CFI）	> 0.9	0.973	理想
增值拟合指数（IFI）	> 0.9	0.973	理想
简约指标（parsimonious index）			
简约基准拟合指标（PNFI）	> 0.5	0.846	理想
简约拟合指标（PGFI）	> 0.5	0.685	理想

表5-25 理论模型M2的拟合检验

拟合指数	建议值	结构模型	拟合情况
绝对指标（absolute index）			
χ^2/df	$\chi^2/df<3$	2.023	理想
近似误差平方根（RMSEA）	< 0.1	0.053	理想
平均残差平方根（SRMR）	< 0.08	0.042	理想
拟合优度（GFI）	> 0.8	0.895	理想
相对指标（relative index）			
常规拟合指标（NFI）	> 0.9	0.975	理想
非常规拟合指标（NNFI）	>0.9	0.986	理想
比较拟合指数（CFI）	>0.9	0.988	理想
增值拟合指数（IFI）	>0.9	0.988	理想
简约指标（parsimonious index）			
简约基准拟合指标（PNFI）	>0.5	0.846	理想
简约拟合指标（PGFI）	>0.5	0.723	理想

5.6.2 假设检验

（1）理论模型M1的假设检验

首先利用 LISREL8.70对在线旅游服务领域的理论模型M1中的研究假设进行检验，得到的路径系数和相应的t值，具体整理到表5-26中。

表5-26 模型M1研究假设的验证

研究假设	完全标准化的参数估计值	t 值	结论
假设 H_1：意向与采纳行为正相关	0.94	11.90	支持
假设 H_2：态度与意向正相关	0.92	8.52	支持

续表

研究假设	完全标准化的参数估计值	t 值	结论
假设 H_3: 有用认知与意向正相关	0.00	0.01	拒绝
假设 H_4: 有用认知与态度正相关	0.24	3.45	支持
假设 H_5: 易用认知与态度正相关	0.41	5.84	支持
假设 H_6: 易用认知与有用认知正相关	0.20	1.41	拒绝
假设 H_7: 愉悦认知与态度正相关	0.44	8.17	支持
假设 H_8: 愉悦认知与意向正相关	0.05	0.75	拒绝
假设 H_9: 感官层体验与有用认知正相关	0.64	9.59	支持
假设 H_{10}: 感官层体验与易用认知正相关	0.15	2.39	支持
假设 H_{11}: 认知层体验与有用认知正相关	0.45	3.06	支持
假设 H_{12}: 认知层体验与易用认知正相关	0.80	10.38	支持
假设 H_{13}: 反思层体验与有用认知正相关	0.11	1.98	支持
假设 H_{14}: 反思层体验与愉悦认知正相关	0.47	7.28	支持

从表5-26所知，模型M1中除了假设H_3、H_6和H_8被拒绝外，其他假设都得到证实。根据上述验证结论，对模型进行修正，将不显著的路径删除，再进行结构方程运算，结果如图5-1所示。

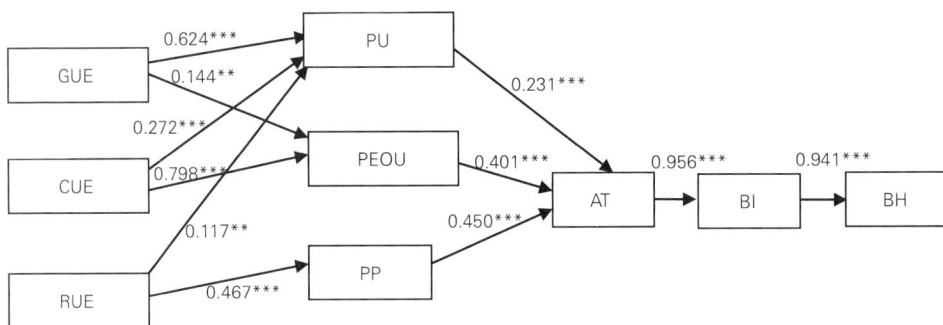

注: **$p<0.01$, ***$p<0.001$

图 5-1 修正模型 M1 的路径

修正模型M1中，除了认知层体验到有用认知的路径系数略低于原模型中对应系数，态度到意向的路径系数略高于原模型中对应系数外，其他路径系数值基本上与原模型对应数值相同，且全部达到显著性水平，具体值见表5-27。

表5-27　修正模型M1的路径系数

研究假设	完全标准化的参数估计值	t 值	结论
假设 H_1：意向与采纳行为正相关	0.941	11.869	支持
假设 H_2：态度与意向正相关	0.956	12.022	支持
假设 H_4：有用认知与态度正相关	0.231	3.417	支持
假设 H_5：易用认知与态度正相关	0.401	5.709	支持
假设 H_7：愉悦认知与态度正相关	0.450	8.740	支持
假设 H_9：感官层体验与有用认知正相关	0.624	9.838	支持
假设 H_{10}：感官层体验与易用认知正相关	0.144	2.296	支持
假设 H_{11}：认知层体验与有用认知正相关	0.272	4.202	支持
假设 H_{12}：认知层体验与易用认知正相关	0.798	10.307	支持
假设 H_{13}：反思层体验与有用认知正相关	0.117	2.091	支持
假设 H_{14}：反思层体验与愉悦认知正相关	0.467	7.279	支持

表5-28所示，修正模型M1的拟合指数均符合建议值，说明样本数据与模型拟合程度较高。

表5-28　修正模型M1的拟合指数

拟合指数	χ^2/df	NFI	NNFI	CFI	IFI	GFI	SRMR	RMSEA
建议值	$\chi^2/df<3$	>0.9	>0.9	>0.9	>0.9	>0.8	<0.08	<0.1
M1修正模型	1003.225/336=2.986	0.960	0.970	0.973	0.973	0.834	0.076	0.075

（2）理论模型M2的假设检验

利用 LISREL8.70对在线旅游服务领域的理论模型M2中的研究假设进行检验，得到的路径系数和相应的t值，具体整理到表5-29中。

表5-29　模型M2研究假设的验证

概念模型研究假设	模型路径	完全标准化的参数估计值	t 值	假设检验结果
H_1：满意度与持续采纳意向正相关	SA → CBI	0.685	7.04	支持
H_2：有用认知与持续采纳意向正相关	PU → CBI	0.156	2.03	拒绝
H_3：有用认知与满意度正相关	PU → SA	0.417	4.12	支持

续表

概念模型研究假设	模型路径	完全标准化的参数估计值	t 值	假设检验结果
H_4：期望确认程度与满意度正相关	EC → SA	0.05	0.41	拒绝
H_5：期望确认程度与有用认知正相关	EC → PU	0.278	2.32	支持
H_6：易用认知和有用认知正相关	PEOU → PU	−0.319	−1.84	拒绝
H_7：易用认知和满意度正相关	PEOU → SA	0.159	1.53	拒绝
H_8：期望确认程度与愉悦认知正相关	EC → PP	−0.041	−0.49	拒绝
H_9：愉悦认知与满意度正相关	PP → SA	0.201	2.72	支持
H_{10}：愉悦认知与持续采纳意向正相关	PP → CBI	0.112	1.83	拒绝
H_{11}：感官层体验和易用认知正相关	GUE → PEOU	0.663	10.66	支持
H_{12}：感官层体验和有用认知正相关	GUE → PU	0.171	1.04	拒绝
H_{13}：认知层体验和易用认知正相关	CUE → PEOU	0.340	5.81	支持
H_{14}：认知层体验和有用认知正相关	CUE → PU	0.799	7.27	支持
H_{15}：反思层体验和有用认知正相关	RUE → PU	0.047	0.66	拒绝
H_{16}：反思层体验和愉悦认知正相关	RUE → PP	0.861	8.66	支持

从表5-29可知，模型M2提出的16个研究假设中，除了假设H_2、H_4、H_6、H_7、H_8、H_{10}、H_{12}和H_{15}被拒绝外，其他假设都得到证实。根据上述验证结论，对模型进行修正，将不显著的路径删除，再进行结构方程运算。为了提高概念模型的拟合程度，对模型进行了修正，一次只对一个参数进行修正，再重新进行模型估计。增加了期望确认程度对易用认知（EC→PEOU）影响的路径和易用认知对持续采纳意向（PEOU→CBI）影响的路径，这两条路径的增加在理论上是合理的。依次删除了初始模型中没有显著影响的路径，最终确定的理论模型，如图5-2所示。比较临界值和修正模型的拟合指标值，该修正模型的拟合度很好，如表5-31所示。研究结果看出，持续使用意向在模型中被解释的方差达到77.1%，满意度被解释的方差为56.6%，说明本研究引入的变量是合理的。

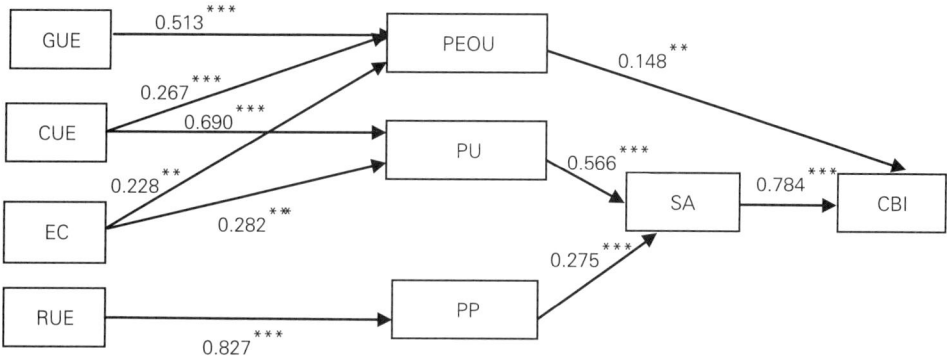

注：**p<0.01，***p<0.001

图5-2　修正模型M2的路径

　　修正模型M2中，路径系数值基本上与原模型对应数值相同，且全部达到显著性水平，具体值见表5-30。如表5-31所示，修正模型M2的拟合指数均满足建议值，说明样本数据与模型拟合程度较高。

表5-30　修正模型M2的路径系数

研究假设	完全标准化的参数估计值	t 值	结论
假设 H_1：满意度与持续采纳意向正相关	0.784	9.299	支持
假设 H_3：有用认知与满意度正相关	0.566	7.697	支持
假设 H_5：期望确认程度与有用认知正相关	0.282	4.291	支持
假设 H_{17}：期望确认程度与易用认知正相关	0.228	2.576	支持
假设 H_{18}：易用认知与持续采纳意向正相关	0.148	2.429	支持
假设 H_9：愉悦认知与满意度正相关	0.275	4.200	支持
假设 H_{11}：感官层体验与易用认知正相关	0.513	6.049	支持
假设 H_{13}：认知层体验与易用认知正相关	0.267	4.556	支持
假设 H_{14}：认知层体验与有用认知正相关	0.690	9.205	支持
假设 H_{16}：反思层体验与愉悦认知正相关	0.827	12.379	支持

表5-31　修正模型M2的拟合指数

拟合指数	χ^2/df	NFI	NNFI	CFI	IFI	GFI	SRMR	RMSEA
建议值	$\chi^2/df<3$	>0.9	>0.9	>0.9	>0.9	>0.8	<0.08	<0.1
M2 修正模型	620.10/334=1.857	0.974	0.987	0.988	0.988	0.893	0.042	0.048

5.7 结果讨论

5.7.1 研究假设的结论

（1）M1模型的结果分析

在线旅游服务产品的初始采纳行为模型可以证明TAM模型依然具有解释能力。虽然易用认知到有用认知的路径作用不显著，但是有用认知、易用认知和愉悦认知对于用户的态度均存在显著影响，其中愉悦认知的路径系数最大（$\beta=0.450$，$p<0.001$），其次为易用认知（$\beta=0.401$，$p<0.001$），而有用认知的路径系数最小（$\beta=0.231$，$p<0.001$）。同时，态度对于意向，以及意向对于采纳行为均存在显著的影响。有用认知对态度的路径系数为0.231，对行为意向的影响路径不显著，说明在用户的初始采纳阶段，有用认知对于态度有明显的促进作用，而对行为意向没有直接的作用。易用认知对态度的路径系数为0.401，对有用认知的影响路径不显著，说明在初始采纳阶段，易用认知对于态度具有明显的促进作用，但是对于有用认知不存在显著的作用。愉悦认知对态度的路径系数为0.450，对行为意向的影响路径不显著，说明在初始采纳阶段，愉悦认知对于态度具有明显的促进作用，而对行为意向没有直接的作用。态度对行为意向的路径系数为0.956，行为意向对行为的路径系数为0.941，说明在初始采纳阶段，用户的态度通过行为意向的中介作用而对行为产生影响。

用户体验作为前置变量，对于采纳行为的有用认知、易用认知和愉悦认知都产生了不同程度的影响。感官层体验对于有用认知的路径系数（$\beta=0.624$，$p<0.001$）大于对于易用认知的路径系数（$\beta=0.144$，$p<0.01$）；认知层体验对于有用认知的路径系数（$\beta=0.272$，$p<0.001$）小于对于易用认知的路径系数（$\beta=0.798$，$p<0.001$）；反思层体验对于愉悦认知的路径系数（$\beta=0.467$，$p<0.001$）显著，大于对有用认知的路径系数（$\beta=0.117$，$p<0.01$）。

（2）M2模型的结果分析

本研究验证了ECM模型中的假设，证明了ECM模型对于在线旅游服务用户持续采纳行为的解释能力。用户的持续采纳意向受到期望确认程度和满意度2个重要变量的影响。在模型中，有用认知对于持续采纳意向没有直接的作用，但通过满意度间接影响用户的持续采纳意向。

在模型M2中，易用认知对有用认知的影响路径不显著，而修正模型中增加了易用认知对于持续采纳意向的路径，易用认知对持续采纳意向的路径系数为0.148，说明在持续采纳阶段，易用认知能够显著提高用户的持续采纳意向，而有用认知没有显著影响。愉悦认知对满意度的路径系数为0.275，对持续采纳意向不存在显著影响，说明在持续采纳阶段，愉悦认知对满意度具有促进作用，进而对持续采纳意向具有促进作用。满意度对持续使用意向的路径系数为0.784，说明在持续采纳阶段，满意度对持续采纳意向具有明显促进作用。期望确认程度对有用认知的路径系数为0.282，对愉悦认知和满意度的路径影响不显著，说明在持续采纳阶段，期望确认程度对于有用认知和易用认知都具有明显的促进作用。

实证检验结果充分表明，用户的持续采纳意向不仅仅受到ECM模型的变量影响，同时也受到易用认知、愉悦认知这些变量的影响。新纳入的愉悦认知变量通过满意度的中介作用影响用户的持续采纳意向。对于满意度而言，有用认知的路径系数（$\beta=0.566$，$p<0.001$）大于愉悦认知的路径系数（$\beta=0.275$，$p<0.001$）。期望确认程度通过有用认知和易用认知的中介作用间接影响满意度，从而提高用户的持续采纳意向。期望确认程度对于有用认知的路径系数（$\beta=0.282$，$p<0.001$）大于对于易用认知的路径系数（$\beta=0.228$，$p<0.01$）。期望确认程度对愉悦认知的影响不显著，可能是因为用户对于在线旅游服务的评价更大程度上受实用性、系统质量的客观影响，而对享乐型的主观感受没有太多的需求。

本研究验证了用户体验对于用户认知的研究假设，表明用户体验层次模型作为外生影响因素的适用性。在体验层次模型中，感官层体验对易用认知的路径系数（$\beta=0.513$，$p<0.001$）显著，而对于有用认知的假设不成立。而认知层体验对于有用认知的路径系数（$\beta=0.690$，$p<0.001$）大于对于易用认知的路径系数（$\beta=0.267$，$p<0.001$）。反思层体验对于有用认知的假设不成立，但是对于愉悦认知具有显著的影响（$\beta=0.827$，$p<0.001$）。

（3）模型的对比分析

本研究涉及两个模型的假设验证，因此本节将两个模型的验证结果进行比较分析。

1）感官层体验与有用认知、易用认知的关系。

在模型M1和模型M2中，感官层体验与易用认知的路径系数分别为0.144和

0.513，说明在线旅游服务产品的感官层体验对用户易用认知存在明显的促进作用。在模型M1中，感官层体验与有用认知的路径系数为0.624，说明在线旅游服务产品的感官层体验对用户有用认知存在明显的促进作用，但模型M2中，感官层体验对于有用认知不存在影响。

2）认知层体验与有用认知、易用认知的关系。

在模型M1和模型M2中，认知层体验与有用认知的路径系数分别为0.272和0.690，说明在线旅游服务产品的认知层体验对用户有用认知存在明显的促进作用。在模型M1和模型M2中，认知层体验与易用认知的路径系数分别为0.798和0.267，说明在线旅游服务产品的认知层体验对用户易用认知存在明显的促进作用。

3）反思层体验与有用认知、愉悦认知的关系。

在模型M1中，反思层体验与有用认知的路径系数为0.117，说明在用户的初始采纳阶段，反思层体验中的安全、情感和品牌要素会对用户的有用认知产生重要的影响。但是在模型M2中，反思层体验与有用认知之间不存在正向影响作用，说明在用户持续采纳在线旅游服务产品的过程中，有用认知不会受到反思层体验的影响。在模型M1中，反思层体验与愉悦认知的路径系数为0.467，说明在用户的初始采纳阶段，反思层体验会对用户的愉悦认知产生明显的促进作用。在模型M2中，反思层体验与愉悦认知的路径系数为0.827，说明在用户持续采纳在线旅游服务产品的过程中，愉悦认知更容易受到反思层体验的影响。

5.7.2 变量之间的效应关系

在结构方程模型中，如果变量之间的路径系数显著，则存在直接影响，即直接效应。但变量之间也可以通过一个或多个中介变量的作用带来间接影响，即间接效应。从图5-1和图5-2可以看出，模型中变量之间不仅有直接效应，还存在着间接效应，根据变量之间的显著路径系数，进一步计算出模型中潜变量之间的总效应，结果如表5-32和表5-33所示。

表5-32　修正模型M1变量之间的总效应

潜变量	GUE	CUE	RUE
PU	0.624	0.272	0.117
PEOU	0.144	0.798	—

续表

潜变量	GUE	CUE	RUE
PP	—	—	0.467
AT	0.202	0.383	0.237
BI	0.193	0.366	0.227
BH	0.182	0.345	0.213

在在线旅游服务的初始采纳模型M1中，用户体验的3个维度对于内生潜在变量都存在直接或间接的影响。从表5-32可以看出，感官层体验、认知层体验和反思层体验3个维度对于有用认知的影响效应依次为0.624、0.272和0.117，感官层体验的影响最大；感官层体验和认知层体验对于易用认知的影响效应为0.144和0.798，认知层体验的影响最大；而反思层体验仅对于愉悦认知有影响，总效应为0.467。感官层体验、认知层体验和反思层体验3个维度对用户行为的影响效应依次为0.182、0.345和0.213，说明认知层体验的影响最大，其次是反思层体验，感官层体验的影响最小。

表5-33　修正模型M2变量之间的总效应

潜变量	GUE	CUE	RUE	EC
PU	—	0.690	—	0.282
PEOU	0.513	0.267	—	0.228
PP	—	—	0.827	—
SA	—	0.390	0.228	0.160
CBI	0.076	0.346	0.178	0.159

在在线旅游服务的持续采纳模型M2中，用户体验的3个维度和期望确认程度对于内生潜在变量都存在直接或间接的影响。从表5-33可以看出，认知层体验和期望确认程度对于有用认知的影响效应为0.690和0.282，认知层体验的影响较大；感官层体验、认知层体验和期望确认程度对于易用认知的影响效应为0.513、0.267和0.228，其中，感官层体验的影响最大，其次是认知层体验和期望确认程度。而感官层体验、认知层体验、反思层体验和期望确认程度对于持续采纳意向都有不同程度的影响，认知层体验的总效应最大，为0.346，其次是反思层体验和感官层体验。不能忽视用户的期望确认程度对于持续采纳意向的作用。

5.7.3 模型的解释能力

结构方程模型的路径系数估计在前面章节已经给出，而模型的预测能力如表5-34所示。

表5-34 模型解释能力的比较

模型	潜在变量					
M1	PU	PEOU	PP	AT	BI	BH
	0.827	0.810	0.218	0.720	0.915	0.885
M2	PU	PEOU	PP	SA	CBI	
	0.820	0.838	0.684	0.566	0.771	

从表5-34中可以看出，对于模型M1中最后的内生潜在变量——行为，在M1模型中的解释能力达到88.5%；对于模型M2中最后的内生潜在变量——持续采纳意向，在M2模型中的解释能力达到77.1%。说明本研究所引入的变量是合理的，能够用来解释用户对在线旅游服务产品的采纳行为。

5.8 总结和对策建议

5.8.1 研究小结

本研究将TAM模型、ECM模型和用户体验过程进行整合，引入了用户体验的层次设计，构建了在线旅游服务用户采纳行为的理论模型。在初始采纳行为模型中将用户体验作为前置变量，引入愉悦认知；在持续采纳行为模型中，将期望确认程度和满意度作为关键要素，引入了易用认知和愉悦认知，并加入了用户体验的层次。本研究扩展和改进了TAM、ECM模型，提出在线旅游服务的用户采纳行为模型，并进行了实证检验。通过实证研究发现，除了用户认知、情感等内生变量对于行为决策的影响之外，还应充分认识到在线旅游服务的用户体验是重要的外生影响因素。

（1）用户认知对于采纳行为的影响：在初始采纳行为阶段，有用认知、易用认知和愉悦认知对于采纳行为均有不同程度的作用，且均通过态度来间接影响意向和采纳行为，其中愉悦认知的作用路径系数最大。而在持续采纳行为阶段，有用认知和愉悦认知对于满意度均有不同程度的影响，间接地促进持续采纳意向，其中有用认知的作用路径系数最大。易用认知对于满意度没有显著影响，但是对于持续采纳意向存在直接的显著作用。

（2）用户体验对于用户认知的影响：对于用户体验的3个维度，无论在初始采纳行为模型还是持续采纳行为模型中，对用户认知都产生了显著的作用。在初始采纳行为阶段，感官层体验对于有用认知作用明显，认知层体验明显作用于易用认知，反思层体验明显作用于用户的愉悦认知；而在持续采纳行为阶段，感官层对于易用认知的作用明显，认知层体验明显作用于有用认知，反思层体验明显作用于用户的愉悦认知。从变量之间的效应关系可以看出，无论对于初始采纳还是持续采纳的实证研究，认知层体验的效应最大，其次是反思层体验，最后是感官层体验。对于在线旅游服务用户体验而言，认知层体验对于用户初始采纳行为和持续采纳意向产生的影响作用最大。因此在在线旅游服务产品提供服务的过程，应重视认知层体验的设计，关注功能体验、过程体验、交互体验和系统体验。设计人员应从用户的角度，对服务平台的功能完善、过程引导、交互设计和系统支持等方面不断进行体验优化，以提高用户的满意度和持续使用意向。

5.8.2　对策与建议

本章结合所构建的模型及实证分析的结果提出促进在线旅游服务产品持续良性发展的对策。根据网络信息服务用户采纳行为模型计算出来的路径系数及结构变量之间的总效应关系可知，有用认知、易用认知和愉悦认知对用户的初始采纳和持续采纳具有直接的显著影响。而用户体验的3个维度感官层体验、认知层体验和反思层体验对用户认知有显著影响，继而对初始采纳行为和持续采纳意向产生间接影响。因此，为了促进在线旅游服务产品的良性可持续发展，提高用户采纳的行为意向，本部分将结合以上所提出模型的效应关系、模型中变量之间的关系和各变量所涉及的测量题项，从提高用户认知和改善用户体验设计方面提出促进在线旅游服务平台发展的针对性对策。

网站作为一个信息平台，既要有美观大方的界面设计，还要具备易懂易操作的功能。因此，在网站建设中用户体验设计发挥着重要的作用。如何设计出"人性化"的网站，就是在保证产品美观的同时，又能根据用户的行为习惯，满足用户的心理需求和功能需求。在线旅游服务作为网络信息服务中的体验类产品，综合了电子商务的人机交互性，因此在线旅游服务中的用户体验至关重要。

为了提高在线旅游服务质量的用户体验，促进在线旅游的持续健康发展，在线旅游服务平台需要提高用户的认知层体验，增强用户的反思层体验和优化用户的感官层体验。

5.8.2.1 提高用户的认知层体验

通过结构方程模型的实证检验，无论是在线旅游服务的初始采纳行为模型，还是持续采纳行为模型，认知层体验对于用户的采纳行为和持续采纳意向的总效应都是最大的，分别为0.345和0.346。在初始采纳行为模型中，认知层体验对于易用认知有显著影响（$\beta=0.798$，$p<0.001$），大于对有用认知的影响（$\beta=0.272$，$p<0.001$）；在持续采纳行为模型中，认知层体验对于有用认知存在显著影响（$\beta=0.690$，$p<0.001$），大于对易用认知的影响（$\beta=0.267$，$p<0.001$），因此通过有用认知和易用认知的中介作用，认知层体验对于用户的采纳行为和持续采纳意向均产生了显著影响。对于在线旅游服务认知层体验的提高主要从系统体验、功能体验、过程体验和交互体验几个角度入手，以提高整体的用户体验，促进用户的采纳行为。

（1）系统体验

网站的访问速度影响到用户是否使用其服务，因此网站在设计过程中要确保用户的访问速度，不断升级后台服务器，增强系统的快速响应和实时交互性能，确保各项功能顺利实现。同时考虑平台对不同浏览器的兼容性，为用户提供流畅的系统体验，同时确保系统平台的稳定性，提高服务的速度和效率。

（2）功能体验

由于用户需要搜寻各种不同的旅游产品，因此便捷的导航设计是影响用户采纳的重要因素。要尽量保持导航栏简洁明了，以及在各个页面导航栏的一致性，同时在导航栏结构中要运用不同颜色、字体和链接来提高阅读性。在线旅游服务要优化搜索功能，为用户提供便捷的搜索功能，对旅游产品的信息分类更加清晰和细化，增强检索系统的个性化、智能化、多样化。在线旅游服务提供的信息查询、产品预订、支付等功能，要尽量简化流程，并提供详细的操作流程说明，使用户可以快速地完成订单操作，有效改善用户的功能体验。

（3）过程体验

过程体验主要要充分考虑用户在操作网站的过程中的心理感受，确保所有的设计环节都能促进用户购物行为。如在会员注册的设计上，要尽量便捷，随时为用户提供在线提示，方便订单修改甚至取消。在交易的过程中，能够随时提供帮助功能，对于用户的交易疑问进行快速有效的解答，提高订单交易的成功率。

（4）交互体验

由于在线旅游服务具有交互性，因此用户希望通过平台与商家或其他用户进行产品或服务的实时交流，以增强对于旅游产品的了解。在线客服对于用户的问题要及时回复，延误会带来用户的流失。不同类型的问题要提供不同的回复方式，派专员处理专门的问题，时刻准备及时响应用户的要求，尽量减少用户的等待时间，带给用户积极的交互体验。

5.8.2.2 用户的反思层体验

实证检验结果表明，在初始采纳行为模型中，反思层体验对于愉悦认知有显著影响（$\beta=0.467$，$p<0.001$），大于对有用认知的影响（$\beta=0.117$，$p<0.01$）。在持续采纳行为模型中，反思层体验对于愉悦认知也同样存在显著影响（$\beta=0.827$，$p<0.001$）。因此，通过愉悦认知和有用认知的中介作用，反思层体验对于用户的采纳行为和持续采纳意向均产生了显著影响。在初始采纳行为模型中，对于持续采纳意向的总效应为0.213，位居第二；而在初始采纳行为模型中，对于采纳行为的总效应为0.178，位居第二。因此，本部分将针对信任体验、品牌体验和情感体验等方面提出解决策略，以提升用户的反思层体验，增强用户的有用认知和愉悦认知。

（1）信任体验

对于在线旅游服务的提供商，要提升用户的信任体验，首先要完善通信网络、终端设备等硬环境，其次内容完备的相关法律和规章制度也有助于提升用户的信任。在线旅游服务提供的产品交易，需要考虑交易风险和安全隐患，以防止用户个人及账户等隐私信息的泄露。在线旅游服务的提供商要利用先进的技术和制度来确保交易过程安全可靠，增强交易的保障性和支付的安全性，并提供服务承诺，这样可以降低用户对风险的担忧，提升用户对在线旅游服务的安全信任体验。

（2）情感体验

情感体验的设计是为了促使用户持续使用网站。在线旅游服务可以根据用户的购买偏好和习惯推荐相关的旅游产品或服务，建立用户资源数据库，挖掘用户需求，提供个性化服务；根据用户群体的分类，提供人性化服务，定期提供产品及促销信息，提供积分兑换等服务；提供会员交流功能，促进用户之间的交流；通过售后评价，及时获取用户的反馈，促使网站进行服务的提升和完善。

（3）品牌体验

网站信誉的建立是个漫长的过程，它是随着每一笔交易的发生而累积的，需要长期的积累。除了产品的品质符合商家承诺、价格合理、服务优秀以外，还需服务提供商加强服务品牌和口碑的培育，积极打造有特色的在线旅游品牌，增强用户的品牌体验。

5.8.2.3 优化用户的感官层体验

实证检验结果表明，在初始采纳行为模型中，感官层体验对于有用认知有显著的影响（$\beta=0.624$，$p<0.001$），大于对易用认知的影响（$\beta=0.144$，$p<0.001$），在持续采纳行为模型中，感官层体验对于易用认知同样存在显著影响（$\beta=0.513$，$p<0.001$），因此，通过有用认知和易用认知的中介作用，感官层体验对于用户的采纳行为和持续采纳意向均产生了显著影响，并且在初始采纳行为模型中，对采纳行为的总效应为0.182；在持续采纳行为模型中，对持续采纳意向的总效应为0.076。因此，本小节将从视觉体验、浏览体验和信息体验等方面提出解决策略，以提升用户的感官层体验，提高用户的有用认知和易用认知。

（1）视觉体验

在线旅游服务网站应提供精美简洁的用户界面，包括色彩的应用、字体的大小和图片的质量。提升网站视觉体验可以从网站总体风格建设、外观、网站布局、图片、颜色、声效、商品展示方式等方面努力，为用户提供生动、有趣的视觉体验。为保证网站页面之间的风格统一，建议采用不超过三种的主色调，带给用户良好的视觉体验。

（2）浏览体验

浏览体验是指用户在浏览页面时的体验，主要反映的是用户在交易过程中寻找商品的这一过程。要保证网站栏目层级设置清晰合理，每个栏目的名称鲜明、准确。每个栏目所包含的内容具有明显的区分，相互之间的重合度不高，且每个栏目中具备丰富的内容。

（3）信息体验

信息体验是指网站的信息展示，可以使用户获取更多的信息，具体包括产品分类和明细。根据旅游产品的不同特点，进行详细的产品分类以及合理的分类层次关系，使用户快速找到所需要的产品。关于旅游产品的信息要保持一致性，信息要准确、更新和维护及时。

从实证分析可以看出，用户体验对于在线旅游服务平台的用户采纳行为有很大的影响，也是网站吸引用户的制胜法宝。良好的用户体验会促进用户的初始采纳（初次购买）和持续采纳（重复购买），并能提高用户的满意度和忠诚度，同时带来更多的潜在用户，不断为企业创造利益。而用户体验不好，会影响用户的初始采纳和持续采纳，让企业丧失众多的潜在和现实用户。因此，在线旅游服务企业必须高度重视用户体验，根据用户体验的反馈来改善产品和提升服务。

第6章　基于用户体验的网络信息服务质量评价

随着网络信息服务的快速发展，学术、社会各界对于信息服务质量评价问题的关注度也越来越高。在对网络信息服务质量进行评价的过程中，本章构建了以用户体验为基础的评价体系，从用户的角度进行服务质量的评价，为网络信息服务质量的改进和完善提出了方向。

网络信息服务质量是指信息服务提供者在向用户提供服务过程中，信息服务行为和服务情境的具体表现的质量。而服务质量的评价反映的是产品所具备的特征是否满足用户的期望。"用户满意"是衡量网络信息服务质量高低的最终目标。为了客观评价网络信息服务质量，发现网络信息服务中存在的问题，网络信息服务产品的开发和设计需要深入研究用户的认知心理、采纳行为等，坚持"以用户为中心"的原则，从用户的角度来确定产品的服务目标，并通过对信息服务产品不断进行优化体验，从而获得用户的持续满意度。因此，基于用户体验对网络信息服务质量进行评价具有必要性。本章对影响网络信息服务质量的用户体验各维度指标进行梳理，为提高网络信息服务质量提供理论和技术上的支持。

对于网络信息服务质量的评价涉及产品的主观和客观特征，属于多指标综合评价问题。而常用的综合评价方法有：层次分析法、专家赋值法、因子分析法、模糊综合评价法等。

本章在借鉴相关评价模型的基础上，构建了以用户体验为中心的网络信息服务质量评价模型，并针对移动数字阅读产品和在线旅游服务设置相应的指标体系，并利用模糊综合评价法对网络信息服务进行评价。随着互联网的普及和渗透，提升用户体验是信息服务提供商增强差异化优势的关键。在向"以用户为中心"的服务理念转变的过程中，如何从产品的分析、设计、使用过程中管理用户体验，提升用户体验，日益成为网络信息服务的热点和重点。针对网络信息服务的质量评价，不能仅仅停留在技术指标角度，而应该从用户认知角度，采用综合评价方法来建立网络信息服务的质量评价模型。

6.1 网络信息服务质量评价指标体系的确定

在认知心理学研究中，用户对于信息服务质量的评价属于主观判断。在网络信息服务过程中，当用户体验作为前置变量影响用户的行为、满意度和持续采纳意向时，用户体验是用户对于信息质量评价的依据。关于网络信息服务质量的评价，要理清前因后果，既要分析用户行为路径的规律，也要分析用户质量评价的要素。质量评价本身反映的是用户对于信息服务的一种态度，根据用户采纳行为理论，态度影响意向进而影响行为，因此对于网络信息服务质量的评价要从探讨用户的行为出发，找出用户行为与质量评价之间的因果关系，进而对信息服务进行评价。从用户出发进行网络信息服务质量评价则是以用户体验为基础，随着用户体验的提升，用户的满意度和持续采纳意向也会提高。网络信息服务提供商应深入了解用户对于服务的感受，而用户对服务的主观认知，以及对于服务的整体采纳程度，可以较好地体现出服务的体验质量。

虽然网络信息服务质量受到众多因素的影响，但是只有对提供信息服务的平台进行客观全面的评价，才能真正满足用户的需求。因此，本研究从用户体验的角度出发，探索网络信息服务质量评价的要素和指标，构建网络信息服务质量的评价模型，进而形成一整套系统的质量评价体系。

在网络信息服务质量评价体系的建立过程中，每个环节都应从用户的角度出发。在指标体系的设计上，本章依据第4章、第5章理论模型的实证分析结果，针对不同领域构建其特有的评价指标体系。无论是移动数字阅读还是在线旅游服务，我们可以从变量的总效应表看出，显著影响用户采纳意向和行为的主要是用户体验相关的3个结构变量：感官层体验、认知层体验和反思层体验。因此，在建立网络信息服务质量评价指标体系时可以直接将用户体验的3个维度作为一级指标，二级指标则是原有的测量指标。

网络信息服务质量评价体系从用户体验角度出发，设置3个一级指标：感官层体验、认知层体验和反思层体验，每一个一级指标下面还包括若干个二级指标。针对不同领域的网络信息服务，指标体系中各项指标的重要程度是不一样的。对于移动数字阅读领域，用户更关注反思层体验，即用户价值和情感的体验；对于在线旅游服务而言，用户更加关注网站的认知层体验，对交易过程有直接的影响。因此，确定指标体系中各指标的权重是网络信息服务质量评价过程中至关重要的环节。

一般学术界对于指标权重的确定主要有主观赋权法和客观赋权法两种，主观赋权主要包括德尔菲（Delphi）法、层次分析法（AHP）等，这些方法都是凭经验确定权重；客观赋权法主要是熵值法、最小二乘法以及最大方差法等，这些方法则依据评价对象的指标数据，根据计算准则得出各评价指标的权重。本研究对于指标权重的确定，是对用户采纳行为模型的具体应用，同时也是本研究的一个创新。根据第4章和第5章初始采纳模型实证分析的研究结果，对于一级指标权重的确定，是对变量之间的总效应进行归一化处理，得到的数值作为一级指标的权重；对于二级指标权重的确定，是依据各个指标在其测量变量上的因子负荷进行归一化处理，得到二级指标的对应权重。该方法突破了主观赋权法凭经验赋值的不足，建立了准确反映用户意见的指标评价权重，丰富了网络信息服务质量评价理论，并通过实证分析验证了该方法的科学性和实用性。

6.1.1 移动数字阅读服务质量评价指标体系

在移动数字阅读的初始采纳行为模型中，感官层体验、认知层体验和反思层体验对于采纳行为的总效应分别为0.118、0.213和0.409（见表4-38），对每个维度的总效应进行归一化处理，即得到三个维度的一级指标权重分别是0.159、0.288、0.553。对于移动数字阅读的用户而言，更关注个性化的服务、价值体验和互动交流，因而反思层体验的重要性逐渐凸显。

对于所有的二级指标，则直接将附录1中测量题项作为二级指标的测量指标，其权重则利用验证性因子分析结果中各观测指标的因子载荷（见表4-20），将所有观测指标的因子载荷相加得到因子载荷总和，每个观测指标的因子载荷除以总和即为二级指标的权重，具体见表6-1。

表6-1　移动数字阅读信息服务质量评价指标体系及权重

一级指标	权重	二级指标	权重	测量指标
感官层体验 GUE	0.159	视觉体验 VUE	0.359	VUE1：移动数字阅读产品的色彩搭配整洁、协调
				VUE2：数字阅读产品功能模块划分、页面设计合理
				VUE3：界面设计简洁，方便操作
		浏览体验 BUE	0.295	BUE1：提供完整的用户定位功能，方便用户进行页面的定位
				BUE2：能够对阅读页面的显示比例进行调节
				BUE3：允许用户调节屏幕亮度功能、夜间阅读模式
		信息体验 IUE	0.346	IUE1：提供的内容信息丰富多样
				IUE2：内容信息能够更新及时
				IUE3：内容信息以文字、图片、音频、视频等多种形式呈现
				IUE4：内容作品完整，方便用户进行资源的获取
认知层体验 CUE	0.288	系统体验 SUE	0.323	SUE1：数字阅读产品系统稳定，打开迅速且不易闪退
				SUE2：页面反应迅速、翻页跳转流畅、切换方便
				SUE3：全局导航明确，易于理解操作
		功能体验 FUE	0.345	FUE1：个性化功能设置：阅读记忆功能；多设备同步功能；收藏功能；离线下载
				FUE2：产品阅读时提供画线、批注、做笔记、搜索、翻译等辅助功能
				FUE3：提供文字和语音的多模式切换
		内容体验 NUE	0.332	NUE1：内容种类丰富、质量高、简短精练
				NUE2：有很多原创内容、数量充足
				NUE3：具有图书、报纸、杂志、资讯和自媒体等类型多样的数字资源
反思层体验 RUE	0.553	价值体验 JUE	0.298	JUE1：构建社交性平台，方便用户评论互动
				JUE2：点赞、分享功能
				JUE3：提供对数字资源的评价，满足用户影响他人的需求
				JUE4：提供分享给他人或其他社交平台的功能，满足用户的社会互动需求
		情感体验 EUE	0.358	EUE1：提供个性化阅读内容的定制和推送

续表

一级指标	权重	二级指标	权重	测量指标
反思层体验 RUE	0.553	情感体验 EUE	0.358	EUE2：提供个性化的阅读功能设置（翻页方式、横竖屏切换）
				EUE3：提供个性化的界面设计（亮度、颜色、字号、字体、夜间模式等、背景皮肤等）
		品牌体验 PUE	0.344	PUE1：移动数字阅读产品的知名度高
				PUE2：该产品的品牌信誉度高
				PUE3：该产品的用户口碑高

6.1.2 在线旅游服务质量评价指标体系

在在线旅游服务的初始采纳行为模型中，感官层体验、认知层体验和反思层体验对于采纳行为的总效应分别为0.182、0.345和0.213（根据表5-32所示），将效应相加得到效应总和，每个维度的效应除以总效应即为该维度的一级指标权重，依次是0.246、0.466、0.288。在线旅游服务中用户对于认知层体验更加关注，因为作为旅游产品的交易平台，用户希望网站在订单交易过程中能够提供足够的功能支持和问题的及时反馈。

对于所有的二级指标，则直接将附录6中测量题项作为二级指标的评价指标，对于其权重，则利用验证性因子分析结果中各观测指标的因子载荷（根据表5-14所示），将所有观测指标的因子载荷相加得到因子载荷总和，每个观测指标的因子载荷除以总和即为二级指标的权重，具体如表6-2所示。

表6-2 在线旅游服务信息服务质量评价指标体系及权重

一级指标	权重	二级指标	权重	测量指标
感官层体验 GUE	0.246	视觉体验 VUE	0.363	VUE1：网站的设计美观、具有较强的设计感
				VUE2：网站的界面设计友好，操作简便
				VUE3：网站的色彩搭配协调，风格适宜、舒服
		浏览体验 BUE	0.295	BUE1：网站的版面布局清晰、合理、有序
				BUE2：网站的板块设计具有层次性
		信息体验 IUE	0.342	IUE1：网站提供的产品信息准确、可靠、真实
				IUE2：网站提供的旅游产品信息能够及时更新
				IUE3：网站提供的产品信息全面、详细、完整

一级指标	权重	二级指标	权重	测量指标
感官层体验 GUE	0.246	信息体验 IUE	0.342	IUE4：商品信息的多媒体展示丰富（文本、图像、声音、动画等表达方式）
认知层体验 CUE	0.466	系统体验 SUE	0.261	SUE1：网站页面加载的速度快
				SUE2：网站的服务具备快速响应处理的能力
				SUE3：网站运行具有稳定性、流畅性
		功能体验 FUE	0.254	FUE1：网站提供了丰富、便捷的信息获取途径（分类检索、主题检索等）
				FUE2：网站提供了类目清晰的导航系统，方便浏览
				FUE3：网站提供的预订功能方便易用
				FUE4：网站提供了完备的交易功能模块
		过程体验 PUE	0.261	PUE1：网上交易流程的设计简捷、清晰，方便用户进行操作
				PUE2：在交易过程中，网站能够随时向顾客提供帮助、订单查询、修改、取消等功能
				PUE3：投诉或反馈能够得到快速有效的解决
		交互体验 NUE	0.224	NUE1：网站提供自由与其他客户进行交流的空间
				NUE2：网站能及时对客户提出的问题、意见作出快速响应
				NUE3：网站提供买卖双方的交互沟通功能
反思层体验 RUE	0.288	信任体验 TUE	0.366	TUE1：网站能够保证用户个人信息、个人账户的安全性
				TUE2：网站能够保证系统交易的安全可靠性
				TUE3：网站具有良好的信誉性和安全认证
		情感体验 EUE	0.328	EUE1：网站针对不同用户提供个性化定制服务的功能
				EUE2：网站对用户提供了人性化服务、政策
				EUE3：网站提供了合理的售后评价体系
		品牌体验 AUE	0.306	AUE1：网站具有一定知名度
				AUE2：该网站的品牌信誉度高

6.2 模糊综合评价法

基于6.1节确定的网络信息服务质量评价指标体系，本节采用模糊综合评价法来对网络信息服务产品的质量评价进行计算。具体步骤如下。

第一步：建立因素集U，本研究的评价目标是网络信息服务质量，因素集由3个一级指标以及不同数量的二级指标所组成。

$$U=\{U_1, U_2, \cdots, U_n\}$$

其中，每一个一级指标下的二级指标构成子因素集$U_1, U_2, \cdots, U_n$

$$U_i=\{X_{i1}, X_{i2}, \cdots, X_{in_i}\}, i=1,2, \cdots, n$$

并且对任意的$i\neq j, U_i \cap U_j=\varnothing$，满足$n_1+n_2+\cdots+n_n=n, U_1 \cup U_2,\cdots, U_n=U$。

第二步：建立评价集V，由于前面实证研究采用的是5级李克特量表，因此本节将评价等级依据问卷中的设置，

$$V=\{V_1, V_2, \cdots, V_m\},$$

也就是$V=\{$非常不满意，不满意，一般，满意，非常满意$\}$，

利用5级李克特量表赋值，即为$C=（1，2，3，4，5）$。

第三步：对U_i中的各个二级指标进行单因素评价，建立模糊关系矩阵R_i

$$R_i=\begin{pmatrix} r_{11} & r_{12}\cdots r_{1m} \\ r_{21} & r_{22}\cdots r_{2m} \\ \vdots & \vdots \quad \vdots \\ r_{n_i1} & r_{n_i2}\cdots r_{n_im} \end{pmatrix}_{n_i \times m}$$

其中，r_{n_ij}表示因素U_i中子因素x_{in_i}对评价等级v_j的隶属度，而且满足

$$\sum_{j=1}^{m} r_{n_ij}=1, 0\leq r_{n_ij}\leq 1, i=1, 2,\cdots, n, j=1, 2,\cdots, m$$

第四步：根据U_i中各因素的权重向量W_i，构造单级评价模型B_i

$$W_i=（W_{i1}, W_{i2},\cdots, W_{in_i}）$$

$$B_i=W_i \cdot R_i-（b_{i1}, b_{i2}, \cdots, b_{im}）, i=1, 2,\cdots, n$$

U看作一个综合因素，用B_i作为它的单因素评价结果，可得隶属关系矩阵R，

$$R=\begin{pmatrix} B_1 \\ B_2 \\ \vdots \\ B_i \end{pmatrix}=\begin{pmatrix} b_{11} & b_{12} & \cdots b_{1m} \\ b_{21} & b_{22} & \cdots b_{2m} \\ \vdots & \vdots & \vdots \\ b_{n1} & b_{n2} & \cdots b_{nm} \end{pmatrix}_{n \times m}$$

根据U中各个因素的权重向量W和关系矩阵R构造二级模糊综合评价模型B，

$$W=（W_1，W_2，\cdots，W_n）$$
$$B=W\cdot R=（b_1，b_2，\cdots，b_m）$$

第五步：服务质量评价等级为

$$WQ=B\cdot C^{\mathrm{T}}$$

6.3　网络信息服务质量评价的实证分析

6.3.1　网易云阅读的信息服务质量评价

对于移动数字阅读信息服务质量评价的实证研究，本小节以网易云阅读作为评价的对象。网易云阅读是网易2011年推出的集图书、杂志和资讯服务为一体的移动数字阅读应用，致力于为用户提供丰富、有趣且优秀的阅读作品，目前在互联网用户中的接受程度良好。为了对网易云阅读的信息服务质量进行评价，选取了31位经常使用网易云阅读的大学生用户进行问卷调查，并对调查结果进行统计分析。调查结果如表6-3所示。

表6-3　网易云阅读信息服务质量评价的统计结果

单位：人

测量指标	评价等级及人数				
	1 非常不满意	2 不满意	3 一般	4 满意	5 非常满意
VUE1	4	7	17	3	0
VUE2	3	10	14	4	0
VUE3	7	6	15	3	0
BUE1	4	9	17	1	0
BUE2	5	11	14	1	0
BUE3	4	8	16	3	0
IUE1	5	9	12	5	0
IUE2	3	4	20	4	0
IUE3	2	7	16	6	0
IUE4	3	10	14	4	0

续表

测量指标	评价等级及人数				
	1 非常不满意	2 不满意	3 一般	4 满意	5 非常满意
SUE1	0	7	17	4	3
SUE2	0	9	14	6	2
SUE3	0	6	12	10	3
FUE1	0	3	14	10	4
FUE2	0	2	12	13	4
FUE3	0	6	17	5	3
NUE1	0	6	14	7	4
NUE2	0	5	14	9	3
NUE3	0	5	17	6	3
JUE1	2	2	20	6	1
JUE2	3	4	18	4	2
JUE3	3	3	21	3	1
JUE4	4	2	20	5	0
EUE1	2	3	18	5	3
EUE2	1	4	15	6	5
EUE3	3	3	17	5	3
PUE1	5	6	17	3	0
PUE2	4	5	14	6	2
PUE3	5	5	20	1	0

由于在第4章的二阶验证性因子分析中，将观测变量的算术平均值作为潜在变量的观测值，所以通过计算可以得到网易云阅读APP的二级指标评价矩阵。

感官层体验指标评价矩阵 R_1 为：

$$R_1=\begin{pmatrix} 0.151 & 0.247 & 0.495 & 0.107 & 0.000 \\ 0.140 & 0.301 & 0.505 & 0.054 & 0.000 \\ 0.105 & 0.242 & 0.500 & 0.153 & 0.000 \end{pmatrix}$$

认知层体验指标评价矩阵R_2为：

$$R_2 = \begin{pmatrix} 0.000 & 0.237 & 0.462 & 0.215 & 0.086 \\ 0.000 & 0.118 & 0.463 & 0.301 & 0.118 \\ 0.000 & 0.172 & 0.484 & 0.237 & 0.107 \end{pmatrix}$$

反思层体验指标评价矩阵R_3为：

$$R_3 = \begin{pmatrix} 0.097 & 0.089 & 0.637 & 0.145 & 0.032 \\ 0.064 & 0.108 & 0.538 & 0.172 & 0.118 \\ 0.151 & 0.172 & 0.548 & 0.108 & 0.021 \end{pmatrix}$$

根据统计数据，可得到如表6-4所示的模糊评价矩阵。

表6-4　网易云阅读信息服务质量的模糊评价矩阵

一级指标	一级指标权重	二级指标	二级指标权重	评价等级				
				1	2	3	4	5
感官层体验	0.159	视觉体验	0.359	0.151	0.247	0.495	0.107	0.000
		浏览体验	0.295	0.140	0.301	0.505	0.054	0.000
		信息体验	0.346	0.105	0.242	0.500	0.153	0.000
认知层体验	0.288	系统体验	0.323	0.000	0.237	0.462	0.215	0.086
		功能体验	0.345	0.000	0.118	0.463	0.301	0.118
		内容体验	0.332	0.000	0.172	0.484	0.237	0.107
反思层体验	0.553	价值体验	0.298	0.097	0.089	0.637	0.145	0.032
		情感体验	0.358	0.064	0.108	0.538	0.172	0.118
		品牌体验	0.344	0.151	0.172	0.548	0.108	0.021

对上面得到的各二级指标评价矩阵进行单级模糊综合评价，得到网易云阅读信息服务质量各一级指标的等级分布。

感官层体验的等级分布B_1为

$$B_1 = W_1 \bullet R_1$$

$$= (0.359 \ 0.295 \ 0.346) \begin{pmatrix} 0.151 & 0.247 & 0.495 & 0.107 & 0.000 \\ 0.140 & 0.301 & 0.505 & 0.054 & 0.000 \\ 0.105 & 0.242 & 0.500 & 0.153 & 0.000 \end{pmatrix}$$

$$= (0.132 \ 0.261 \ 0.500 \ 0.107 \ 0.000)$$

认知层体验的等级分布 B_2 为

$$B_2 = W_2 \bullet R_2$$

$$= (0.323 \ 0.345 \ 0.332) \begin{pmatrix} 0.000 & 0.237 & 0.462 & 0.215 & 0.086 \\ 0.000 & 0.118 & 0.463 & 0.301 & 0.118 \\ 0.000 & 0.172 & 0.484 & 0.237 & 0.107 \end{pmatrix}$$

$$= (0.000 \ 0.174 \ 0.470 \ 0.252 \ 0.104)$$

反思层体验的等级分布 B_3 为

$$B_3 = W_3 \bullet R_3$$

$$= (0.298 \ 0.358 \ 0.344) \begin{pmatrix} 0.097 & 0.089 & 0.637 & 0.145 & 0.032 \\ 0.064 & 0.108 & 0.538 & 0.172 & 0.118 \\ 0.151 & 0.172 & 0.548 & 0.108 & 0.021 \end{pmatrix}$$

$$= (0.106 \ 0.123 \ 0.577 \ 0.140 \ 0.054)$$

对目标进行一级指标的模糊综合评价，即网易云阅读信息服务质量的等级分布 B，

$$B = W \bullet R$$

$$= (0.159 \ 0.288 \ 0.553) \begin{pmatrix} 0.132 & 0.261 & 0.500 & 0.107 & 0.000 \\ 0.000 & 0.174 & 0.470 & 0.252 & 0.104 \\ 0.106 & 0.123 & 0.577 & 0.140 & 0.054 \end{pmatrix}$$

$$= (0.079 \ 0.160 \ 0.534 \ 0.167 \ 0.060)$$

由此可以计算出网易云阅读信息服务质量的总体评价等级：

$$WQ=B \bullet C^{T} = (0.079 \quad 0.160 \quad 0.534 \quad 0.167 \quad 0.060) \begin{pmatrix} 1 \\ 2 \\ 3 \\ 4 \\ 5 \end{pmatrix}$$

$$=2.969$$

除此之外，根据一级指标的等级分布，可以分别计算出每一级指标下网易云阅读信息服务质量的评价等级。其中感官层体验的评价等级是

$$WQ=B \bullet C^{T} = (0.132 \quad 0.261 \quad 0.500 \quad 0.107 \quad 0.000) \begin{pmatrix} 1 \\ 2 \\ 3 \\ 4 \\ 5 \end{pmatrix}$$

$$=2.582$$

认知层体验的评价等级是

$$WQ=B \bullet C^{T} = (0.000 \quad 0.174 \quad 0.470 \quad 0.252 \quad 0.104) \begin{pmatrix} 1 \\ 2 \\ 3 \\ 4 \\ 5 \end{pmatrix}$$

$$=3.286$$

反思层体验的评价等级是

$$WQ=B \bullet C^{T} = (0.106 \quad 0.123 \quad 0.577 \quad 0.140 \quad 0.054) \begin{pmatrix} 1 \\ 2 \\ 3 \\ 4 \\ 5 \end{pmatrix}$$

$$=2.913$$

对于网易云阅读而言，其提供的信息服务质量评价等级为2.969，用户满意度水平一般。对于3个一级指标而言，网易云阅读的认知层体验等级为3.286，比总体评价要高，说明在系统、功能和内容方面，这款APP基本符合用户的需求；而感官层体验的等级评价较低，仅为2.582，说明网易云阅读在界面视觉设计、版面布局和信息呈现等方面需要进一步改善。

6.3.2 途牛网站的信息服务质量评价

为了对在线旅游平台的信息服务质量进行评价，本小节选择了途牛旅行作为评价对象。途牛旅游网致力于为用户提供全面的旅游产品预订服务和良好的售后保障服务。为了对途牛旅行的服务质量进行评价，选择37名具有途牛网站使用经验的用户进行问卷调查，对调查结果进行统计分析。调查结果如表6-5所示。

表6-5　途牛网站信息服务质量评价的统计结果

单位：人

测量指标	评价等级及人数				
	1 非常不满意	2 不满意	3 一般	4 满意	5 非常满意
VUE1	0	3	17	14	3
VUE2	0	6	23	7	1
VUE3	0	7	18	10	2
BUE1	2	9	23	3	0
BUE2	3	8	25	1	0
IUE1	0	7	26	3	1
IUE2	1	9	20	7	0
IUE3	2	8	25	2	0
IUE4	0	13	20	3	1
SUE1	0	4	5	27	0
SUE2	0	3	2	28	4
SUE3	0	3	8	20	7
FUE1	0	13	20	4	0
FUE2	1	4	28	3	1
FUE3	1	7	25	4	0
FUE4	1	9	20	4	3
PUE1	6	7	18	5	1
PUE2	5	11	19	2	0
PUE3	6	19	10	2	0

测量指标	评价等级及人数				
	1 非常不满意	2 不满意	3 一般	4 满意	5 非常满意
NUE1	7	8	20	2	0
NUE2	9	10	18	0	0
NUE3	4	16	14	3	0
TUE1	3	4	13	14	3
TUE2	2	9	18	4	4
TUE3	0	7	17	11	2
EUE1	2	6	18	7	4
EUE2	2	4	19	12	0
EUE3	0	5	17	15	0
AUE1	0	3	12	18	4
AUE2	0	2	12	15	8

由于在第5章的二阶验证性因子分析中，将观测变量的算术平均值作为潜在变量的观测值，所以通过计算可以得到途牛网站的二级指标评价矩阵。

感官层体验指标评价矩阵R_1为：

$$R_1 = \begin{pmatrix} 0.000 & 0.144 & 0.523 & 0.279 & 0.054 \\ 0.068 & 0.230 & 0.649 & 0.053 & 0.000 \\ 0.020 & 0.250 & 0.615 & 0.101 & 0.014 \end{pmatrix}$$

认知层体验指标评价矩阵R_2为：

$$R_2 = \begin{pmatrix} 0.000 & 0.090 & 0.135 & 0.676 & 0.099 \\ 0.020 & 0.223 & 0.628 & 0.102 & 0.027 \\ 0.153 & 0.333 & 0.424 & 0.081 & 0.009 \\ 0.180 & 0.306 & 0.469 & 0.045 & 0.000 \end{pmatrix}$$

反思层体验指标评价矩阵R_3为：

$$R_3 = \begin{pmatrix} 0.045 & 0.180 & 0.433 & 0.261 & 0.081 \\ 0.036 & 0.135 & 0.487 & 0.306 & 0.036 \\ 0.000 & 0.068 & 0.324 & 0.446 & 0.162 \end{pmatrix}$$

根据统计数据，可得到如表6-6所示的模糊评价矩阵。

表6-6　途牛网站信息服务质量的模糊评价矩阵

一级指标	一级指标权重	二级指标	二级指标权重	评价等级				
				1	2	3	4	5
感官层体验	0.246	视觉体验	0.363	0.000	0.144	0.523	0.279	0.054
		浏览体验	0.295	0.068	0.230	0.649	0.053	0.000
		信息体验	0.342	0.020	0.250	0.615	0.101	0.014
认知层体验	0.466	系统体验	0.261	0.000	0.090	0.135	0.676	0.099
		功能体验	0.254	0.020	0.223	0.628	0.102	0.027
		过程体验	0.261	0.153	0.333	0.424	0.081	0.009
		交互体验	0.224	0.180	0.306	0.469	0.045	0.000
反思层体验	0.288	信任体验	0.366	0.045	0.180	0.433	0.261	0.081
		情感体验	0.328	0.036	0.135	0.487	0.306	0.036
		品牌体验	0.306	0.000	0.068	0.324	0.446	0.162

对上面得到的各二级指标评价矩阵进行单级模糊综合评价，得到途牛网站信息服务质量各一级指标的等级分布。

感官层体验的等级分布 B_1 为

$$B_1 = W_1 \bullet R_1$$

$$= (0.363 \quad 0.295 \quad 0.342) \begin{pmatrix} 0.000 & 0.144 & 0.523 & 0.279 & 0.054 \\ 0.068 & 0.230 & 0.649 & 0.053 & 0.000 \\ 0.020 & 0.250 & 0.615 & 0.101 & 0.014 \end{pmatrix}$$

$$= (0.027 \quad 0.206 \quad 0.592 \quad 0.151 \quad 0.024)$$

认知层体验的等级分布 B_2 为

$$B_2 = W_2 \bullet R_2$$

$$= (0.261 \quad 0.254 \quad 0.261 \quad 0.224) \begin{pmatrix} 0.000 & 0.090 & 0.135 & 0.676 & 0.099 \\ 0.020 & 0.223 & 0.628 & 0.102 & 0.027 \\ 0.153 & 0.333 & 0.424 & 0.081 & 0.009 \\ 0.180 & 0.306 & 0.469 & 0.045 & 0.000 \end{pmatrix}$$

$$= (0.086 \quad 0.236 \quad 0.410 \quad 0.233 \quad 0.035)$$

反思层体验的等级分布B_3为

$$B_3 = W_3 \bullet R_3$$

$$= (0.366 \quad 0.328 \quad 0.306) \begin{pmatrix} 0.045 & 0.180 & 0.433 & 0.261 & 0.081 \\ 0.036 & 0.135 & 0.487 & 0.306 & 0.036 \\ 0.000 & 0.068 & 0.324 & 0.446 & 0.162 \end{pmatrix}$$

$$= (0.028 \quad 0.131 \quad 0.417 \quad 0.333 \quad 0.091)$$

对目标进行一级指标的模糊综合评价,即途牛网站服务信息质量的等级分布B,

$$B = W \bullet R$$

$$= (0.246 \quad 0.466 \quad 0.288) \begin{pmatrix} 0.027 & 0.206 & 0.592 & 0.151 & 0.024 \\ 0.086 & 0.236 & 0.410 & 0.233 & 0.035 \\ 0.028 & 0.131 & 0.417 & 0.333 & 0.091 \end{pmatrix}$$

$$= (0.055 \quad 0.198 \quad 0.457 \quad 0.242 \quad 0.048)$$

由此可以计算出途牛网站信息服务质量的总体评价等级:

$$WQ = B \bullet C^{\mathrm{T}} = (0.055 \quad 0.198 \quad 0.457 \quad 0.242 \quad 0.048) \begin{pmatrix} 1 \\ 2 \\ 3 \\ 4 \\ 5 \end{pmatrix}$$

$$= 3.030$$

除此之外,根据一级指标的等级分布,可以分别计算出每一级指标下途牛网站服务质量的评价等级。其中感官层体验的评价等级是

$$WQ = B \bullet C^{\mathrm{T}} = (0.027 \quad 0.206 \quad 0.592 \quad 0.151 \quad 0.024) \begin{pmatrix} 1 \\ 2 \\ 3 \\ 4 \\ 5 \end{pmatrix}$$

$$= 2.939$$

认知层体验的评价等级是

$$WQ=B \bullet C^{\mathrm{T}}=\begin{pmatrix} 0.086 & 0.236 & 0.410 & 0.233 & 0.035 \end{pmatrix}\begin{pmatrix} 1 \\ 2 \\ 3 \\ 4 \\ 5 \end{pmatrix}$$

$$=2.895$$

反思层体验的评价等级是

$$WQ=B \bullet C^{\mathrm{T}}=\begin{pmatrix} 0.028 & 0.131 & 0.417 & 0.333 & 0.091 \end{pmatrix}\begin{pmatrix} 1 \\ 2 \\ 3 \\ 4 \\ 5 \end{pmatrix}$$

$$=3.327$$

对于途牛网站而言，其提供的信息服务质量评价等级为3.030，表明服务质量基本符合用户需求，但是对于3个一级指标的模糊评价结果，途牛网站的反思层体验等级比较高，而认知层体验的评价比较低，说明途牛网站在系统体验、功能体验、过程体验和交互体验等方面需要进一步改善和优化。

第7章　结语

7.1　研究结论与贡献

网络信息服务是信息技术和信息系统应用的重要领域，采纳行为研究是信息系统及用户行为的交叉研究领域。在互联网信息服务的大环境下，本书对信息行为、认知心理和人机交互等多学科领域进行交叉融合研究，将网络信息服务领域用户体验和技术采纳理论相结合，形成基于用户体验的网络信息服务用户采纳行为模型，并在实证的基础上，提出更全面的网络信息服务质量评价体系。当前研究的关注点过多地放在信息服务系统本身的评价方面，而轻视了信息服务过程中人与信息系统的交互。如何从认知心理学、交互设计的层面对技术采纳行为做深层次的剖析，以及信息服务提供者在产品或服务的提供过程中如何提升用户的整体体验是本书的关注焦点。

基于用户体验的研究视角，本书构建了网络信息服务的用户体验的动态阶段框架，分析了用户体验对于用户采纳行为的作用机理，构建了网络信息服务初始采纳行为和持续采纳行为的理论模型，并通过实证研究进行了模型检验。将用户体验的不同维度引入用户的采纳行为中，不仅丰富了用户采纳行为的内涵，而且为网络信息服务平台的服务方向提供了新的视角。

7.1.1　相关研究进展的系统梳理

随着网络信息服务环境下信息资源的多样化和信息交互的多元性，以及对信息用户特征和行为等内容的日益关注，学者们越来越致力于探索如何从抽象统一的视角去描述信息用户的行为特征、规律及影响因素。

本书对所涉及的网络信息服务及质量评价方法、技术采纳理论、用户体验等相关理论的内涵进行分析和总结，并对其发展和研究现状进行系统的梳理，对模型中的各种关键要素从技术视角、心理学视角和行为学视角进行分类和汇总，形成研究的理论基础。为后续网络信息服务用户采纳行为模型的构建和机理分析提供理论依据和支持。

基于用户体验来研究网络信息服务用户采纳行为，是当前信息服务研究的前沿方向之一。该研究工作涉及信息管理、系统科学、认知科学、产品设计等多门学科，属于跨学科交叉的研究领域。相关研究不仅拓展了网络信息服务研究所涵盖的对象，而且在一定程度上弥补了信息管理、认知科学等学科在研究用户行为方面理论的不足，为交叉学科的研究提供理论支撑，并在一定程度上解决了网络信息服务发展的应用问题。基于用户体验的网络信息服务用户采纳行为，不仅有助于网络信息服务提供商加深对用户行为的理解，更好地设计、运营网络信息服务产品，而且有助于提升用户的体验，促进用户采纳行为的持续发生。

7.1.2 理论模型的构建和实证研究

随着服务经济的发展，良好的用户体验成为网络信息服务被用户采纳的关键。本研究从用户体验的研究视角，关注用户在实际使用过程中的采纳行为的作用机理，考察影响用户信息采纳行为的相关因素，为网络信息服务的实践活动提供参考。

（1）用户体验作为衡量用户主观感受的因素，体现了用户对于系统产品的认知、理解和接受的动态过程，用户体验涵盖了用户的多维度认知，是个概念范围比较广泛的变量，需要根据网络信息服务的特征设计相关的层次维度。本书对用户体验维度构成的相关研究文献进行回顾，在此基础上，进一步利用访谈和问卷调查对结果进行分类、归纳，进而提取出网络信息服务用户体验维度及主要内涵。

（2）结合心理学的S-O-R模型以及技术采纳行为相关模型，构建出期望、交互、反思三阶段基础上的用户体验动态阶段框架。深入研究用户体验的动态阶段进程，可以帮助我们理解用户采纳行为中涉及的影响因素以及这些因素对于行为过程产生的不同程度的影响，为探索不同类型特征的网络信息服务用户行为提供参考价值。在网络信息服务过程中，用户通过感官、认知、反思后，会做出相应的反馈信息——行为决策。本书沿着用户体验—用户认知—采纳行为的逻辑思路，从理论上探讨用户体验对于网络信息服务采纳行为的作用机理、用户体验不同维度对网络信息服务采纳行为的影响。

（3）构建了网络信息服务采纳行为模型，通过分析和检验模型中各变量之间的复杂作用，可以更好地理解用户采纳行为和持续采纳意向的作用机理。探索用户体验不同维度对网络信息服务中用户认知（有用认知、易用认知和愉悦认知）以及采纳行为（初始采纳和持续采纳）等的影响，从而发现不同维度的用户体验在与网络信息服务交互过程中表现出的不同行为特征，并对移动数字阅读和在线旅游服务两个领域进行实证分析，根据实证检验的结果，对不同领域给出具体的对策和建议，以促进用户的采纳行为。为了更好地把握初始采纳行为和持续采纳行为之间的动态关系，针对研究对象的行为开展追踪研究，分析和对比不同采纳阶段用户体验和认知的差异，从而发现更多的影响因素。

深入剖析网络信息服务领域采纳行为的发展进程，探索不同行为、任务类型（移动数字阅读、移动商务）下用户的体验要素、交互特征和行为规律，从更开阔的视角来提升模型的解释力。

7.1.3 体验视角下的质量评价

用户作为服务最终的使用者，应该是信息服务质量的评判者。因此，网络信息服务质量的评价也应该立足于用户的心理和行为，加强对用户的关注，从用户体验角度探索评价指标体系，在此基础上进行质量评价。本书认为网络信息服务质量评价有必要突破当前研究局限，考虑到用户体验对用户技术采纳行为过程的影响，从而为网络信息服务质量评价找到新的途径。从用户态度、行为角度提出网络信息服务质量评价的体系，可以帮助互联网运营商优化系统平台设计，为用户提供更加优质的用户体验。质量评价可以用来比较不同网络信息服务之间的用户体验，为用户选择服务提供依据，同时，也可以指导服务提供商对服务产品进行有针对性的修改和完善。

网络信息服务质量评价的指标体系来源于实证检验的结果，将用户体验的感官层体验、认知层体验和反思层体验3个维度作为一级评价指标，而二级指标则结合不同领域来确定，以保证体系结构的可靠性。本书仅构建了移动数字阅读和在线旅游服务两个领域的网络信息服务质量评价的指标体系；在权重的确定中，引入结构方程模型变量之间的总效应以及验证性因子分析的结果来确定评价指标的一级和二级权重，提高了指标权重计算的准确度。根据用户体验不同维度的指标，量化处理网络信息服务产品的质量评价，为产品的设计和优化提供了方向。并且以移动数字阅读、在线旅游服务为例，通过设置不同领域的服务质量评价指标体系及其权重，对不同产品的服务质量进行评价。研究不同的网络信息服务产品是否满足用户体验，从而有针对性地发现问题，为构建满足用户体验的网络信息服务产品提供优化策略，以促进网络信息服务质量的提高，提升用户满意度。

本书所得出的结论不仅丰富了用户体验、技术采纳行为的理论体系，而且为网络信息服务产品的运营、设计和优化提供了理论基础与参考依据。研究结论有助于网络信息服务产品提供商优化产品的设计和服务，提高网络信息服务的质量，促进用户的采纳行为及持续采纳行为，保证了网络信息服务的稳定持续发展。对于网络信息服务用户而言，可以更好地享用网络信息服务提供的产品和服务，提高网络信息服务的使用效率。

7.2　研究局限与展望

虽然力求按照研究目的和任务要求，选择科学的研究方法和工具对项目进行研究，但是在研究过程中仍存在一些不足和有待完善的地方。

（1）理论模型的实证研究方面存在的问题。本书以移动数字阅读和在线旅游服务为研究对象进行了规范的实证研究，遵循了严谨的检验过程，证实了理论模型的合理性。但是网络信息服务的应用领域众多，各种网络信息服务具有其独有的特征，对于研究结论是否完全适用于其他类型的网络信息服务有待进一步研究，因此实证研究所取得的成果在其他网络信息服务领域的适用性也有待检验。

（2）网络信息服务质量评价存在的问题。本书根据实证检验结果构建了移动数字阅读和在线旅游服务领域的网络信息服务质量评价体系，形成了包括感官层体验、认知层体验和反思层体验的3个层次维度的指标，并对具体的产品进行了质量评价。但应充分考虑用户体验的主观性和动态性，使得质量评价的数据更加客观，以追踪用户的行为数据，不断调整信息服务质量的测量指标。

后续研究将从以下2个方面展开。

（1）对理论模型的适用性进一步开展实证分析。书只是研究了理论模型在移动数字阅读和在线旅游服务两个领域的应用，并不能代表网络信息服务的所有领域。因此需要继续探索其他网络信息服务领域的特征，根据模型的结构变量设计合理的测量指标，进一步验证模型中的研究假设，将不同领域网络信息服务产品的模型进行检验和比较。

（2）对于质量评价的进一步深入追踪。本书收集的评价数据只是阶段的数据，缺乏整体性和动态性，随着网络信息服务平台的优化，用户的采纳行为也可能发生变化，只有长期跟踪，收集数据，及时调整评价指标才能反映出网络信息服务产品的真实服务质量。

参考文献

[1] 包苏日娜. 基于交互行为的网站用户体验过程研究 [D]. 沈阳：东北大学，2012.

[2] 毕新华，齐晓云，段伟花. 基于 Trust-ECM 整合模型的移动商务用户持续使用研究 [J]. 图书情报工作，2011，55（14）：139-143.

[3] 曹园园，李君君，秦星红. SNS 采纳后阶段用户持续使用行为研究——基于情感依恋与 ECM-IS 的整合模型 [J]. 现代情报，2016，36（10）：81-88.

[4] 常亚平，刘艳阳，阎俊，张金隆. B2C 环境下网络服务质量对顾客忠诚的影响机理 [J]. 系统工程理论与实践，2009，29（6）：94-106.

[5] 巢乃鹏，王成. 基于用户体验的移动出版物评价体系研究 [J]. 出版发行研究，2012（8）：80-83.

[6] 陈晓曈，胡蓉，朱庆华. 移动阅读收费服务用户采纳意愿的实证研究 [J]. 数字图书馆论坛，2015（11）：11-16.

[7] 陈瑶，邵培基. 信息系统持续使用的实证研究综述 [J]. 管理学家（学术版），2010（4）：59-69.

[8] 池忠仁，王浣尘. 基于用户角度的网站易用性信息距离测度模型研究 [J]. 情报科学，2007，25（1）：139-145.

[9] 戴炜轶，王凯洋，徐芳. 基于用户体验的高校微博信息服务质量评价指标体系研究 [J]. 兰州教育学院学报，2013，29（10）：113-116.

[10] 邓朝华，张亮，张金隆. 基于荟萃分析方法的移动商务用户采纳研究 [J]. 图书情报工作，2012，56（18）：137-143.

[11] 邓胜利，张敏. 基于用户体验的交互式信息服务模型构建 [J]. 中国图书馆学报，2009，5（1）：65-70.

[12] 邓胜利. 国外用户体验研究进展 [J]. 图书情报工作，2008，52（3）：43-45.

[13] 邓胜利. 交互式信息服务的用户认知因素及其对策分析 [J]. 图书情报工作，2008，52（11）：53-56.

[14] 邓卫华，易明，李姝洁. 基于"认知—态度—使用"模型的在线用户追评信息使用行为研究 [J]. 情报资料工作，2018（4）：71-79.

[15] 丁娟. 基于 WebQual 体系的旅行社在线服务质量评估研究 [J]. 旅游科学，2014, 28 （6）：51–61.

[16] 丁一，郭伏，胡名彩，孙凤良. 用户体验国内外研究综述 [J]. 工业工程与管理，2014，19（4）：92–97，114.

[17] 杜露. 社会化电子商务网站中 UGC 任务的用户体验研究 [D]. 徐州：中国矿业大学，2014.

[18] 樊轶. 基于期望确认理论模型的移动商务用户持续使用行为研究 [J]. 现代经济信息，2015（6）：65–66.

[19] 范佳佳，叶继元. 基于结构方程的科技网站信息质量评价模型构建及应用 [J]. 图书馆杂志，2016，35（9）：66–75.

[20] 范岚. 微信用户持续使用意愿影响因素研究 [J]. 现代商贸工业，2013，25（20）：88–90.

[21] 方玉玲，邓胜利，杨丽娜. 信息交互中的用户体验综合评价方法研究 [J]. 信息资源管理学报，2015（1）：38–43.

[22] 高佳. 移动社交支付 APP 用户持续使用意愿研究 [D]. 合肥：中国科学技术大学，2016.

[23] 顾佐佐，顾东晓，黄莹，刘虹. 大学生群体对学科导航工具 LibGuides 的持续使用行为研究 [J]. 图书馆学研究，2015（10）：68–78.

[24] 关海燕. 在线旅游网站用户体验的影响因素研究 [J]. 经济研究导刊，2018（8）：108–113.

[25] 郭红丽，王晶. 基于 TAM 模型的 B2C 客户体验模型研究 [J]. 科技管理研究，2013（19）：184–188，196.

[26] 郭恋. 手机移动阅读效果影响因素的实验研究 [D]. 金华：浙江师范大学，2012.

[27] 郭薇. 基于因子分析的 B2C 电子商务客户体验模糊评价 [J]. 统计与决策，2018（7）：182–184.

[28] 韩超群，杨水清，曹玉枝. 移动服务用户采纳行为的整合模型——基于移动阅读的实证研究 [J]. 软科学，2012，26（3）：134–139.

[29] 何琳，魏雅雯，茆意宏. 移动互联网用户阅读利用行为研究 [J]. 图书情报工作，2014，58（17）：23–30.

[30] 胡昌平，邓胜利. 基于用户体验的网站信息构建要素与模型分析 [J]. 情报科学，2006，24（3）：321–325.

[31] 胡昌平，邓胜利．基于用户体验的信息资源整合分析 [J]．情报学报，2006，25（2）：231-235.

[32] 胡昌平，张晓颖．社会化推荐服务中的用户体验模型构建 [J]．情报杂志，2014，33（9）：181-186.

[33] 皇甫青红．国内外信息系统持续使用研究综述——基于电子服务及相关领域文献的调研 [J]．情报杂志，2013，32（10）：111-116.

[34] 黄丽英，甘巧林．基于 UTAUT 模型的旅游 APP 用户使用意愿影响因素研究 [J]．旅游研究，2017，9（2）：26-38.

[35] 黄晓斌，付跃安．基于用户体验的移动阅读终端可用性评价 [J]．图书馆论坛，2011，31（4）：6-9.

[36] 江金波，梁方方．旅游电子商务成熟度对在线旅游预订意向的影响——以携程旅行网为例 [J]．旅游学刊，2014，29（2）：75-83.

[37] 蒋骁．移动阅读用户行为趋势与研究展望 [J]．图书馆工作与研究，2016（4）：24-27，40.

[38] 焦婧，杜建萍．基于用户体验的网络体验模型的构建与应用研究 [J]．北京联合大学学报，2014，28（1）：22-25.

[39] 焦玉英，雷雪．基于用户满意度的网络信息服务质量评价模型及调查分析 [J]．图书情报工作，2008，52（2）：81-84.

[40] 金晶．视觉思维下智能手机阅读软件界面视觉层级设计研究 [D]．杭州：浙江大学，2017.

[41] 金小璞，毕新．基于用户体验的移动图书馆服务质量影响因素分析 [J]．情报理论与实践，2016，39（6）：99-103.

[42] 金燕，杨康．基于用户体验的信息质量评价指标体系研究——从用户认知需求与情感需求角度分析 [J]．情报理论与实践，2017，40（2）：97-101.

[43] 赖玲玲，彭丽芳．基于模糊综合法的在线旅游电子服务质量评价 [J]．吉林工商学院学报，2017（2）：56-63，114.

[44] 赖茂生，麦晓华．面向使用过程的社交网站用户体验研究 [C]．第七届和谐人机环境联合学术会议（HHME2011）论文集，2011.

[45] 劳帼龄，高仲雷．移动互联网时代消费者采纳移动阅读的影响因素分析 [J]．消费经济，2013，29（5）：36-39.

[46] 李东和，张鹭旭．基于 TAM 的旅游 APP 下载使用行为影响因素研究 [J]．旅游学刊，

2015，30（8）：26-34.

[47] 李皓，姜锦虎. 网站使用中用户体验过程模型及实证研究 [J]. 信息系统学报，2011（2）：55-66.

[48] 李晶，卢小莉，王文韬. 基于用户视角的网络信息质量评价模型研究 [J]. 图书馆学研究，2017（9）：38-42，8.

[49] 李君君，曹园园. 基于用户体验的电子政务门户网站公众采纳行为的实证研究 [J]. 现代情报，2015，35（12）：25-30.

[50] 李君君，曹园园. 用户体验对网站采纳行为的作用机理研究 [J]. 杭州电子科技大学学报（社会科学版），2016，12（1）：18-23.

[51] 李君君，顾东晓，曹园园. 基于体验过程的用户行为模型及实证研究 [J]. 情报科学，2019，37（4）：44-51.

[52] 李君君，叶凤云，曹园园. 移动数字阅读用户体验动态行为模型及实证研究 [J]. 现代情报，2019，39（3）：25-34，149.

[53] 李森，夏静，刘玮琳，等. 基于用户体验的B2C电子商务网站评价研究 [J]. 工业工程与管理，2012，17（6）：97-100.

[54] 李腾，刘晶. 基于情境的用户信息行为模型比较分析 [J]. 图书馆学研究，2012（21）：70-73.

[55] 李稳. 移动互联网应用用户体验质量评价 [J]. 移动通信，2018，42（11）：18-21，28.

[56] 李小青，张凤琴，严晓梅，陈桂茸. 国外典型用户信息行为模型发展综述及启示 [J]. 情报杂志，2018，37（2）：194-200.

[57] 李小青. 基于用户体验的Web信息构建模型研究 [J]. 图书馆论坛，2010，30（2）：68-70.

[58] 李雅筝. 在线教育平台用户持续使用意向及课程付费意愿影响因素研究 [D]. 合肥：中国科学技术大学，2016.

[59] 李月琳，何鹏飞. 国内技术接受研究：特征、问题与展望 [J]. 中国图书馆学报，2017，43（227）：29-48.

[60] 梁方方. 旅游电子商务成熟度与在线旅游预订意向关系研究 [D]. 广州：华南理工大学，2012.

[61] 林闯，胡杰，孔祥震. 用户体验质量（QoE）的模型与评价方法综述 [J]. 计算机学报，2012，35（1）：1-15.

[62] 刘冰，卢爽. 基于用户体验的信息质量综合评价体系研究 [J]. 图书情报工作，
    2011，55（22）：56-59.

[63] 刘冰，张耀辉. 基于网络用户体验与感知的信息质量影响因素模型实证研究 [J].
    情报学报，2013，32（6）：663-672.

[64] 刘国晓，颜端武，许应楠. 用户技术接受影响因素的探索性研究 [J]. 情报理论与
    实践，2012，35（1）：20-24.

[65] 刘靖. 基于心流理论的移动阅读应用设计研究 [D]. 合肥：合肥工业大学，2018.

[66] 刘鲁川，孙凯. 基于扩展 ECM-ISM 的移动搜索用户持续使用理论模型 [J]. 图书情
    报工作，2011，55（20）：134-137.

[67] 刘鲁川，孙凯. 移动数字阅读服务用户采纳后持续使用的理论模型及实证研究 [J].
    图书情报工作，2011，55（10）：78-82.

[68] 刘倩，周密，赵西萍，等. 信息系统习惯对持续使用影响的研究述评与过程性框
    架 [J]. 软科学，2014（11）：123-127.

[69] 刘伟伟. 基于用户体验的 B2C 旅游电子商务网站服务质量评价研究 [D]. 大连：大
    连理工大学，2017.

[70] 刘亚，蹇瑞卿. 大学生手机阅读行为的调查分析 [J]. 图书馆论坛，2013，33（5）：
    97-101.

[71] 刘震宇，陈超辉. 手机银行持续使用影响因素整合模型研究——基于 ECM 和 TAM
    的视角 [J]. 现代管理科学，2014（9）：63-65.

[72] 卢爽. 国内外信息质量评价体系研究述评 [J]. 科技情报开发与经济，2011，21（13）：
    177-180.

[73] 卢涛，雷雪. 网络信息服务质量评价及其实证研究 [J]. 图书情报知识，2008（1）：
    37-42.

[74] 鲁良兵. 手机软件用户体验的评估及其对使用意愿的预测作用 [D]. 杭州：浙江大
    学，2010.

[75] 罗雨青. 新闻阅读类应用用户体验度量研究 [D]. 西安：西安工程大学，2018.

[76] 罗昭君. 消费者在线订购旅游产品的影响因素分析 [D]. 上海：华东理工大学，
    2014.

[77] 马朋. 基于用户体验的移动互联网在线旅游服务质量影响因素研究 [D]. 湘潭：湘
    潭大学，2014.

[78] 毛海燕. 旅游 APP 用户体验对用户满意度的影响研究 [D]. 西安：长安大学，2018.

[79] 毛平，阚倩，李莉. 移动阅读用户采纳行为研究 [J]. 新世纪图书馆，2016（12）：49-53，62.

[80] 宁昌会，胡常春. 基于期望确认理论的移动 APP 持续使用意愿实证研究 [J]. 商业研究，2015（12）：136-142.

[81] 牛钟磊. 基于用户体验的移动旅游服务质量评价研究 [D].新乡：河南师范大学，2016.

[82] 潘保琦. 基于用户体验的社交网络服务质量评价体系研究 [D]. 成都：成都理工大学，2013.

[83] 裴玲，王金桃. 面向用户的网站信息服务质量评价体系研究 [J]. 情报杂志，2009（5）：60-64.

[84] 齐向华，黄丽娟. 基于移动阅读内容需求的用户细分研究 [J]. 情报理论与实践，2017，40（3）：60-64.

[85] 秦保立. 在线旅游预订服务的顾客价值、涉入与忠诚研究 [D]. 广州：华南理工大学，2011.

[86] 沈洪洲，袁勤俭，肖国丰. 基于用户视角的我国众包网站质量评价研究 [J]. 现代情报，2017（11）：12-18.

[87] 沈思. 高校用户移动阅读采纳模型研究 [J]. 图书馆学研究，2013（3）：80-83.

[88] 施国洪，王凤. 基于用户体验的高校移动图书馆服务质量评价体系研究 [J]. 情报资料工作，2017（06）：64-69.

[89] 宋丽君. 基于 TAM 的网上旅游预订意向研究 [D].济南：山东大学，2010.

[90] 宋雪雁. 用户信息采纳行为模型构建及应用研究 [D]. 长春：吉林大学，2010.

[91] 宋振超. 信息服务质量评价体系指标研究 [J]. 情报科学，2017，35（6）：25-28.

[92] 宋之杰，石晓林，石蕊. 在线旅游产品购买意愿影响因素分析 [J]. 企业经济，2013（10）：96-100.

[93] 孙建军，成颖，柯青. TAM 模型研究进展——模型演化 [J]. 情报科学，2007（8）：1121-1127.

[94] 孙丽，田才. 基于用户体验的网站信息构建模型 [J]. 情报科学，2010，28（6）：907-910.

[95] 孙灵. 基于用户感知的旅行社网站质量影响因素研究 [D]. 杭州：浙江大学，2006.

[96] 孙天月. 移动旅游预订用户接受行为研究 [D]. 杭州：浙江大学，2015.

[97] 孙洋，张敏. 基于眼动追踪的电子书移动阅读界面的可用性测评——以百阅和

iReader 为例 [J]. 中国出版，2014（5）：48–52.

[98] 万健，张云，茆意宏. 移动互联网用户阅读交流行为研究 [J]. 图书情报工作，2014，58（17）：31–35.

[99] 万立军，罗廷，马书琴. 我国高校网站信息服务质量评价指标体系研究 [J]. 情报科学，2016，34（5）：114–117.

[100] 王一雯，武靖，张爱丽. 互联网质量评测体系及主要指标研究 [J]. 现代电信科技，2015（4）：71–74.

[101] 魏佳. 在线旅游网站服务质量影响因素研究 [D]. 长沙：湖南师范大学，2018.

[102] 吴茜媛，刘敏，郑庆华. 网络服务用户体验定量评价方法和实证分析 [J]. 计算机应用，2014，34（S2）：154–158.

[103] 吴婷婷. 基于游客感知的在线旅游服务质量评价研究 [D]. 杭州：浙江工商大学，2016.

[104] 武丽丽. 以用户为中心的交互式信息服务质量评价模型的研究 [J]. 现代情报，2010，30（3）：163–166.

[105] 徐琛. 移动阅读应用用户体验度量研究 [D]. 杭州：浙江理工大学，2015.

[106] 徐军英，张康华，张怿. 手机阅读与纸质阅读实验效果的对比分析 [J]. 情报资料工作，2015（6）：92–96.

[107] 徐恺英，崔伟，洪旭东，王晰巍. 图书馆移动阅读用户接纳行为影响因素研究 [J]. 图书情报工作，2017，61（15）：43–50.

[108] 徐新雨. 基于 UTAUT 模型的移动图书馆用户采纳意愿实证研究 [D]. 西安：西北大学，2014.

[109] 徐延章. 用户体验视角下的移动阅读 APP "甜点" 设计 [J]. 出版发行研究，2017（3）：40–43.

[110] 许展晶. 基于顾客满意及行为意向的旅游景区网站服务质量研究 [D]. 杭州：浙江大学，2012

[111] 杨彩霞. 旅游预订类 APP 用户持续使用行为研究 [D]. 广州：暨南大学，2018

[112] 杨海军. 移动图书馆用户采纳行为的模型构建 [J]. 图书馆学刊，2015，37（5）：21–24.

[113] 杨扬. 基于混合多准则决策模型的旅行预订类 APP 评估研究 [D]. 广州：暨南大学，2015.

[114] 叶凤云，胡雅萍. 青少年用户移动阅读采纳行为实证研究 [J]. 情报学报，2015，

34（8）：787–800.

[115] 叶甜. 基于扎根理论的高校学生移动阅读使用偏好分析 [J]. 图书馆学研究，2011（14）：78–81.

[116] 易红，张冰梅，宋微. 市民移动阅读选择偏好性和持续使用性影响因素的实证研究 [J]. 图书馆理论与实践，2015（1）：32–37.

[117] 印倩. 基于 SERVQUAL 模型的移动旅游服务质量评价研究 [D]. 上海：上海师范大学，2013

[118] 袁曦临，王骏，孙雅楠. 基于 PAD 的移动阅读行为及阅读体验实证研究 [J]. 图书馆杂志，2013（3）：22–27.

[119] 曾帆扬. 基于用户体验的淘宝网评价指标研究 [D]. 广州：华南理工大学，2011.

[120] 张博松. 面向移动阅读的 TAM/TPB 用户采纳行为研究 [D]. 秦皇岛：燕山大学，2014.

[121] 张广宇，张梦. 基于 OTA 的在线旅行预订服务质量研究 [J]. 旅游研究，2012（4）：66–71.

[122] 张洁，赵英. B2C 电子商务网站用户体验评价研究 [J]. 情报科学，2013（12）：84–89.

[123] 张科. 基于 SERVQUAL 模型的在线旅游服务质量提升途径研究 [J]. 当代旅游句刊，2013（10）：6–8.

[124] 张坤，张鹏，张野. 基于 UTAUT 和 TTF 理论的旅游 APP 用户使用影响因素及行为研究 [J]. 旅游经济，2016（9）：150–156.

[125] 张楠，郭迅华，陈国青. 行为建模角度信息技术采纳研究综述 [J]. 科学管理研究，2009，27（4）：13–19.

[126] 张卫卫. 电子旅游服务质量评价模型的研究 [D]. 上海：华东师范大学，2010.

[127] 张晓娟，李贞贞. 智能手机用户信息安全行为意向影响因素的实证研究 [J]. 情报资料工作，2018（1）：74–80.

[128] 张亚明，郑莉，刘海鸥. 移动阅读 APP 用户采纳行为实证研究 [J]. 图书馆理论与实践，2018（2）：97–100，107.

[129] 张永娜. 我国在线旅游平台服务质量评价与提升研究 [D]. 桂林：广西师范大学，2017.

[130] 赵静. 基于 SERVQUAL 的在线旅游服务质量评价研究 [J]. 经营管理者，2017（8）：17–18.

[131] 赵昆. 技术接受模型研究的范式解析 [J]. 信息系统学报，2011（2）：46–54.

[132] 赵文军，任剑. 移动阅读服务持续使用意向研究——基于认知维、社会维、情感维的影响分析 [J]. 情报科学，2017（8）：72–78.

[133] 赵宇翔，张苹，朱庆华. 社会化媒体中用户体验设计的理论视角：动因支撑模型及其设计原则 [J]. 中国图书馆学报，2011（5）：36–45.

[134] 赵宇翔，朱庆华. 感知示能性在社会化媒体后续采纳阶段的调节效应初探 [J]. 情报学报，2013（10）：1099–1111.

[135] 周荣刚. IT 产品用户体验质量的模糊综合评价研究 [J]. 计算机工程与应用，2007，43（31）：102–105.

[136] Agag G, El-Masry A A. Understanding consumer intention to participate in online travel community and effects on consumer intention to purchase travel online and WOM：An integration of innovation diffusion theory and TAM with trust[J]. Computers in Human Behavior, 2016（60）：97-111.

[137] Ajzen I. From intention to actions：A theory of planned behavior[M]. Heidelberg：Springer, 1985：35-36.

[138] Arhippainen L, Tähti M. Empirical evaluation of user experience in two adaptive mobile application prototypes[C]//Proceedings of the 2nd International Conference on Mobile and Ubiquitous Multimedia. Norrköping, Sweden：Linköping University Electronic Press, 2003：27-34.

[139] Ayeh J K, Au N, Law R. Predicting the intention to use consumer-generated media for travel planning[J]. Tourism Management, 2013（35）：132-143.

[140] Barnes S J, Vidgen R T. An integrative approach to the assessment of e-commerce quality [J]. Journal of Electronic Commerce Research, 2002, 3（3）：114-127.

[141] Barnes S J, Vidgen R T. Assessing the quality of auction web sites [C] Maui, Hawaii：Conference Paper at the Hawaii International Conference on Systems Sciences, 2001.

[142] Barnes S J, Vidgen R T. Measuring web site quality improvements：A case study of the forum on strategic management knowledge exchange [J]. Industrial Management & Data Systems, 2003, 103（5）：297-309.

[143] Bart Y, Shankar V, Sultan F, et al. Are the drivers and role of online trust the same for all web site and consumer? A large-scale exploratory empirical study[J]. Journal of Marketing, 2005, 69（5）: 133-152.

[144] Bhattacherjee A, Premkumar G. Understanding changes in belief and attitude toward information technology usage: A theoretical model and longitudinal test[J]. MIS Quarterly, 2004, 28（2）: 229-254.

[145] Bhattacherjee A. Understanding information systems continuance: An expectation-confirmation model[J]. MIS Quarterly, 2001, 25（3）: 351-370.

[146] Bovee M, Srivastava R P, Mak B. A conceptual framework and belief-function approach to assessing overall information quality[J]. International Journal of Intelligent Systems, 2003, 18（1）: 51-74.

[147] Burgess L. A conceptual framework for understanding and measuring perceived service quality in net-based customer support systems[C]. Collecter Latam Conference, Santiago, Chile, 2004: 13-15.

[148] Cebi S. A quality evaluation model for the design quality of online shopping websites[J]. Electronic Commerce Research and Applications, 2013, 12（2）: 124-135.

[149] Chen H, Hao Y, Corkindale D. Towards an understanding of the behavioral intention to use online news services[J]. Internet Research, 2008, 18（3）: 286-312.

[150] Davis F D, Bagozzi R P, Warsaw P R. User acceptance of computer technology: A comparison of two theoretical models[J]. Management Science, 1989, 35（8）: 983-1003.

[151] Davis F D, Venkatesh V. Toward preprototype user acceptance testing of new information systems: Implications for software project management[J]. IEEE Transactions on Engineering Management, 2004, 51（1）: 31-46.

[152] Davis F D. A technology acceptance model for empirically testing new end-user information systems: Theory and results[D]. Ph D dissertation. MIT Sloan School of Management, Cambridge, MA, 1986.

[153] Davis F D. Perceived usefulness, perceived ease of use and user acceptance of

information technology[J]. MIS Quarterly, 1989, 13（3）: 319-339.

[154] DeLone W H, McLean E R. Information system success: The quest for the dependent variables[J]. Information Systems Research, 1992, 3（1）: 60-95.

[155] DeLone W H, McLean E R. The DeLone and McLean model of information success: A ten-year update[J]. Journal of Management Information Systems, 2003, 19（4）: 9-30.

[156] Eriksson N, Strandvik P. Possible determinants affecting the use of mobile tourism services[C]//Filipe J, Obaidat M S. E-Business and telecommunications. Springer Berlin Heidelberg, 2009: 61-73.

[157] Fornell C, Larcker D F. Evaluating structural equation model with unobservable variables and measurement error: Algebra and statistics[J]. Journal of Marketing Research, 1981, 18（3）: 382-289.

[158] Gallego D, Woerndl W, Huecas G. Evaluating the impact of proactivity in the user experience of a context-aware restaurant recommender for android smartphones[J]. Journal of Systems Architecture the Euromicro Journal, 2013, 59（9）: 748-758.

[159] Ganesan S. Determinants of long-term orientation in buyer-sealer relationships[J]. Journal of Marketing, 1994（58）: 1-19.

[160] Garrett J J. The elements of user experience: User-centered design for the web[M]. New York: New Riders Publishing, 2002: 13-20.

[161] Gefen D, Straub D W. The relative importance of perceived ease-of-use in IS adoption: A study of e-commerce adoption[I]. Journal of the Association for Information Systems, 2000, 1（8）: 407-424.

[162] Grether D M, Leach M O, Bauer H. Building customer relations over the Internet[J]. Industrial Marketing Management, 2002, 31（2）: 155-163.

[163] Grewal D, Bakerb J, Levyc M, et al. The effects of wait expectations and store atmosphere evaluations on patronage intentions in service intensive retail stores[J]. Journal of Retailing, 2003, 79（4）: 259-268.

[164] Hans H B, Tomas F, Maik H. Etransqual: A transaction process-based approach for capturing service quality in online shopping[J]. Journal of

Business Research, 2006, 59（8）: 866-875.

[165] Hartmann J, Sutcliffe A, Angeli A D. Towards a theory of user judgment of aesthetics and user interface quality[J]. ACM Transactions on Computer-Human Interaction (TOCHI), 2008, 15（4）: 1-30.

[166] Hassenzahl M, Tractinsky N. User experience: A research agenda[J]. Behaviour and Information Technology, 2006, 25（2）: 91-97.

[167] Hassenzahl M. The quality of interactive products: Hedonic needs, emotions and experience[C]//Ghaoui (ed.). Encyclopedia of human-computer interaction[C]. PA: Idea Group, 2005: 652-660.

[168] Ho C I, Lee Y L. The development of an e-travel service quality scale[J]. Tourism Management, 2007（28）: 1434-1448.

[169] Hong S J, James Y L, Kar Y T. Understanding continued information technology usage behavior[J]. Decision Support Systems, 2006（42）: 1819-1834.

[170] Hossain M A, Quaddus M. Expectation–confirmation theory in information system research: A review and analysis[C]//Dwivedi Y, Wade M, Schneberger S (eds). Information systems theory. Springer, New York, NY, 2012.

[171] Iivari J. Perceived sociability use and individual use of social networking applications: The case of Facebook[EB/OL]. www.research gate.net/profile/Juhani_Iivari/, 2018-2-02.

[172] Ip C, Law R, Lee H. A review of website evaluation studies in the tourism and hospitality fields from 1996 to 2009[J]. International Journal of Tourism Research, 2011, 13（3）: 234-265.

[173] Jiang J J, Hsu M.K, Klein G, Lin B. E-commerce user behavior model: An empirical study[J]. Human Systems Management, 2000, 19（4）: 265-276.

[174] Jung J, Chan-Olmsted S, Park B, et al. Factors affecting e-book reader awareness, interest and intention to use[J]. New Media & Society, 2012, 14（2）: 204-224.

[175] Junglas I, Goel L, Abraham C, et al. The social component of information systems: How sociability contributes to technology acceptance[J]. Journal of

the Association for Information Systems, 2013, 14（10）: 585.

［176］Kathrin G，Yevgeniya K，Diana M，et al. Reading in 2011 — reading behavior and reading devices: A case study[J]. Electronic Library，2011: 288-302.

［177］Kaynama S A, Black C I. A proposal to assess the service quality of online travel agencies: An exploratory study[J]. Journal of Professional Services Marketing, 2000, 21（1）: 63-88.

［178］Kennech C C. Social media use in the United States: Implications for health communication[J]. Journal of Medical Internet Research, 2014, 62（8）: 477-488.

［179］Kim B. An empirical investigation of mobile data service continuance: Incorporating the theory of planned behavior into the expectation-confirmation model[M].Expert Systems with Applications, 2010.

［180］Kim D J, Steinfield C. Consumers mobile internet service satisfaction and their continuance intentions[C]. AIS Electronic Library. Proceedings of the Tenth Americas Conference on Information Systems, 2004: 2776-2780.

［181］Kim W G, Lee H Y. Comparison of web service quality between online travel agencies and online travel suppliers[J]. Journal of Travel & Tourism Marketing, 2004, 17（2）: 105-116.

［182］Klein H K, Myers M D. A set of principles for conducting and evaluating interpretive field studies in information systems [J]. MIS Quarterly, 1999, 23（1）: 67-93.

［183］Klopping I M, McKinney E. Extending the technology acceptance model and the task-technology fit model to consumer e-commerce[J]. Information Technology Learning and Performance Journal, 2004, 22（1）: 35-48.

［184］Knight S, Burn J. Developing a framework for assessing information quality on the world wide web[J]. Informing Science, 2005（8）: 159-172.

［185］Lai J Y，Chang C Y. User attitudes toward dedicated e-book readers for reading: The effects of convenience, compatibility and media richness[J]. Online Information Review，2011，35（4）: 558-580.

[186] Law E L C, Roto V, Hassenzahl M, Vermeeren A P, Kort J. Understanding, scoping and defining user experience: A survey approach[A]//Proceedings of the SIGCHI conference on human factors in computing systems. New York, USA: ACM, 2009: 719-728.

[187] Law E L C, Schaik P V. Modelling user experience: An agenda for research and practice[J]. Interacting with Computers, 2010, 22（5）: 313-322.

[188] Lee A, Choi J, Kim K K. The determinants of user resistance to adopting e-Books: Based on innovation characteristics and user attitude[J]. The Kips Transactions, 2012, 1（23）: 23-25.

[189] Lee S P, Kwok R C, Huynh M Q. The contribution of commitment value in internet commerce: An empirical investigation[J]. Journal of the Association for Information System, 2003（4）: 39-64.

[190] Lee Y, Kozar K A, Larsen K. The technology acceptance model: Past, present and future[J]. Communications of the Association for Information Systems, 2003, 12（50）: 752-780.

[191] Legris P, Ingham J, Collerette P. Why do people use information technology? A critical review of the technology acceptance model[J]. Information & Management, 2003, 40（3）: 191-204.

[192] Li D H, Browne G J, Wetherbe J C. Why do Internet users stick with a specific web site? A relationship perspective[J]. International Journal of Electronic Commerce, 2006, 10（4）: 105-141.

[193] Liao C C, Chen J L, Yen D C. Theory of planning behavior (TPB) and customer satisfaction in the continued use of e-service: An integrated model[J]. Computers in Human Behavior, 2007, 23: 2804-2822.

[194] Lin J C, Lu H. Towards an understanding of the behavioral intention to use a web site[J]. International Journal of Information Management, 2000, 20（3）: 197-208.

[195] Lin J C, Lu H. Towards an understanding of the behavioral intention to use a website[J]. International Journal of Information Management, 2000, 20（3）: 197-208.

［196］Lin J C-C. Online stickiness: Is antecedents and effect on purchasing and effect on purchasing intention[J]. Behavior & Information Technology, 2007, 26（6）: 507-516.

［197］Loiacono E, Watson R, Goodhue D. WebQual™: A web site quality instrument[A]. Austin, Texas: American Marketing Association Press, 2002.

［198］Loiacono E T, Watson R T, Goodhue D L. WebQual: A measure of website quality[J]. Marketing Theory and Applications, 2002, 13（3）: 432-438.

［199］Loiacono E, Watson R, Goodhue D. WebQual: An instrument for consumer evaluation of web sites[J]. International Journal of Electronic Commerce, 2007, 11（3）: 51-87.

［200］Lucas D. Understanding user experience[J]. Web Techniques, 2000, 5（8）: 42-43.

［201］Ma L, Ding L. Empirical research of mobile reading consumers' behavior intention [M]. IEEE, 2011: 301-305.

［202］Makela A, FultonSuri J. Supporting users' creativity: design to induce pleasurable experiences[A]. Proceedings of the International Conference on Affective Human Factors Design, 2001: 387-394.

［203］Mallat N, Rossi M, Tuunainen V K. The impact of use context on mobile services acceptance: The case of mobile ticketing[J]. Information & Management, 2009, 46（3）: 190-195.

［204］Mathieson K, Peacock E, Chin W W. Extending the technology acceptance model: The influence of perceived user resources[J]. Database for Advances in Information Systems, 2001, 32（3）: 86–113.

［205］McCloskey D. Evaluating electronic commerce acceptance with the technology acceptance model[J]. The Journal of Computer Information Systems, 2003, 44（2）: 49-57.

［206］Mcknight D H, Choudhury V, Kacmar C. The impact of initial consumer trust on intentions to transact with a website: A mist building model[J]. Journal of Strategic Information Systems, 2002（11）: 297-323.

［207］Melone N P. A theoretical assessment of the user-satisfaction construct

in information systems research[J]. Management Science, 1990, 36（1）:
76-91.

[208] Mentzer J T, Gomes R, Krapfel R E. Physical distribution service: A
fundamental marketing concept[J]. Journal of the Academy of Marketing
Science, 1989, 17（4）: 53-62.

[209] Merikivi M M J. Investigating the drivers of the continuous use of social
virtual worlds [A]. IEEE. Proceedings of the 43rd Hawaii International
Conference on System Sciences, 2010.

[210] Moeslinger S. Technology at home: A digital personal scale[M]. CHI97
Electronic Publications: Formal Video Program, 1997.

[211] Moon J, W Kim, Y G. Extending the TAM for a world-wide-web context[J].
Information and Management, 2001, 38（4）: 217-230.

[212] Moore G C, Benbasat I. Development of an instrument to measure the
perceptions of adopting an information technology innovation[J]. Information
Systems Research, 1991, 2（3）: 192-222.

[213] Norman D A. Emotional design: Why we love (or hate) everyday things[M].
New York: Basic Books, 2004.

[214] Oliver R L. Cognitive, affective, and attribute bases of the satisfaction
response[J]. Journal of consumer research, 1993, 20（3）: 418-430.

[215] Parasuraman A, Zeitbaml V A, Malhotra A. E-S-QUAL: A multiple item
scale for assessing electronic service quality [J]. Journal of Service Research,
2005, 7（3）: 213-233.

[216] Parasuraman A, Zeithaml V A, Berry L L. A conceptual model of service
quality and is implications for future research[J]. Journal of Marketing, 1985,
49（4）: 41 -50.

[217] Parasuraman A, Zeithaml V A, Berry L L. SERVQUAL: A multiple-item
scale for measuring consumer perceptions of service quality[J]. Journal of
Retailing, 1988（64）: 15.

[218] Park N, Roman R, Lee S, et al. User acceptance of a digital library system in
developing countries: An application of the technology acceptance model[J].

International Journal of Information Management, 2009, 29（3）: 196-209.

[219] Pattuelli M C, Rabina D. Forms, effects, function: LIS students' attitudes towards portable e-book readers [C]. Aslib Proceedings, Emerald Group Publishing Limited, 2010: 228-244.

[220] Pavlou P A. Consumer acceptance of electronic commerce: Integrating trust and risk with the technology acceptance model[J]. International Journal of Electronic Commerce, 2003, 7（3）: 47-59.

[221] Pavlou P A. Integrating trust in electronic commerce with the technology acceptance model: Model development and validation[A]. Proceedings of the Seventh Americas Conference in Information Systems, New York: ACM, 2001: 816-822.

[222] Petter S, DeLone W, McLean E. Measuring information systems success: Models, dimensions, measures, and interrelationships[J]. European Journal of Information Systems, 2008, 17（3）: 236-263.

[223] Pickard A J, Dixon P. Measuring electronic information resource use: Towards a transferable quality framework for measuring value[J]. The Journal of Information and Knowledge Management Systems, 2004, 34（3）: 126 -131.

[224] Pucillo F, Cascini G. A framework for user experience, needs and affordances[J]. Design Studies, 2014, 35（2）: 160–179.

[225] Ranganathan C, Ganapathy S. Key dimensions of business-to-consumer web sites[J]. Information & Management, 2002, 39（6）: 457-465.

[226] Roca J C, Chiu C M, Martinez F J. Understanding e-learning continuance intention: An extension of the technology acceptance model[J]. International Journal of Human-Computer Studies, 2006, 64（8）: 683-696.

[227] Scherer K R. Cognitive components of emotion[C]//Davidson R J, Goldsmith H, Scherer K R (eds.). Handbook of the affective sciences. New York: Oxford University Press, 2004: 563-571.

[228] Shih H P. Extended technology acceptance model of internet utilization behavior[J]. Information & Management, 2004, 41（6）: 719-729.

[229] Silva G M, Goncalves H M. Causal recipes for customer loyalty agencies:

Differences between online and offline customers[J]. Journal Research, 2016, 69（11）: 5512-5518.

[230] Sismeiro C, Bucklin R E. Modeling purchase behavior at an ecommerce web site: A task-completion approach[J]. Journal of Marketing Research, 2004 （41）: 306–323.

[231] Spreng R A, MacKenzie S B, Olshavsky R W. A reexamination of the determinants of consumer satisfaction[J]. Journal of Marketing, 1996, 60（7）: 15-32.

[232] Stienmetz J L, Levy S E, Boo S. Factors influencing the usability of mobile destination management organization websites[J]. Journal of Travel Research, 2013, 52（4）: 453-464.

[233] Sun P, Cardenas D A, Harrill R. Chinese customers' evaluation of travel website quality: A decision-tree analysis[J]. Journal of Hospitality Marketing & Management, 2016, 25（4）: 476-497.

[234] Taylor S, Todd P A. Assessing IT usage: The role of prior experience [J]. MIS Quarterly, 1995, 19（2）: 561-570.

[235] Taylor S, Todd P A. Decomposition and cross effects in the theory of planned behavior: A study of consumer adoption intentions[J]. International Journal of Research in Marketing, 1995（12）: 137-155.

[236] Taylor S, Todd P A. Understanding information technology usage: A test of competing models[J]. Information Systems Research, 1995, 6（2）: 144-176.

[237] Thong J Y L, Hong S J, Tam K Y. The effects of post-adoption beliefs on the expectation-confirmation model for information technology continuance[J]. Internationl Journal of Human-Computer Studies, 2006, 64（9）: 799-810.

[238] Van Dyke T P, Kappelman L A, Prybutok V R. Measuring information systems service quality: Concerns on the use of the SERVQUAL questionnaire [J]. MIS Quarterly, 1997, 21（2）: 195-208.

[239] Venkatesh V, Bala H. Technology acceptance model 3 and a research agenda on interventions[J]. Decision Sciences, 2008, 39（2）: 273-315.

[240] Vyas D, VanDer Veer G C. APEC: A framework for designing experience[J]. Infoscicornelledu, 2005, 2: 1-4.

[241] Wilson T D. Models of information behaviour research[J]. Journal of Documentation, 1999, 55 (3): 249-270.

[242] Yoo B, Donthu N. Developing a scale to measure the perceived quality of an internet shopping site (SITEQUAL)[J]. Quarterly Journal of Electronic Commerce, 2001, 2 (1): 31- 45.

[243] Zeithaml V A, Parasuraman A, Malhotra A. Service quality delivery through web sites: A critical review of extant knowledge[J]. Journal of the Academy of Marketing Science, 2002, 30 (4): 362-375.

[244] Zhou T. Examining continuance usage of mobile Internet services from the perspective of resistance to change[J]. Information Development, 2014, 30 (1): 22 -31.

[245] Zhou T. Understanding continuance usage of mobile sites[J]. Industrial Management and Data Systems, 2013, 113 (9): 1286-1299.

附录1 移动数字阅读用户采纳行为调查问卷

尊敬的女士/先生：

您好！首先感谢您抽出宝贵的时间来填写本次问卷。这是一份有关学术研究的问卷，目的是探讨移动数字阅读领域影响用户采纳行为的因素，本问卷收集的所有信息仅用于学术研究，完全尊重您个人的信息安全和隐私，希望可以得到您的理解与支持。请您根据自己的真实感受和理解来填写下面的问卷题项。

注：移动数字阅读是指以智能手机、电子阅读器、平板电脑等移动设备为终端，通过移动通信网络访问、下载所需信息，并在移动终端上浏览或阅读的行为。

您是否使用过以下移动数字阅读产品：QQ阅读、掌阅、书旗小说、天翼、咪咕阅读等。

A.是　　　　　　　　B.否

如果选择B，请您终止填写本问卷，感谢您的支持！

第一部分　个人基本信息

1.您的性别是（　　　）

A.男　　　　　　　　B.女

2.您的年龄是（　　　）

A. 24岁以下　　　B.24～30岁　　　C. 31～35岁　　　D.35岁以上

3.您的受教育程度是（　　　）

A. 专科及以下　　B.本科　　　　　C.硕士　　　　　D.博士

4.您每周的阅读频率（　　　）

A. 每周3次以下　　B.每周3～4次　　C.每周5～6次　　D.每周6次以上

5.您每天的阅读时长（　　　）

A．每天1小时以下　B.每天1～2小时　C.每天2～3小时　D.每天3小时以上

6.您经常阅读的作品类型属于（　　　）

A．新闻资讯类　　　B.网络文学类　　　C.报纸杂志类　　　D.专业图书类

第二部分　采纳行为影响因素

本部分调查的目的是了解影响用户使用移动数字阅读的主要因素，请您根据经常使用的一种移动数字阅读产品来完成本部分的问卷。1～5代表题项与个人主观或实际情况的符合程度，请根据您对移动数字阅读的认知在相应的选项上画"√"。

1---|---2---|----3---|----4---|-----5				
非常 不同意	不同意	一般	同意	非常 同意

感官层体验	1～5代表同意程度不断增强				
移动数字阅读产品的色彩搭配整洁、协调	①	②	③	④	⑤
数字阅读产品功能模块划分、页面设计合理	①	②	③	④	⑤
界面设计简洁，方便操作	①	②	③	④	⑤
提供完整的用户定位功能，方便用户进行页面的定位	①	②	③	④	⑤
能够对阅读页面的显示比例进行调节	①	②	③	④	⑤
允许用户调节屏幕亮度功能、夜间阅读模式	①	②	③	④	⑤
提供的内容信息丰富多样	①	②	③	④	⑤
内容信息能够更新及时	①	②	③	④	⑤
内容信息以文字、图片、音频、视频等多种形式呈现	①	②	③	④	⑤
内容作品完整，方便用户进行资源的获取	①	②	③	④	⑤
认知层体验	1～5代表同意程度不断增强				
数字阅读产品系统稳定，打开迅速且不易闪退	①	②	③	④	⑤
页面反应迅速、翻页跳转流畅、切换方便	①	②	③	④	⑤
全局导航明确，易于理解操作	①	②	③	④	⑤
个性化功能设置：阅读记忆功能；多设备同步功能；收藏功能；离线下载	①	②	③	④	⑤
产品阅读时提供画线、批注、做笔记、搜索、翻译等辅助功能	①	②	③	④	⑤

认知层体验	1~5代表同意程度不断增强				
提供文字和语音的多模式切换	①	②	③	④	⑤
内容种类丰富、质量高、简短精练	①	②	③	④	⑤
有很多原创内容、数量充足	①	②	③	④	⑤
具有图书、报纸、杂志、资讯和自媒体等类型多样的数字资源	①	②	③	④	⑤
反思层体验	1~5代表同意程度不断增强				
构建社交性平台，方便用户评论互动	①	②	③	④	⑤
点赞、分享功能	①	②	③	④	⑤
提供对数字资源的评价，满足用户影响他人的需求	①	②	③	④	⑤
提供分享给他人或其他社交平台的功能，满足用户的社会互动需求	①	②	③	④	⑤
提供个性化阅读内容的定制和推送	①	②	③	④	⑤
提供个性化的阅读功能设置（翻页方式、横竖屏切换）	①	②	③	④	⑤
提供个性化的界面设计（亮度、颜色、字号、字体、夜间模式、背景皮肤等）	①	②	③	④	⑤
移动数字阅读产品的知名度高	①	②	③	④	⑤
该产品的品牌信誉度高	①	②	③	④	⑤
该产品的用户口碑高	①	②	③	④	⑤
有用认知	1~5代表同意程度不断增强				
使用该移动数字阅读产品可以提高我的阅读效率	①	②	③	④	⑤
使用该移动数字阅读产品可以提高我的阅读收获（范围）	①	②	③	④	⑤
使用该移动数字阅读产品对我的工作、生活和学习有帮助	①	②	③	④	⑤
我觉得使用该移动数字阅读产品是有用的					
易用认知	1~5代表同意程度不断增强				
学习如何使用该移动数字阅读产品是容易的	①	②	③	④	⑤
熟练使用该移动数字阅读产品是容易的	①	②	③	④	⑤
对我来说，很容易从移动数字阅读产品获得所需要的内容	①	②	③	④	⑤
我认为该移动数字阅读产品是容易使用的					
愉悦认知	1~5代表同意程度不断增强				
我觉得使用该移动数字阅读产品很愉快	①	②	③	④	⑤
我觉得使用该移动数字阅读产品很开心	①	②	③	④	⑤
我觉得使用该移动数字阅读产品有快乐的体验	①	②	③	④	⑤
态度	1~5代表同意程度不断增强				
我认为使用该移动数字阅读产品是一个好主意	①	②	③	④	⑤
我希望使用该移动数字阅读产品进行阅读	①	②	③	④	⑤
我喜欢（赞成）使用该移动数字阅读产品进行阅读	①	②	③	④	⑤

续表

意向	1 ~ 5 代表同意程度不断增强				
我会考虑使用该移动数字阅读产品进行阅读	①	②	③	④	⑤
我打算在未来频繁使用该移动数字阅读产品	①	②	③	④	⑤
我很乐意向身边的人推荐该移动数字阅读产品	①	②	③	④	⑤
行为	**1 ~ 5 代表同意程度不断增强**				
我经常使用该移动数字阅读产品	①	②	③	④	⑤
我使用该产品进行数字阅读的频率很高	①	②	③	④	⑤
只要是进行阅读，我就使用该数字阅读产品进行阅读	①	②	③	④	⑤
期望确认程度	**1 ~ 5 代表同意程度不断增强**				
该移动数字阅读产品的服务质量超过我的预期	①	②	③	④	⑤
该移动数字阅读产品提供的功能超过我的预期	①	②	③	④	⑤
我对该移动数字阅读产品的期望在使用过程中都能得到满足	①	②	③	④	⑤
满意度	**1 ~ 5 代表同意程度不断增强**				
移动数字阅读产品提供的功能令人满意	①	②	③	④	⑤
移动数字阅读产品提供的内容令人满意	①	②	③	④	⑤
我觉得使用该移动数字阅读产品非常满意	①	②	③	④	⑤
总的来说，我对该产品感到满意					
持续采纳意向	**1 ~ 5 代表同意程度不断增强**				
我打算继续使用该移动数字阅读产品	①	②	③	④	⑤
我愿意继续使用该移动数字阅读产品	①	②	③	④	⑤
我以后会经常使用该移动数字阅读产品	①	②	③	④	⑤

附录 2　移动数字阅读用户体验二阶验证性因子分析路径图

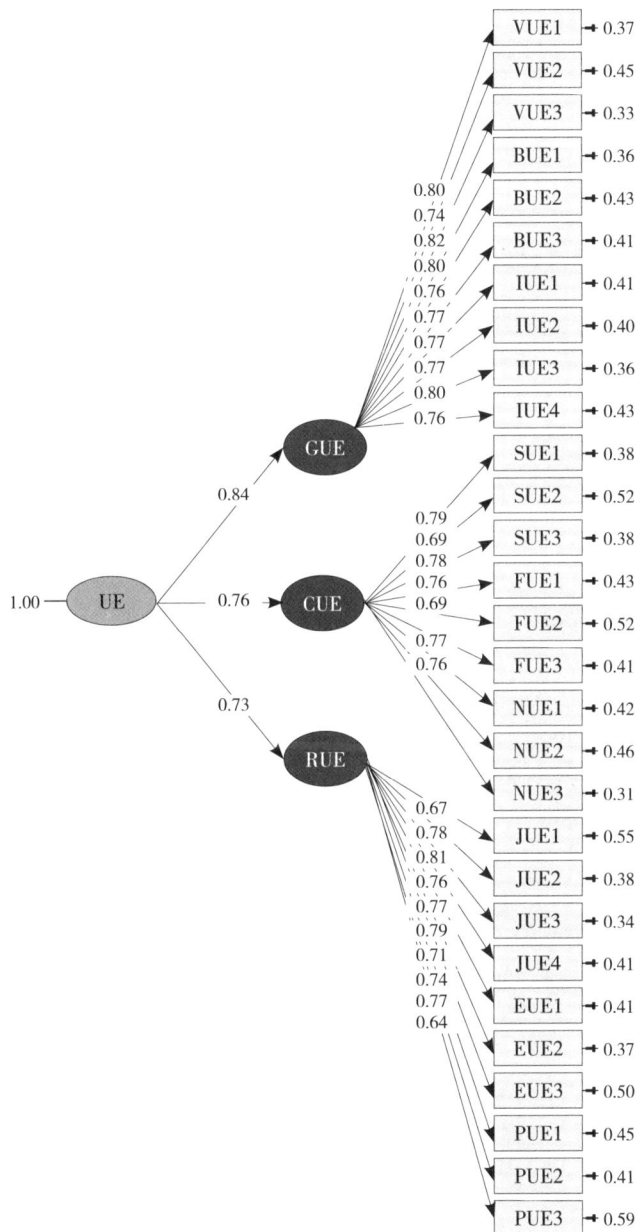

Chi-Square=1101.24，d*f*=374，p-value=0.00000，RMSEA=0.067

附录3　移动数字阅读用户采纳行为变量的验证性因子分析

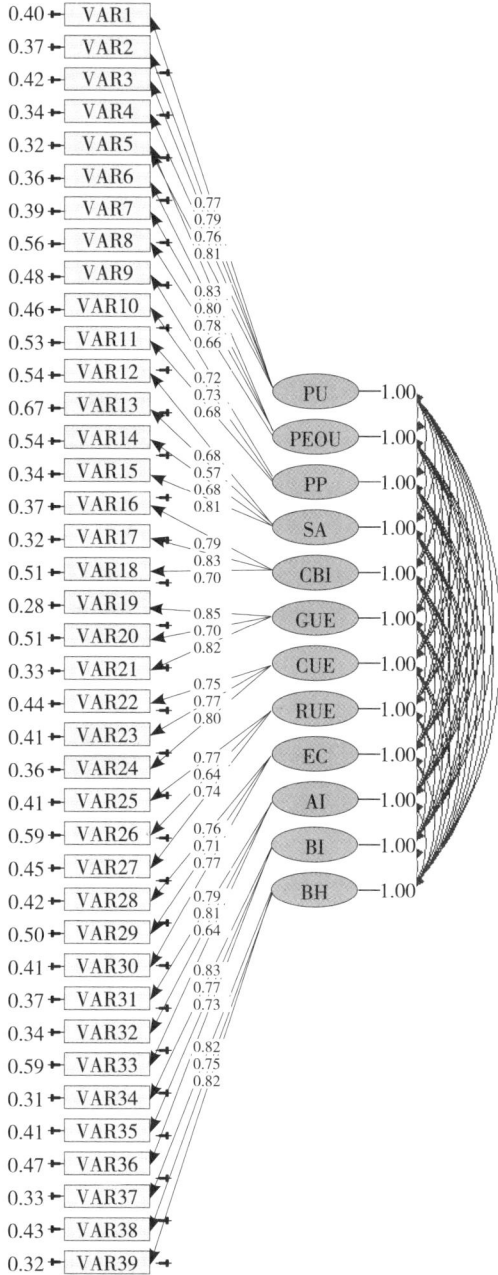

Chi–Square=1112.89，d*f*=636，p–value=0.00000，RMSEA=0.042

附录 4 移动数字阅读 M1 修正模型的路径图

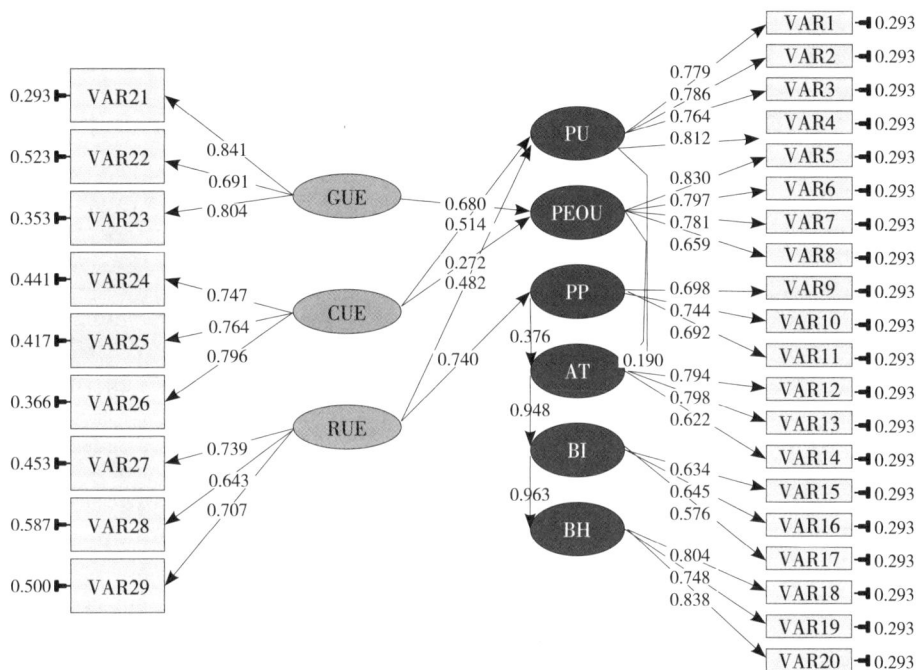

附录 5　移动数字阅读 M2 修正模型的路径图

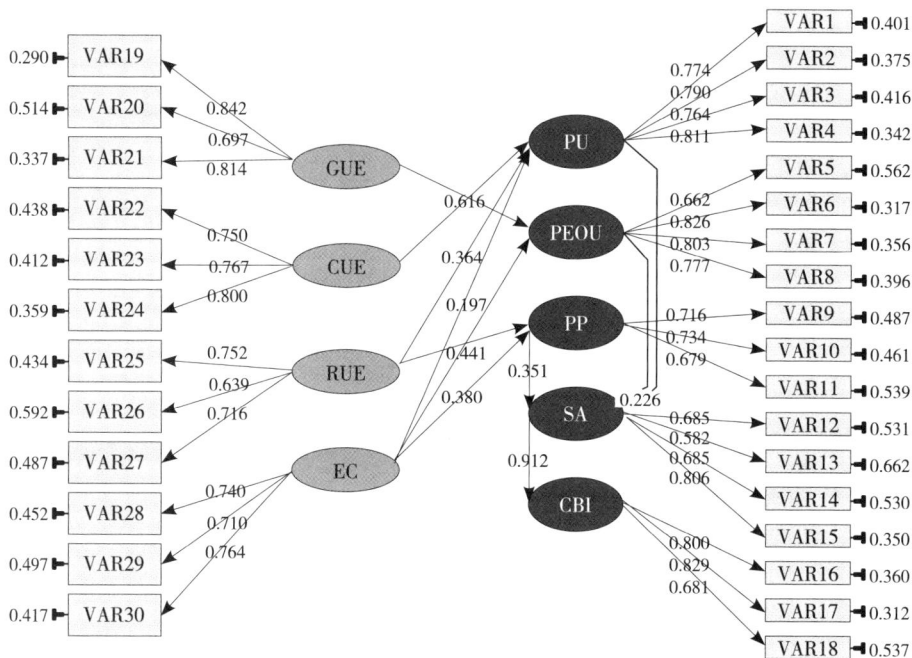

附录6 在线旅游服务平台用户采纳行为调查问卷

尊敬的女士/先生：

您好！感谢您参与本次问卷调查。本研究关注用户体验视角下在线旅游服务平台用户采纳行为的各种影响因素，期望为在线旅游服务平台的信息服务提供科学的参考建议。

本次调研仅用于学术研究，我们承诺对您的个人资料予以严格保密并妥善保管。为了研究的有效性，请根据您的真实感受填写问卷。

您的回答对我们的研究十分重要，在此衷心感谢您的参与和合作！

一、基本信息

1.您的性别是（　　　）

A.男　　　　　　　B.女

2.您的年龄是（　　　）

A. 18～24岁　　B.25～30岁　　C.31～35岁　　　D.35岁以上

3.您的受教育程度是（　　　）

A. 高中及以下　B.本科　　　　C.硕士　　　　　D. 博士

4.您使用在线旅游平台的时长（　　　）

A.3年以下　　　B.3～6年　　　C.6～9年　　　　D.9年以上

5、您在在线旅游平台上平均每次花费（　　　）

A. 1000元以下　B.1000～2000元　C.2000～3000元　D.3000元以上

6.最近一年，您在在线旅游平台上预定产品或服务的次数（　　　）

A.1～2次　　　　B.3～5次　　　C.6～10次　　　D.10次以上

7.您经常使用的在线旅游服务（限选3项）

□酒店预订　　□机票、车票预订　　□景点门票预订
□旅游攻略　　□旅游资讯　　　　　□论坛交流

二、请对您经常使用的在线旅游网站进行评分，1～5代表题项与个人主观或实际情况的符合程度，请根据您对移动数字阅读的认知在相应的选项上画"√"。

1---|---2---|----3---|----4---|-----5				
非常不同意	不同意	一般	同意	非常同意

您最熟悉或者经常使用的在线旅游网站是（仅选择一个）
□携程　□去哪儿　□途牛　□飞猪　□马蜂窝　□驴妈妈　□同程艺龙
□其他_____
请您结合自身使用该网站的情况和感受，对该网站进行评价。

感官层体验	1～5代表同意程度不断增强				
网站的设计美观、具有较强的设计感	①	②	③	④	⑤
网站的界面设计友好，操作简便	①	②	③	④	⑤
网站的色彩搭配协调，风格适宜、舒服	①	②	③	④	⑤
网站的版面布局清晰、合理、有序	①	②	③	④	⑤
网站的板块设计具有层次性	①	②	③	④	⑤
网站提供的产品信息准确、可靠、真实	①	②	③	④	⑤
网站提供的旅游产品信息能够及时更新	①	②	③	④	⑤
网站提供的产品信息全面、详细、完整	①	②	③	④	⑤
商品信息的多媒体展示丰富（文本、图像、声音、动画等表达方式）	①	②	③	④	⑤
认知层体验	1～5代表同意程度不断增强				
网站页面加载的速度快	①	②	③	④	⑤
网站的服务具备快速响应处理的能力	①	②	③	④	⑤
网站运行具有稳定性、流畅性	①	②	③	④	⑤
网站提供了丰富、便捷的信息获取途径（分类检索、主题检索等）	①	②	③	④	⑤
网站提供了类目清晰的导航系统，方便浏览	①	②	③	④	⑤
网站提供的预订功能方便易用	①	②	③	④	⑤

认知层体验	1～5代表同意程度不断增强				
网站提供了完备的交易功能模块	①	②	③	④	⑤
网上交易流程的设计简捷、清晰，方便用户进行操作	①	②	③	④	⑤
在交易过程中，网站能够随时向顾客提供帮助、订单查询、修改、取消等功能	①	②	③	④	⑤
投诉或反馈能够得到快速有效的解决	①	②	③	④	⑤
网站提供自由与其他客户进行交流的空间	①	②	③	④	⑤
网站能及时对客户提出的问题、意见作出快速响应	①	②	③	④	⑤
网站提供买卖双方的交互沟通功能	①	②	③	④	⑤
反思层体验	1～5代表同意程度不断增强				
网站能够保证用户个人信息、个人账户的安全性	①	②	③	④	⑤
网站能够保证系统交易的安全可靠性	①	②	③	④	⑤
网站具有良好的信誉性和安全认证	①	②	③	④	⑤
网站针对不同用户提供个性化定制服务的功能	①	②	③	④	⑤
网站对用户提供了人性化服务、政策	①	②	③	④	⑤
网站提供了合理的售后评价体系	①	②	③	④	⑤
网站具有一定知名度	①	②	③	④	⑤
该网站的品牌信誉度高	①	②	③	④	⑤
有用认知	1～5代表同意程度不断增强				
使用该在线旅游服务产品可以提高我的交易效率	①	②	③	④	⑤
使用该在线旅游服务产品可以节约时间和精力	①	②	③	④	⑤
我觉得使用该在线旅游服务产品是有用的	①	②	③	④	⑤
易用认知	1～5代表同意程度不断增强				
学习如何使用该在线旅游服务产品是容易的	①	②	③	④	⑤
熟练使用该在线旅游服务产品是容易的	①	②	③	④	⑤
我认为该在线旅游服务产品是容易使用的	①	②	③	④	⑤
愉悦认知	1～5代表同意程度不断增强				
我觉得使用该在线旅游服务产品很愉快	①	②	③	④	⑤
我觉得使用该在线旅游服务产品很开心	①	②	③	④	⑤
我觉得使用该在线旅游服务产品有快乐的体验	①	②	③	④	⑤
态度	1～5代表同意程度不断增强				
我认为使用该在线旅游服务产品是一个好主意	①	②	③	④	⑤
我希望使用该在线旅游服务产品进行交易	①	②	③	④	⑤
我喜欢（赞成）使用该在线旅游服务产品进行交易	①	②	③	④	⑤

续表

意向	1～5代表同意程度不断增强				
我会考虑使用该在线旅游服务产品进行交易	①	②	③	④	⑤
我打算在未来频繁使用该在线旅游服务产品	①	②	③	④	⑤
我很乐意向身边的人推荐该在线旅游服务产品	①	②	③	④	⑤
行为	1～5代表同意程度不断增强				
我经常使用该在线旅游服务产品	①	②	③	④	⑤
我使用该产品进行旅游产品交易的频率很高	①	②	③	④	⑤
只要是进行出游,我就使用该在线旅游服务产品	①	②	③	④	⑤
期望确认程度	1～5代表同意程度不断增强				
该在线旅游服务产品的服务质量超过我的预期	①	②	③	④	⑤
该在线旅游服务产品提供的功能超过我的预期	①	②	③	④	⑤
我对该在线旅游服务产品的期望在使用过程中都能得到满足	①	②	③	④	⑤
满意度	1～5代表同意程度不断增强				
该在线旅游服务产品提供的内容令人满意	①	②	③	④	⑤
我觉得使用该在线旅游服务产品非常满意	①	②	③	④	⑤
总体来说,我对该在线旅游服务产品感到满意	①	②	③	④	⑤
持续采纳意向	1～5代表同意程度不断增强				
我打算继续使用该在线旅游服务产品	①	②	③	④	⑤
我愿意继续使用该在线旅游服务产品	①	②	③	④	⑤
我以后会经常使用在线旅游服务产品	①	②	③	④	⑤

附录 7 在线旅游服务用户体验二阶验证性因子分析路径图

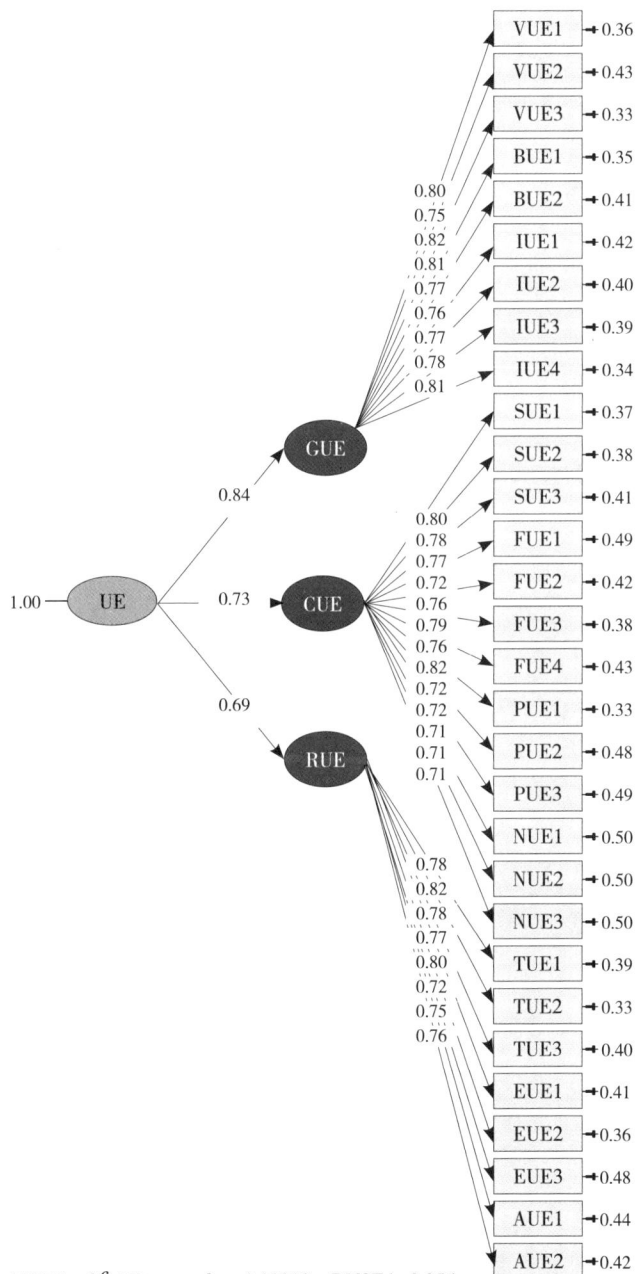

Chi-Square=858.74，d*f*=402，p-value=0.00000，RMSEA=0.055

附录 8 在线旅游服务用户采纳行为变量的验证性因子分析

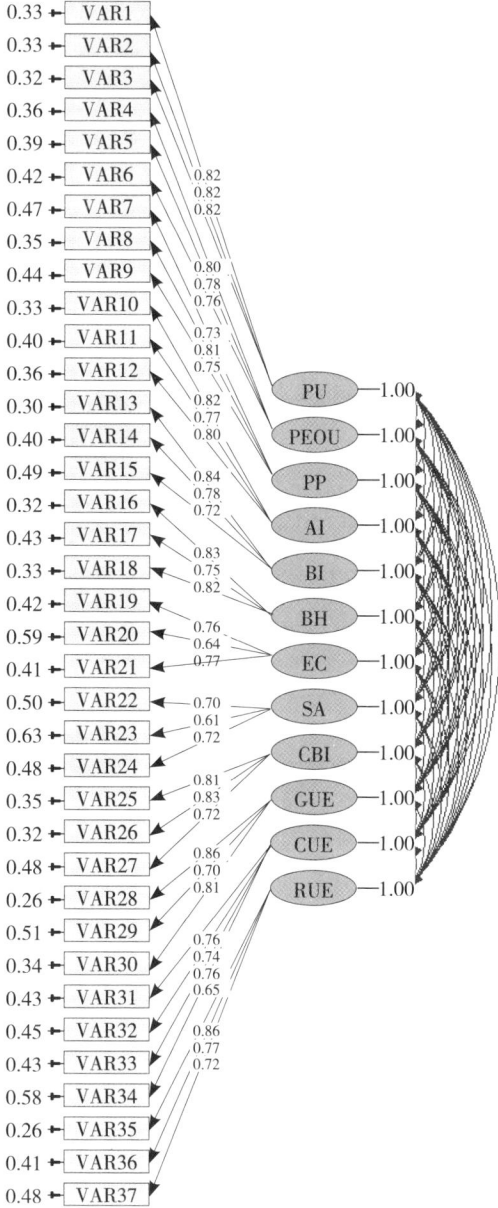

0.33	VAR1
0.33	VAR2
0.32	VAR3
0.36	VAR4
0.39	VAR5
0.42	VAR6
0.47	VAR7
0.35	VAR8
0.44	VAR9
0.33	VAR10
0.40	VAR11
0.36	VAR12
0.30	VAR13
0.40	VAR14
0.49	VAR15
0.32	VAR16
0.43	VAR17
0.33	VAR18
0.42	VAR19
0.59	VAR20
0.41	VAR21
0.50	VAR22
0.63	VAR23
0.48	VAR24
0.35	VAR25
0.32	VAR26
0.48	VAR27
0.26	VAR28
0.51	VAR29
0.34	VAR30
0.43	VAR31
0.45	VAR32
0.43	VAR33
0.58	VAR34
0.26	VAR35
0.41	VAR36
0.48	VAR37

Chi-Square=1150.88，df=563，p-value=0.00000，RMSEA=0.053

附录 9　在线旅游服务 M1 修正模型的路径图

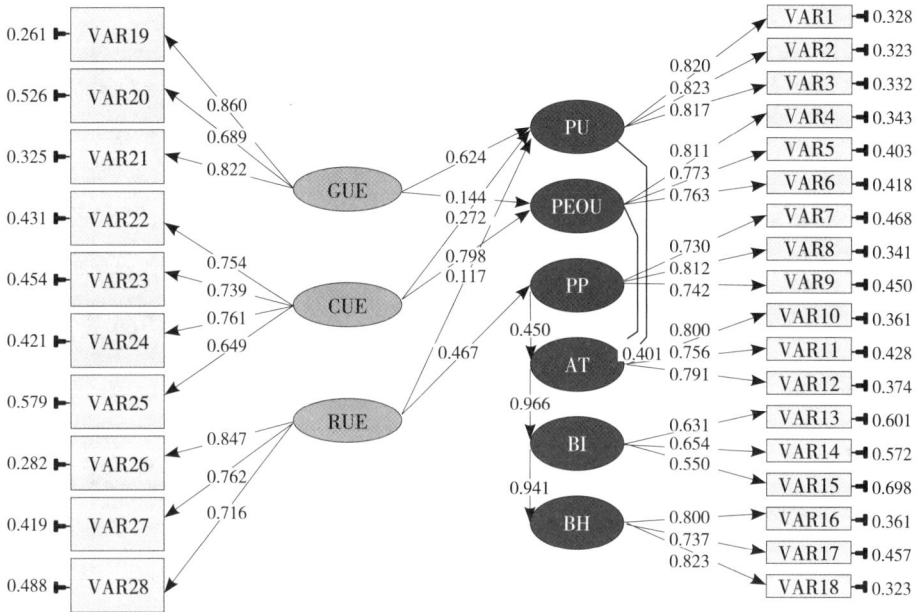

附录 10 在线旅游服务 M2 修正模型的路径图

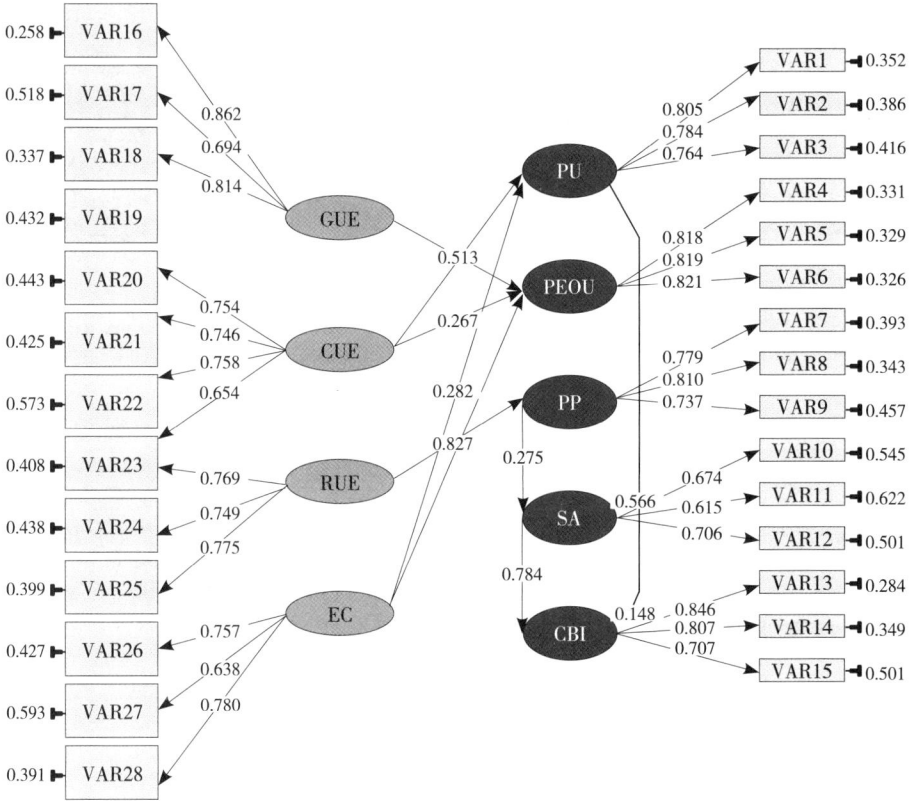